国家社会科学基金（教育学）重大项目（VDA200004）阶段性研究成果
北京外国语大学"双一流"建设标志性项目（BW202018）阶段性研究成果

"一带一路"国家文化教育大系　　　　总主编　王定华

贝宁
文化教育研究

Bénin
Culture et Éducation

田园　李迪　著

外语教学与研究出版社
FOREIGN LANGUAGE TEACHING AND RESEARCH PRESS
北京 BEIJING

图书在版编目 (CIP) 数据

贝宁文化教育研究 / 田园，李迪著. -- 北京：外语教学与研究出版社，2022.10
("一带一路"国家文化教育大系 / 王定华总主编)
ISBN 978-7-5213-4305-2

Ⅰ. ①贝… Ⅱ. ①田… ②李… Ⅲ. ①教育研究－贝宁 Ⅳ. ①G544.3

中国国家版本馆 CIP 数据核字 (2023) 第 037476 号

出 版 人	王　芳
项目负责	孙凤兰　巢小倩
责任编辑	巢小倩
责任校对	夏洁媛
封面设计	李　高　锋尚设计
版式设计	李　高
出版发行	外语教学与研究出版社
社　　址	北京市西三环北路 19 号（100089）
网　　址	https://www.fltrp.com
印　　刷	北京盛通印刷股份有限公司
开　　本	787×1092　1/16
印　　张	16　彩插 1 印张
版　　次	2023 年 8 月第 1 版　2023 年 8 月第 1 次印刷
书　　号	ISBN 978-7-5213-4305-2
定　　价	120.00 元

如有图书采购需求，图书内容或印刷装订等问题，侵权、盗版书籍等线索，请拨打以下电话或关注官方服务号：
客服电话：400 898 7008
官方服务号：微信搜索并关注公众号"外研社官方服务号"
外研社购书网址：https://fltrp.tmall.com

物料号：343050001

"一带一路"国家文化教育大系编写委员会

顾　问：顾明远　　马克垚　　胡文仲

总主编：王定华

委　员（按姓氏音序排列）：

常福良	戴桂菊	郭小凌	金利民	柯　静	李洪峰
刘宝存	刘　捷	刘生全	刘欣路	钱乘旦	秦惠民
苏莹莹	陶家俊	王　芳	谢维和	徐　辉	徐建中
杨慧林	张民选	赵　刚			

"一带一路"国家文化教育大系编审委员会

主　任：王　芳

副主任：徐建中　　刘　捷

秘书长：孙凤兰

委　员（按姓氏音序排列）：

蔡　喆	柴方圆	巢小倩	杜晓沫	华宝宁	焦缨添
刘相东	刘真福	马庆洲	彭立帆	石筠弢	孙　慧
万作芳	王名扬	杨鲁新	姚希瑞	苑大勇	张小玉
赵　雪	祝　军				

贝宁总统府

贝宁科托努高等法院

"非洲威尼斯"——贝宁水上村庄冈维埃

贝宁街景

帕拉库国王雕像

贝宁科托努港口

波多诺伏的达席尔瓦非洲-巴西艺术与文化博物馆

2022年在贝宁举办的法国回归文物展

贝宁街头涂鸦作品

皮沃（Le Pivot）私立小学学生

塞格贝亚（Ségbèya）公立中学学生

阿波美-卡拉维大学校园

阿波美-卡拉维大学一角

阿波美-卡拉维大学孔子学院举办美食节

贝宁中国文化中心

贝宁中国文化中心举办新学年开班仪式

亚马逊女战士（由中国鲁迅美术学院雕刻）

贝宁工商业者协会进行中文培训

2018年非洲法语国家青年外交官研修班

出版说明

2013年9月7日，国家主席习近平提出共建"丝绸之路经济带"重大倡议。2013年10月3日，习近平主席提出共建"21世纪海上丝绸之路"重大倡议。两者合称"一带一路"倡议。以2013年金秋为起点，"一带一路"倡议作为构建人类命运共同体的伟大设想，在开拓和平、繁荣、开放、绿色、创新、文明之路的非凡征程中，孕育生机和活力，汇聚信心和期待，在世界范围内广受欢迎和响应。

文化交流、文明互鉴是构建人类命运共同体的人文基础。文化发展，教育先行。作为"共和国外交官的摇篮"、文化教育的主动践行者、"一带一路"倡议的踊跃响应者和构建人类命运共同体的积极参与者，北京外国语大学在党委书记王定华教授的带领下，放眼世界，找准坐标，勇于担当，主动作为，深耕文化教育相关领域，研究、策划并组织编写了"一带一路"国家文化教育大系（以下简称大系）。国内相关高校和研究机构的众多专家学者献计献策，踊跃参加，形成了一个范围广泛、交流互动、共同进步的"一带一路"国家文化教育学术研究共同体。大系旨在填补国内相关研究领域的学术空白，实现"一带一路"国家教育研究全覆盖，为中国教育"走出去"和相关国家先进教育理念"请进来"提供科学理论和实践指导，具有重要的学术价值。同时，大系服务国家重大战略，通过分期分批出版，形成规模和品牌，向中国共产党建党一百周年和"一带一路"倡议提出十周年献礼，具有深远的意义。

作为国家社会科学基金（教育学）重大项目"新时代提升中国参与全球教育治理的能力及策略研究"、北京外国语大学"双一流"建设标志性项目"'一带一路'国家文化教育研究"的课题研究成果和北京外国语大学党委的"奋进之举"，大系秉承学术性与可读性兼顾的原则，对"一带一路"国家文化教育理论与实践问题展开深入研究，从国情概览、文化传统、教育历史、学前教育、基础教育、高等教育、职业教育、成人教育、教师教育、教育政策、教育行政、教育交流等方面，全景擘画"一带一路"国家的教育风貌，帮助读者了解"一带一路"国家教育的历史与现状、经验与特点，为我国教育的发展和对外交流合作提供有益的借鉴、思考与启迪。

肆虐全球的新冠肺炎疫情严重影响了各国人民的生产生活，带来了二战以来人类面临的最严重的全球性危机，同时也再次阐述了人类命运共同体深刻内涵的世界性意义。在疫情防控常态化背景下，大系所有专家学者不畏困难，齐心协力，直面挑战，守望相助，化危为机，切实履行了响应和支持"一带一路"倡议的承诺。在此，特别感谢大系总策划、总主编王定华教授，以及所有顾问、编委和作者的心血倾注、智慧贡献和努力付出。

外语教学与研究出版社对大系的编写和出版工作给予了高度重视。自2019年项目启动以来，外研社抽调精锐力量成立大系工作组，多次组织相关部门和人员召开选题论证会，商建编委会，召开全体作者大会，制订周密、科学的出版计划，以保证项目的顺利开展和图书的优质出版。目前，大系的出版工作已取得阶段性成果，预计在2023年"一带一路"倡议提出十周年前后，将分期分批推出数量和规模可观的、具有相当科研价值和学术价值的系列专著。期望大系的编写和出版能为"一带一路"建设、中外教育交流及我国文化教育发展发挥基础性、服务性、广远性的作用。

外语教学与研究出版社

2021年4月

总　序

王定华

改革开放以来，中国各项事业取得了巨大成就。中国经济和世界经济高度关联，中国一以贯之地坚持对外开放的基本国策，构建全方位开放新格局，深度融入世界经济体系。2013年9月和10月，习近平主席在出访中亚和东南亚国家期间，先后提出共建"丝绸之路经济带"和"21世纪海上丝绸之路"的重大倡议（以下简称"一带一路"倡议），得到国际社会的高度关注。其中，"丝绸之路经济带"东边牵着亚太经济圈，西边系着发达的欧洲经济圈，是世界上最长、最具发展潜力的经济大走廊；"21世纪海上丝绸之路"串起连通东盟、南亚、西亚、北非、欧洲等各大经济板块的市场链，发展面向南海、太平洋和印度洋的战略合作经济带，以亚欧非经济贸易一体化为发展的长期目标。

一、精准把握"一带一路"倡议的时代意蕴

"经济带"概念是对地区经济合作模式的创新。其中经济走廊涵盖中蒙

俄经济走廊、新亚欧大陆桥、中国-中亚-西亚经济走廊、孟中印缅经济走廊、中国-中南半岛经济走廊等，以经济增长极辐射周边，超越了传统发展经济学理论。"丝绸之路经济带"概念不同于历史上所出现的各类"经济区"与"经济联盟"，同后两者相比，经济带具有灵活性高、适用性广以及可操作性强的特点，各国都是平等的参与者，本着自愿参与、协同推进的原则，发扬古丝绸之路兼容并包的精神。

"一带一路"倡议是我国在新时代推进全方位对外开放的重要举措，为当今世界提供了一个充满东方智慧、实现共同发展的中国方案，也是对历史文化传统的高度尊重，凝聚了世界各国利益的最大公约数。丝绸之路是起始于古代中国，连接亚洲、非洲和欧洲的古代陆上商业贸易路线，最初的作用是运输古代中国出产的丝绸、瓷器等商品，后来成为东方与西方之间在经济、政治、文化等方面进行交流的主要通道。1877年，德国地质、地理学家李希霍芬（F. P. W. Richthofen）在其著作《中国》一书中，把公元前114年至公元127年，中国与中亚、中国与印度间以丝绸贸易为媒介的这条西域交通道路命名为"丝绸之路"，这一名词很快为学术界和大众所接受，并正式运用。其后，德国历史学家赫尔曼（A. Herrmann）在20世纪初出版的《中国与叙利亚之间的古代丝绸之路》一书中，根据新发现的文物考古资料，进一步把丝绸之路延伸到地中海西岸和小亚细亚，并确定了丝绸之路的基本内涵，即它是中国古代与中亚、南亚、西亚以及欧洲、北非的陆上贸易交往通道。进入21世纪，海上丝绸之路也被纳入丝绸之路的涵盖范围，即从中国沿海港口过南海到印度洋并延伸至欧洲，从中国沿海港口过南海到南太平洋。随着时代的发展，"丝绸之路"成为古代中国与西方所有政治经济文化往来通道的统称。

推进"一带一路"建设既是中国扩大和深化对外开放的需要，也是加强和世界各国互利合作的需要，中国愿意承担更多责任和义务，为人类和平发展做出更大的贡献。文明交流互鉴是构建人类命运共同体的重要途径，是推动人类文明共同进步、实现世界和平发展的重要动力。共建"一带一路"要顺应世界多极化、经济全球化、文化多样化、社会信息化的潮流，秉持开放的区域合作精神，致力于推动"一带一路"各国实现经济政策协调，开展更大范围、更高水平、更深层次的区域合作，共同打造开放、包容、均衡、普惠的区域经济合作架构，维护全球自由贸易体系和开放型世界经济格局。

"一带一路"贯穿亚欧非大陆，一头是活跃的东亚经济圈，一头是发达的欧洲经济圈，中间广大腹地国家经济发展潜力巨大。根据"一带一路"走向，陆上依托国际大通道，以中心城市为支撑，以重点经贸产业园区为合作平台，共同打造新亚欧大陆桥以及中蒙俄、中国-中亚-西亚、中国-中南半岛等国际经济合作走廊；海上以重点港口为基点，共同建设通畅安全高效的运输大通道。

"一带一路"建设是有关国家开放合作的宏大经济愿景，需要各国携手努力，朝着互利互惠、共同安全的目标相向而行：努力实现区域基础设施更加完善，安全高效的陆海空通道网络基本形成，互联互通达到新水平；投资贸易便利化水平进一步提升，高标准自由贸易区网络基本形成，经济联系更加紧密，政治互信更加深入；人文交流更加广泛深入，不同文明互鉴共荣，各国人民相知相交、和平友好。

"一带一路"倡议是具有开放性和包容性的友好建议。当今世界是一个开放的世界，开放带来进步，封闭导致落后。中国认为，只有开放才能发现机遇、抓住并用好机遇、主动创造机遇，才能实现国家的奋斗目标。"一带一路"倡议就是要把世界的机遇转变为中国的机遇，把中国的机遇转变为世界的机遇。正是基于这种认知与愿景，"一带一路"倡议以开放为导向，冀望通过加强交通、能源和网络等基础设施的互联互通建设，促进经济要素有序自由流动、资源高效配置和市场深度融合，开展更大范围、更高水平、更深层次的区域合作，打造开放、包容、均衡、普惠的区域经济合作架构，以此来解决经济增长和平衡问题。"一带一路"倡议的开放包容性是区别于其他区域性经济倡议的一个突出特点。

"一带一路"倡议是超越地缘政治的务实合作的广阔平台。"和平合作、开放包容、互学互鉴、互利共赢"的丝路精神是人类共有的历史财富，"一带一路"倡议就是秉承这一精神与原则提出的新时代重要倡议，通过加强相关国家间的全方位多层面交流合作，充分发掘与发挥各国的发展潜力与比较优势，形成互利共赢的区域利益共同体、命运共同体和责任共同体。在这一机制中，各国是平等的参与者、贡献者、受益者。因此，"一带一路"倡议从一开始就具有平等性、和平性特征。平等是中国坚持的重要国际准则，也是"一带一路"建设的关键基础。只有建立在平等基础上的合作才能是持久的合作，也才会是互利的合作。"一带一路"倡议平等包容的合作特征为其推进减轻了阻力，提升了共建效率，有助于国际合作真正"落地生根"。同时，"一带一路"建设离不开和平安宁的国际环境和地区环境，和平是"一带一路"建设的本质属性，也是保障其顺利推进所不可或缺的重要因素。这些就决定了"一带一路"倡议不应该也不可能沦为大国政治较量的工具，更不会重复地缘博弈的老路。

"一带一路"倡议是政府、企业、团体共同发力的项目载体。"一带一路"建设是在双边或多边联动基础上通过具体项目加以推进的，是在进行充分政策沟通、战略对接以及市场运作后形成的发展倡议与规划。2017年5月发布的《"一带一路"国际合作高峰论坛圆桌峰会联合公报》强调了建设"一带一路"的合作原则，其中就包括市场运作原则，即充分认识市场作用和企业主体地位，确保政府发挥适当作用，政府采购程序应开放、透明、非歧视。可见，"一带一路"建设的核心主体与支撑力量并不是政府，而是企业，根本方法是遵循市场规律，并通过市场化运作模式来实现参与各方的利益诉求，政府在其中发挥构建平台、创立机制、政策引导等指向性、服务性功能。

"一带一路"倡议是与现有相关机制对接互补的有益渠道。参与"一带一路"建设的国家要素禀赋各异,比较优势差异明显,互补性很强。有的国家能源资源富集但开发力度不够,有的国家劳动力充裕但就业岗位不足,有的国家市场空间广阔但产业基础薄弱,有的国家基础设施建设需求旺盛但资金紧缺。我国目前经济总量居全球第二,外汇储备居全球第一,优势产业越来越多,基础设施建设经验丰富,装备制造能力强、质量好、性价比高,具备资金、技术、人才、管理等综合优势。这就为我国与其他"一带一路"建设参与方实现产业对接与优势互补提供了现实可能与重大机遇。因而,"一带一路"倡议的核心内容就是要加强基础设施建设和促进互联互通,对接各国政策和发展战略,以便深化务实合作,促进协调联动发展,实现共同繁荣。由此可见,"一带一路"倡议不是对现有地区合作机制的替代,而是与现有机制互为助力、相互补充。实际上,"一带一路"建设已经与俄罗斯主导的欧亚经济联盟、印尼全球海洋支点发展规划、哈萨克斯坦光明之路经济发展战略、蒙古国草原之路倡议、欧盟欧洲投资计划、埃及苏伊士运河走廊开发计划等实现了对接与合作,并形成了一批标志性项目,如中哈(连云港)物流合作基地。作为新亚欧大陆桥经济走廊建设成果之一,中哈(连云港)物流合作基地初步实现了深水大港、远洋干线、中欧班列、物流场站的无缝对接。该项目与哈萨克斯坦光明之路经济发展战略高度契合。

"一带一路"倡议是促进人文交流的沟通桥梁。"一带一路"倡议跨越不同区域、不同文化、不同宗教信仰,但它带来的不是文明冲突,而是各文明间的交流互鉴。"一带一路"倡议在推进基础设施建设、加强产能合作与发展战略对接的同时,也将"民心相通"作为工作重心之一。民心相通是"一带一路"建设的社会根基。民心相通就是要传承和弘扬丝绸之路友好合作精神,广泛进行文化交流、学术交流、人才交流往来、媒体合作、青年和妇女交往、志愿者服务等,为深化双边和多边合作奠定坚实的民意基础。一是扩大相互间留学生规模,开展合作办学;国家间互办文化年、艺术节、电影节、电视周和图书展等活动，深化国家间人才交流合作。二是加强旅游合作，扩大旅游规模，联合打造具有丝绸之路特色的国际精品旅游线路和旅游产品。三是强化与周边国家在传染病疫情信息沟通、防治技术交流、专业人才培养等方面的合作，提高合作处理突发公共卫生事件的能力。四是加强科技合作，共建联合实验室（研究中心）、国际技术转移中心、海上合作中心，促进科技人员交流，合作开展重大科技攻关，共同提升科技创新能力。五是整合现有资源，开拓和推进参与国家在青年就业、创业培训、职业技能开发、社会保障管理服务、公共行政管理等共同关心领域的务实合作。六是充分发挥政党、议会交往的桥梁作用，加强国家之间立法机构、主要党派和政治组织的友好往来，互结友好城市。七是加强各国民间组织的交流合作，重点面向基层民众，广泛开展教育、医疗、减贫开发、生物多样性和生态环保等主题的各类公益慈善活动，改善贫困地区生产生活条件；加强文化传媒领域的国际交流合作，积极利用网络平台，运用新媒体工具，塑造和谐友好的文化生态和舆论环境；通过强化民心相通，弘扬丝绸之路精神，开展智力丝绸之路、健康丝绸之路等建设，在科学、教育、文化、卫生、民间交往等领域广泛合作，使"一带一路"建设的民意基础更为坚实，社会根基更加牢固。"一带一路"建设就是要以文明交流超越文明隔阂，以文明互鉴超越文明冲突，以文明共存超越文明优越，为相关国家人民加强交流、增进理解搭起新的桥梁，为不同文化和文明加强对话、交流互鉴织就新的纽带，推动各国相互理解、相互尊重、相互信任。

"一带一路"是促进共同发展、实现共同繁荣的友谊之路。共建"一带一路"旨在促进各国发展战略的对接和耦合，有利于发掘区域市场的潜力，推动经济要素有序自由流动、资源高效配置和市场深度融合，促进投资和消费，创造需求和就业，增进各国人民的人文交流与文明互鉴，从而让各国人民相逢相知、互信互敬，共享和谐、安宁、富裕的生活。共建"一带一路"符合国际社会的根本利益，彰显了人类社会的共同理想和美好追求，是国际合作及全球治理新模式的积极探索，将为世界和平发展增添新的正能量。中国政府倡议秉持和平合作、开放包容、互学互鉴、互利共赢的理念，全方位推进务实合作，打造政治互信、经济融合、文化包容的利益共同体、命运共同体和责任共同体。

"一带一路"倡议已经得到世界上众多国家和地区的积极响应，成为维护全球自由贸易体系和开放型世界经济的重要支撑。截至2021年1月30日，中国已经同171个国家和国际组织签署205份共建"一带一路"合作文件。[1] 特别是2017年5月第一届"一带一路"国际合作高峰论坛、2019年4月第二届"一带一路"国际合作高峰论坛和2019年5月亚洲文明对话大会的成功举办，充分彰显了我国开放、包容的大国外交风范。在此背景下，我们一方面应致力于向世界介绍中国，推动中国文化"走出去"，讲好中国故事；另一方面也应加强对"一带一路"国家的历史、文化、语言、教育、艺术等方面的介绍和研究，让中国人民更多地了解"一带一路"国家的具体国情，特别是文化传统和教育体系。

"一带一路"倡议合作范围不断扩大，合作领域愈加广阔。它不仅给参与各方带来了实实在在的合作红利，也为世界贡献了应对挑战、创造机遇、强化信心的智慧与力量。

当今世界，新冠肺炎疫情带来诸多挑战，局部战争风险依然存在，经济增长动能不足，"逆全球化"思潮涌动，地区动荡持续，恐怖主义蔓延。和平赤字、发展赤字、治理赤字带来的严峻问题，已摆在全人类面前。这充分说明现有的全球治理体系面临结构性问题，亟须找到新的破解之策与应对方略。作为一个新兴大国，中国有能力、有意愿同时也有责任为完善全球治理体系贡献智慧与力量。面对新挑战、新问题、新情况，中国给出

---

[1] 中国一带一路网. 我国已签署共建"一带一路"合作文件205份 [EB/OL].（2021-01-30）[2021-02-23]. https://www.yidaiyilu.gov.cn/xwzx/gnxw/163241.htm.

的全球治理方案是：构建人类命运共同体，实现共赢共享。"一带一路"倡议正是朝着这个目标努力的具体实践。"一带一路"倡议强调各国的平等参与、包容普惠，主张携手应对世界经济面临的挑战，开创发展新机遇，谋求发展新动力，拓展发展新空间，共同朝着人类命运共同体方向迈进。正是本着这样的原则与理念，"一带一路"倡议针对各国发展的现实问题和治理体系的短板，创立了亚洲基础设施投资银行、丝路基金等新型国际机制，构建了多形式、多渠道的交流合作平台。这既能缓解当今全球治理机制代表性、有效性、及时性难以适应现实需求的困境，在一定程度上扭转公共产品供应不足的局面，提振国际社会参与全球治理的士气与信心，又能满足发展中国家尤其是新兴市场国家变革全球治理机制的现实要求，大大增强了新兴国家和发展中国家的话语权，是推进全球治理体系朝着更加公正合理方向发展的重大突破。

"一带一路"倡议涵盖了发展中国家与发达国家，实现了"南南合作"与"南北合作"的统一，有助于推动全球均衡可持续发展。"一带一路"建设以基础设施建设为着眼点，促进经济要素有序自由流动，推动中国与相关国家的宏观政策的对接与协调。对于参与"一带一路"建设的发展中国家来说，这是一次搭中国经济发展"快车""便车"，实现自身工业化、现代化的历史性机遇，有利于推动"南南合作"的广泛展开，同时也有助于增进"南北对话"，促进"南北合作"的深度发展。不仅如此，"一带一路"倡议的理念和方向同联合国《2030年可持续发展议程》也高度契合，完全能够加强对接，实现相互促进。联合国秘书长古特雷斯表示，"一带一路"倡议与《2030年可持续发展议程》都以可持续发展为目标，都试图提供机会、全球公共产品和双赢合作，都致力于深化国家和区域间的联系。

二、深入推动"一带一路"国家的教育交流

2020年6月印发的《教育部等八部门关于加快和扩大新时代教育对外开放的意见》指出,教育对外开放是教育现代化的鲜明特征和重要推动力,要以习近平新时代中国特色社会主义思想为指导,坚持教育对外开放不动摇,主动加强同世界各国的互鉴、互容、互通,形成更全方位、更宽领域、更多层次、更加主动的教育对外开放局面。

教育为国家富强、民族繁荣、人民幸福之本,在共建"一带一路"中具有基础性和先导性作用。教育交流为各国民心相通架设桥梁,人才培养为各国政策沟通、设施联通、贸易畅通、资金融通提供支撑。各国间教育交流源远流长,教育合作前景广阔,大家携手发展教育,合力共建"一带一路",是造福各国人民的伟大事业。推进"一带一路"国家教育共同繁荣,既是加强与各国教育互利合作的需要,也是推进中国教育改革发展的需要,中国愿意在力所能及的范围内承担更多责任和义务,为区域教育大发展做出更大的贡献。

(一)教育合作的原则

"一带一路"国家教育合作应遵循四个重要原则。

一是育人为本,人文先行。加强合作育人,提高区域人口素质,为共建"一带一路"提供人才支撑。坚持人文交流先行,建立区域人文交流机制,搭建民心相通桥梁。

二是政府引导,民间主体。政府加强沟通协调,整合多种资源,引导教育融合发展。发挥学校、企业及其他社会力量的主体作用,活跃教育合作局面,丰富教育交流内涵。

三是共商共建,开放合作。坚持共商、共建、共享,推进各国教育发

展规划相互衔接，实现各国教育融通发展、互动发展。

四是和谐包容，互利共赢。加强不同文明之间的对话，寻求教育发展最佳契合点和教育合作最大公约数，促进各国在教育领域互利互惠。

（二）教育合作的重点

"一带一路"各国教育特色鲜明、资源丰富、互补性强、合作空间巨大。中国将以基础性、支撑性、引领性三方面举措为建议框架，开展三方面重点合作，对接各国意愿，互鉴先进教育经验，共享优质教育资源，全面推动各国教育提速发展。

1．开展教育互联互通合作

一是加强教育政策沟通。开展"一带一路"国家教育法律、政策协同研究，构建各国教育政策信息交流通报机制，为各国政府推进教育政策互通提供决策建议，为各国学校和社会力量开展教育合作交流提供政策咨询。积极签署双边、多边和次区域教育合作框架协议，制定各国教育合作交流国际公约，逐步疏通教育合作交流政策性瓶颈，实现学分互认、学位互授联授，协力推进教育共同体建设。

二是助力教育合作渠道畅通。推进"一带一路"国家间签证便利化，扩大教育领域合作交流，形成往来频繁、合作众多、交流活跃、关系密切的携手发展局面。鼓励有合作基础、相同研究课题和发展目标的学校缔结姊妹关系，逐步深化和拓展教育合作交流。举办校长论坛，推进学校间开展多层次、多领域的务实合作。支持高等学校依托优势学科和专业，建立"产学研用"相结合的国际合作联合实验室（研究中心）、国际技术转移中心，共同应对各国在经济发展、资源利用、生态保护等方面面临的重大挑战与机遇。打造"一带一路"国家学术交流平台,吸引各国专家学者、青年学生开展研究和学术交流。推进"一带一路"国家优质教育资源共享。

三是促进语言互通。研究构建语言互通协调机制,共同开发语言互通开放课程,逐步将国家语言课程纳入各国的学校教育课程体系。拓展政府间语言学习交换项目,联合培养、相互培养高层次语言人才。发挥外国语院校人才培养优势,推进基础教育多语种师资队伍建设和外语教育教学工作。扩大语言学习国家公派留学人员规模,倡导各国与中国院校合作在华开办本国语言专业。支持更多社会力量助力孔子学院和孔子课堂建设,加强汉语教师和汉语教学志愿者队伍建设,全力满足不同国家的汉语学习需求。

四是推进民心相通。鼓励学者开展或合作开展中国课题研究,增进各国对中国发展模式、国家政策、教育文化等各方面的理解。建设国别和区域研究基地,与对象国合作开展经济、政治、教育、文化等领域研究。逐步将理解教育课程、丝路文化遗产保护纳入各国中小学教育课程体系,加强青少年对不同国家文化的理解。加强"丝绸之路"青少年交流,注重通过志愿服务、文化体验、体育竞赛、创新创业活动和新媒体社交等途径,增进不同国家青少年对其他国家文化的理解。

五是推动学历学位认证标准联通。推动落实联合国教科文组织《亚太地区承认高等教育资历公约》,支持联合国教科文组织建立世界范围学历互认机制,实现区域内双边、多边学历学位关联互认。呼吁各国完善教育质量保障体系和认证机制,加快推进本国教育资历框架开发,助力各国学习者在不同种类和不同阶段教育之间进行转换,促进终身学习社会的建设。共商、共建区域性职业教育资历框架,逐步实现就业市场的从业标准一体化。探索建立各国教师专业发展标准,促进教师流动。

2．开展人才培养培训合作

一是实施"丝绸之路"留学推进计划。设立"丝绸之路"中国政府奖学金，为各国专项培养行业领军人才和优秀技能人才。全面提升来华留学人才培养质量，把中国打造成为深受各国学子欢迎的留学目的地。以国家公派留学为引领，推动更多中国学生到"一带一路"其他国家留学。坚持"出国留学和来华留学并重、公费留学和自费留学并重、扩大规模和提高质量并重、依法管理和完善服务并重、人才培养和发挥作用并重"，完善全链条的留学人员管理服务体系，保障平安留学、健康留学、成功留学。

二是实施"丝绸之路"合作办学推进计划。有条件的中国高等学校开展境外办学要集中优势学科，选好合作契合点，做好前期论证工作，构建科学的人才培养模式、运行管理模式、服务当地模式、公共关系模式，使学校顺利落地生根、开花结果。发挥政府引领、行业主导作用，促进高等学校、职业院校与行业企业深度产教融合。鼓励中国优质职业教育配合高铁、电信运营等行业企业"走出去"，探索开展多种形式的境外合作办学，合作设立职业院校、培训中心，合作开发教学资源和项目，开展多层次职业教育和培训，培养当地急需的各类"一带一路"建设者。整合资源，积极推进与各国在青年就业培训等共同关心领域的务实合作。倡议国家之间开展高水平合作办学。

三是实施"丝绸之路"师资培训推进计划。开展"丝绸之路"教师培训，加强先进教育经验交流，提升区域教育质量。加强"丝绸之路"教师交流，推动各国校长交流访问、教师及管理人员交流研修，推进优质教育模式在各国的互学互鉴。大力推进各国优质教学仪器设备、教材课件和整体教学解决方案的输出，跟进教师培训工作，促进各国教育资源和教学水平均衡发展。

四是实施"丝绸之路"人才联合培养推进计划。推进国家间的研修访学活动。鼓励各国高等院校在语言、交通运输、建筑、医学、能源、环境工程、水利工程、生物科学、海洋科学、生态保护、文化遗产保护等国家发展急需的专业领域联合培养学生，推动联盟内或校际教育资源共享。

3．共建丝路合作机制

一是加强"丝绸之路"人文交流高层磋商。开展国家间的双边、多边人文交流高层磋商，商定"一带一路"教育合作交流总体布局，协调推动各国建立教育双边和多边合作机制、教育质量保障协作机制和跨境教育市场监管协作机制，统筹推进"一带一路"教育共同行动。

二是充分发挥国际合作平台作用。发挥上海合作组织、东亚峰会、亚太经合组织、亚欧会议、亚洲相互协作与信任措施会议、中阿合作论坛、东南亚教育部长组织、中非合作论坛、中巴经济走廊、孟中印缅经济走廊、中蒙俄经济走廊等现有双边、多边合作机制的作用，增加教育合作的新内涵。借助联合国教科文组织等国际组织力量，推动各国围绕实现世界教育发展目标形成协作机制。充分利用中国–东盟教育交流周、中日韩大学交流合作促进委员会、中阿大学校长论坛、中非高校20+20合作计划、中日大学校长论坛、中韩大学校长论坛、中俄综合性大学联盟等已有平台，开展务实的教育合作交流。支持在共同区域、有合作基础、具备相同专业背景的学校组建联盟，不断延展教育务实合作平台。

三是实施"丝绸之路"教育援助计划。发挥教育援助在"一带一路"教育共同行动中的重要作用，逐步加大教育援助力度，重点投资于人、援助于人、惠及于人。发挥教育援助在"南南合作"中的重要作用，加大对相关国家尤其是最不发达国家的支持力度。统筹利用国家、教育系统和民间资源，为相关国家培养培训教师、学者和各类技能人才。积极开展优质教学仪器设备、整体教学方案、配套师资培训一体化援助。加强中国教育培训中心和教育援外基地建设。倡议各国建立政府引导、社会参与的多元化经费筹措机制，通过国家资助、社会融资、民间捐赠等渠道，拓宽教育经费来源，做大教育援助格局，实现教育共同发展。

三、精心组织"一带一路"国家文化教育大系的编著出版

在编写"一带一路"国家文化教育大系过程中，应当全面了解国内外对"一带一路"倡议的响应情况，关注进展，总结做法；应当在新冠肺炎疫情得到控制后到对象国去走一走，看一看，实地感受其教育情况和发展变化；应当广泛收集对象国一手资料，认真阅读，消化分析，吐故纳新；应当多方检索专家学者已经开展的相关研究，虚心参阅已有的研究成果。肆虐全球的新冠肺炎疫情，给人类身体健康和生命安全带来了巨大威胁，对世界格局和世界治理体系产生了重大影响，给全球各行各业带来了巨大挑战。教育置身其间，影响十分明显。因而，对"一带一路"国家文化教育进行研究时，必须观察分析疫情对相关国家文化教育和全球教育治理的深刻影响。

"一带一路"倡议提出后，中外已形成多个"一带一路"多边大学联盟。2015年5月22日，由西安交通大学发起的新丝绸之路大学联盟成立，迄今已吸引38个国家和地区的150余所大学加盟。该联盟是海内外大学结成的非政府、非营利性的开放性、国际化高等教育合作平台，以"共建教育合作平台，推进区域开放发展"为主题，推动"新丝绸之路经济带"国家和地区大学之间在校际交流、人才培养、科研合作、文化沟通、政策研究、医疗服务等方面的交流与合作，增进青少年之间的了解和友谊，培养具有国际视野的高素质、复合型人才，服务"新丝绸之路经济带"及欧亚地区的发展建设。

2015年10月17日，丝绸之路（敦煌）国际文化博览会筹委会文化传承创新高端学术研讨会在敦煌举行。中国的复旦大学、北京师范大学、兰州大

学和俄罗斯乌拉尔国立经济大学、韩国釜庆大学等46所中外高校在甘肃敦煌成立了"一带一路"高校战略联盟，以探索跨国培养与跨境流动的人才培养新机制，培养具有国际视野的高素质人才。46所高校当日达成《敦煌共识》，联合建设"一带一路"高校国际联盟智库。联盟将共同打造"一带一路"高等教育共同体，推动"一带一路"国家和地区大学之间在教育、科技、文化等领域的全面交流与合作，服务"一带一路"国家和地区的经济社会发展。

2016年9月，中国、中亚及丝绸之路经济带沿线7个国家的51所高校共同发起成立了中国-中亚国家大学联盟，旨在打造开放性、国际化互动平台，深化"一带一路"科教合作。

此外，高等教育合作研讨会也日渐增多，既有官方推动形成的研讨会，也有民间自发举办的研讨会。比如，中外大学校长论坛、新加坡-中国-印度高等教育论坛、"一带一路"教育对话论坛，以及北京师范大学举办的"一带一路"国家教育交流与合作高端研讨会，北京外国语大学举办的"一带一路"与行业国际化人才培养高峰论坛，北京理工大学主办的"一带一路"高等教育研究国际会议，浙江大学举办的"一带一路"背景下的工程科技人才培养国际研讨会等。这些多边研讨会的召开，不仅吸引了大量"一带一路"沿线国家的教育研究者与实践者参会，推动了研究与实践合作，而且创新了教育合作模式，促进了国际化高端人才培养，为"一带一路"建设奠定了民意基础。

"一带一路"倡议提出之后，中国学术界迅速开展了关于"一带一路"的研究活动，有关"一带一路"主题的图书主要有以下五类。第一类是倡议解读类图书，一般是梳理"一带一路"倡议的提出、发展及其理论内涵与外延。第二类是经济贸易类图书，专业性较强，主要为理论研究型图书。第三类是国情文史类图书，多为介绍"一带一路"国家国情概览、历史情况、发展概况的工具书，语言平实，部分图书学术性较强。第四类是丝路历史类图书，一般回顾古代丝绸之路的形成与发展、丝绸之路上的人物和大事记等，追古溯源，以便更好地开启"一带一路"新篇章。第五类是法律税收类图书，多为法律指引、税务规范手册等。

可以看出，国内对"一带一路"国家的研究已有一定基础，但是囿于语言翻译的障碍，已经出版的"一带一路"图书，大多是政策解读、数据报告、概况介绍等，对对象国的研究广度和深度还很不够，尤其是针对"一带一路"国家文化教育的系统研究还比较少。

在"一带一路"国家中，遴选具有代表性的对象，对其文化、教育进行系统性的研究，并在此基础上编写"一带一路"国家文化教育大系，分期分批出版，对于帮助中国普通读者和研究人员了解"一带一路"国家的文化教育情况，以及对于拓展我国比较教育研究领域、丰富比较教育研究文献，乃至对于促进中外文明互通、更好地参与推进"一带一路"建设，都具有重要意义。基于对选题背景与意义、相关出版产品调研和北京外国语大学比较优势的分析，"一带一路"国家文化教育大系坚持学术性、可读性兼顾原则，分批次推出，不断积累，以形成规模和品牌。

大系在内容上，一方面呈现"一带一路"国家的文化概貌，展示"一带一路"国家教育发展的文化背景和社会依托。大系采用专题形式，力求用简洁平实的语言生动活泼地介绍"一带一路"国家的自然地理、人文景观、历史发展、风土人情、文化遗产等内容，重点呈现对象国独有的文化现象和独特风貌，集中揭示其民族文化内涵、民族精神、人文意蕴。另一方面，大系重点研究、评价、介绍"一带一路"国家教育的基本情况、发展历史、发展战略、政策法规、现存体系、治理模式与师资队伍等，这方面内容占较大篇幅，是全书的重点和主要内容。

"一带一路"倡议正在成为我国参与全球开放合作、改善全球治理体系、促进全球共同发展繁荣、推动构建人类命运共同体的中国方案。作为国家社会科学基金（教育学）重大项目"新时代提升中国参与全球教育治理的能力及策略研究"的部分研究成果和北京外国语大学"双一流"建设重大标志性成果,"一带一路"国家文化教育大系计划在2021年中国共产党建党100周年和北京外国语大学建校80周年之际,推出首批图书。2023年"一带一路"倡议提出10周年时,推出该项目二期成果。同时积极参与党和国家相关主题纪念活动,以及国家重大图书项目的申报评选工作。

北京外国语大学以外语见长,国际交往活跃,被誉为"共和国外交官的摇篮",先后培养了400多位大使、2 000多位参赞,以及更多的外交外事外贸工作者。凡是有五星红旗飘扬的地方,都能看到北外人的身影。北外不仅承担着培养各类国际化人才的任务,更担负着向中国介绍世界、向世界介绍中国的历史使命。迄今为止,北外已获批开设101种外国语言,成立了37个区域与国别研究中心,丰富的涉外资源正在助力"一带一路"国家的研究。

大系由外研社具体组织实施。外研社隶属北外,多年来致力于"一带一路"国家的合作交流,服务讲好"中国故事",在中华思想文化传播、打造中外出版联盟、推动中外学术互译等方面积累了丰富经验,对于协助研究、编著、出版"一带一路"国家文化教育大系具有良好的工作基础。这也是北外及外研社的使命和担当之所在。

大系编著者以北外教师为主。服务国家重大战略,北外人责无旁贷。同时,国内有研究专长和研究意愿的专家学者也踊跃参与,他们或独自撰著一书,或与北外同仁合作。大系还邀请了驻外使领馆的同志和对象国的学者参加撰写或审稿,他们运用一手资料,开展实地调研,力图提升大系的准确性。

四、结语

"一带一路"倡议植根历史,更面向未来;源于中国,更属于世界。"一带一路"作为文明互鉴的桥梁,从亚欧大陆延伸到非洲、美洲、大洋洲,与世界各国发展战略及众多国际和地区组织的发展实现对接联通,在通路、通航的基础上更好地通商，进而开展文化教育交流与沟通，加强商品、资金、技术、文化、教育流通，达成互学互鉴的文明愿景。"一带一路"倡议的目标是中国与"一带一路"国家在互联互通基础上分享优质产能，共商项目投资，共建基础设施，共享合作成果，内容包括政策沟通、设施联通、贸易畅通、资金融通、民心相通"五通"。"一带一路"倡议肩负重大使命，它要探寻经济增长之道，将中国自身的产能优势、技术与资金优势、经验与模式优势转化为市场与合作优势，实行全方位开放，共享中国改革发展红利；它要实现全球化再平衡，鼓励向西开放，带动西部开发以及中亚、蒙古等内陆国家和地区的开发，在国际社会推行全球化的包容性发展理念，主动向西推广中国优质产能和比较优势产业，惠及沿途、沿岸国家，避免西方国家所开创的全球化造成的贫富差距和地区发展不平衡情况，推动建立持久和平、普遍安全、共同繁荣的和谐世界；它要开创地区新型合作，强调共商、共建、共享原则，超越了马歇尔计划和传统的对外援助活动，给21世纪的国际合作带来了新的理念。所以，新时代中国的教育学者应当将"一带一路"国家文化教育研究作为比较教育新的增长点，全面深入开展研究，以自己的聪明才智丰富学术，为国出力，服务国家重大发展战略；在加强与"一带一路"国家的交流合作中，推动"一带一路"建设高质量发展，努力建设高质量的中国教育体系，并积极参与后疫情时代全球教育治理体系改革，加快构建以国内大循环为主体、国际国内双循环相互促进的新发展格局。

2023年春
于北京外国语大学

（王定华，北京外国语大学党委书记、博士、教授、博士生导师，国家督学。历任河南大学教师、中国驻纽约总领事馆教育领事、教育部基础教育一司司长、教育部教师工作司司长等。）

本书前言

党的二十大报告提出，中国将坚持真正的多边主义，推进国际关系民主化，推动全球治理朝着更加公正合理的方向发展。"一带一路"倡议是构建人类命运共同体的重要平台。习近平总书记在庆祝中国共产党成立100周年大会上强调，我们必须高举和平、发展、合作、共赢旗帜，奉行独立自主的和平外交政策，坚持走和平发展道路，推动建设新型国际关系，推动构建人类命运共同体，推动共建"一带一路"高质量发展，以中国的新发展为世界提供新机遇。民心相通是"一带一路"建设的社会根基，文化交流活动是深化双边合作的重要形式。特别是在当今时代，拓展文化交流新路径，创新文化教育合作新方法，对高质量落实"一带一路"建设、推动构建人类命运共同体十分重要。洞察古今，鉴往知来，我们必须掌握不同国家的历史和现状，深入了解我国与其他国家文化交流的过往，结合现实国际环境深入思考，才能让对外交流工作更加高效。

贝宁是中非合作论坛成员，很早就与中国开展多领域合作，随着"一带一路"倡议实施，两国人文交流日益频繁。《贝宁文化教育研究》作为"一带一路"国家文化教育大系的一个分册，对贝宁的国家概况、文化传统、教育历史及现状等进行了全面、系统的探究。本书包括前言、十二章正文、结语和参考文献。第一章从贝宁的自然地理、国家制度和社会生活三个角度，对贝宁的国情进行了简要而全面的介绍，帮助读者掌握贝宁的基本情况，为研究其教育体制和教育实践提供了背景和语境。第二章介绍了贝宁的历史人文、风土人情，以及文学艺术，帮助读者全面了解贝宁的文化传统和现状。第三章聚焦贝宁的教育历史，它始于被殖民统治时期，发展于国家独立初期，改革于贝宁共和国时期，读者能够在本章了解贝宁各个历史时期教育发展的主要特点。第四章至第九章分别探究了贝宁的学前教育、基础教育、高等教育、职业教育、成人教育和教师教育，读者可以根据自己的兴趣或需要阅读相应的章节。在对贝宁各层级各类型教育进行系统探究后，第十章重点关注贝宁的教育政策与教育行政，详细介绍了贝宁主要的教育法令与规划，梳理了贝宁的中央和地方教育行政管理体系，并结合案例进行了分析。第十一章回顾了中国与贝宁的文化教育交往历史，结合案例分析了中贝两国教育合作的模式，总结了两国教育合作的原则，并为两国未来的教育合作提出了建议。结语对本书的内容进行了总结，对中贝两国未来的文化教育交流合作进行了展望。

贝宁作为西非国家，遥远而又神秘。纵观国内已出版的图书、期刊等文献，关于贝宁的各类研究相对有限，其中专注贝宁文化教育的更是稀少。本书的撰写过程也是对贝宁这个国家不断深入探索和了解的过程，希望本书的出版可以填补国内相关研究领域的空白，为从事相关研究的学者或对相关话题感兴趣的读者提供更多、更新的资料。由于贝宁相关文献和资料数量有限，加之疫情原因，作者难以前往贝宁开展实地调研，致使本书仍有许多无法详尽和不足之处，希望学界同仁和广大读者批评指正，不吝赐教！

就分工而言，田园负责第一章、第三章至第九章的撰写；李迪负责第二章和第十一章的撰写；第十章由两位作者合作撰写。

衷心感谢北京外国语大学党委书记、中国教育学会国际教育分会理事长、"一带一路"国家文化教育大系总主编王定华教授，外语教学与研究出版社相关编审人员的大力支持、专业指导与热心帮助。

田 园 李 迪
2022 年 10 月于中国人民大学

目　录

第一章　国情概览 ……………………………………… 1
第一节　自然地理 ……………………………………… 1
　　一、地理位置 …………………………………………… 1
　　二、地形气候 …………………………………………… 2
　　三、自然资源 …………………………………………… 3
第二节　国家制度 ……………………………………… 6
　　一、国家象征 …………………………………………… 6
　　二、政治体制 …………………………………………… 8
　　三、行政区划 …………………………………………… 12
第三节　社会生活 ……………………………………… 15
　　一、人口 ………………………………………………… 15
　　二、民族 ………………………………………………… 17
　　三、语言 ………………………………………………… 18
　　四、宗教 ………………………………………………… 19
　　五、经济 ………………………………………………… 20
　　六、对外关系 …………………………………………… 23

第二章　文化传统 ……………………………………… 30
第一节　历史人文 ……………………………………… 30
　　一、历史沿革 …………………………………………… 30
　　二、人文发展 …………………………………………… 31
第二节　风土人情 ……………………………………… 35
　　一、饮食习惯 …………………………………………… 35
　　二、服装服饰 …………………………………………… 35

1

三、民俗 ································· 36
　　四、民居 ································· 40
　　五、节庆与礼仪 ···························· 42
　　六、世界文化遗产 ·························· 43
　第三节 文学艺术 ······························ 44
　　一、口头文学 ······························ 45
　　二、书面文学 ······························ 47
　　三、戏剧与电影 ···························· 49
　　四、雕塑 ································· 50
　　五、绘画与手工艺 ·························· 51
　　六、文化研究 ······························ 53

第三章 教育历史 ······························ 55
第一节 殖民时期的教育历史 ···················· 55
　　一、第一阶段：教会教育 ···················· 56
　　二、第二阶段：普通公立教育 ················ 57
　　三、第三阶段：二战后到独立前的教育 ········ 64
第二节 独立后的教育历史 ······················ 66
　　一、独立初期的教育 ························ 67
　　二、克雷库时期的教育 ······················ 69
　　三、贝宁共和国时期的教育 ·················· 71

第四章 学前教育 ······························ 76
第一节 学前教育的发展和现状 ·················· 76
　　一、学前教育的发展历史 ···················· 77
　　二、学前教育的现状 ························ 78

第二节 学前教育的特点与挑战 ·················· 82
  一、学前教育的特点 ·················· 82
  二、学前教育的挑战 ·················· 83
第三节 学前教育的发展对策 ·················· 85
  一、设立学前教育管理机构 ·················· 86
  二、出台大力支持政策 ·················· 86
  三、获取联合国教科文组织等多方帮助 ·················· 88

第五章 基础教育 ·················· 94
第一节 小学教育 ·················· 94
  一、小学教育的发展 ·················· 95
  二、小学教育的特点 ·················· 97
  三、小学教育改革 ·················· 108
第二节 普通中等教育 ·················· 114
  一、普通中等教育的发展 ·················· 114
  二、普通中等教育的特点 ·················· 118
  三、普通中等教育的挑战 ·················· 122

第六章 高等教育 ·················· 127
第一节 高等教育的现状 ·················· 127
  一、高等教育的发展概况 ·················· 128
  二、公立高校 ·················· 130
  三、私立高校 ·················· 140
第二节 高等教育的特点 ·················· 144
  一、受教育人数大幅提升 ·················· 144
  二、教育资源分配不均 ·················· 145

第三节 高等教育的挑战与对策 ·· 147
一、高等教育的挑战 ·· 147
二、高等教育的发展对策 ·· 148

第七章 职业教育 ·· 151
第一节 职业教育的现状 ·· 151
一、职业教育的发展概况 ·· 151
二、职业教育的规模 ·· 153
第二节 职业教育的挑战与对策 ·································· 156
一、人才培养与就业市场的协调 ···································· 157
二、教育质量与教育公平 ·· 158
三、职业教育管理 ··· 160
第三节 双元学徒制改革 ·· 161
一、改革动因 ·· 161
二、改革举措 ·· 163
三、改革经验 ·· 166

第八章 成人教育 ·· 168
第一节 成人教育的现状 ·· 168
一、成人教育的发展概况 ·· 169
二、与正式教育互为补充 ·· 171
第二节 成人教育改革 ··· 173
一、推出《扫盲与民族语言推广计划》 ·························· 173
二、落实《2018—2030 年教育规划》 ··························· 175

第九章 教师教育 ……177
第一节 教师教育的现状 ……177
一、教师教育投入 …… 177
二、"女童教育包"战略实施后的师资情况…… 179
三、小学教育教师培养现状 …… 180
四、中等教育教师培养现状 …… 182
第二节 教师教育的挑战与对策 ……183
一、教师教育的挑战 …… 183
二、教师教育的发展对策 …… 185

第十章 教育政策与教育行政 ……191
第一节 教育政策 ……192
一、教育改革 …… 192
二、重要教育法令与规划 …… 193
第二节 教育行政 ……195
一、中央教育行政 …… 195
二、地方教育行政 …… 201

第十一章 中贝教育交流 ……203
第一节 交流历史 ……203
一、萌芽阶段 …… 204
二、发展阶段 …… 204
三、扩大阶段 …… 207
四、深化阶段 …… 209

第二节 现状、模式和原则 ……………………………………210
一、合作现状 …………………………………………… 210
二、合作模式 …………………………………………… 211
三、合作原则 …………………………………………… 212

第三节 案例与思考 ………………………………………214
一、中文教学源起 ……………………………………… 214
二、阿波美－卡拉维大学孔子学院中文
教学情况 …………………………………………… 215
三、中文教学存在的问题 ……………………………… 218
四、对中文教学的思考与建议 ………………………… 221

结　语 …………………………………………………………223

参考文献 ………………………………………………………225

第一章 国情概览

贝宁，全称为贝宁共和国（英文：The Republic of Benin；法文：La République du Bénin），位于赤道和北回归线之间，是西非中南部国家。首都波多诺伏是议会所在地，政府所在地为科托努。贝宁为世界最不发达国家之一，于1960年8月1日取得独立，但仍以法语为官方语言，在经济、政治、文化、教育等各方面受到法国的影响。本章将从自然地理、国家制度、社会生活等方面，对贝宁做简要介绍。

第一节 自然地理

一、地理位置

贝宁位于北纬6°30'—12°30'，东经1°—30°40'的热带地区。陆地边境线长达2 123千米，北邻尼日尔，西北毗邻布基纳法索，西与多哥交界，东邻尼日利亚。贝宁南濒大西洋，面向贝宁湾，海岸线长125千米。贝宁全境南北狭长，南窄北宽，从北至南纵深约 700 千米，东西宽度在 125—325 千米，国土总面积为 112 622 平方千米。[1]

二、地形气候

贝宁全国地势平坦、起伏不大，从南至北大体分为三个地理区域：沿海平原、丘陵地区以及西北部的阿达高哈山脉。

沿海平原地势平缓、低洼、多沙，最高处海拔不超过 10 米，宽度仅为 10 千米。其间遍布椰林、沼泽、环礁湖，最著名的有与大西洋相连的天然潟湖诺库埃湖和汇入韦梅河的波多诺伏湖。其中由韦梅河谷、波多诺伏潟湖和瑙固维湖组成的湿润地区被《国际重要湿地公约》列为重要湿地资源。贝宁绝大部分人口生活在南部沿海地区，主要城市亦集中于此，其中包括首都波多诺伏和经济政治中心科托努。

丘陵地区海拔高度从南向北由 200 米到 400 米逐渐抬升，在尼基市和萨维市附近达到 400 米，之后沿尼日尔河谷和康迪盆地逐渐降低。阿塔科拉山位于贝宁西北部，与多哥交界，为贝宁最高峰。

贝宁地处热带地区，整个国家气候炎热、湿润，除了每年 4—7 月和 9—11 月的两个雨季之外，全年降雨不多。由于海拔、季节、地形的差异，全国各地区气候略有不同。

贝宁以北纬 10°为界，分为两个气候区，北部天气炎热干燥，属于热带草原气候，旱季从 11 月开始到次年 4 月结束，雨季为 6—9 月；南部属于赤道气候，旱季和雨季交替，每年的 11 月到次年 3 月、7 月中旬到 9 月中旬为旱季，4 月到 7 月中旬、9 月中旬到 10 月为雨季。贝宁年均降水量约为

---

[1] 数据来源于贝宁总统府官网。

900—1 300毫米，雨量最充足的区域位于贝宁东南部。

每年4—11月海洋性季风为贝宁带来湿润的水汽。哈麦丹风属于干燥的大陆性强风，风向与海洋性季风相反，每年11月到次年3月从北部的萨赫勒市南下，带来赭石色和橙色的沙尘。

贝宁气候湿润，全国湿度达到65%—95%。沿海平原为热带雨林气候，常年气温在20—34℃，最高可达42℃；中部和北部为热带草原气候，年平均温度26—27℃。

三、自然资源

贝宁有着国家发展必不可少的各类自然资源，但是开发利用不足。以下就贝宁的水资源、林业资源、矿产资源进行介绍。

（一）水资源

贝宁的年降水量为800—1 400毫米，虽然和西非西岸国家（如几内亚、塞拉利昂、科特迪瓦、利比里亚）相比略显不足，但是平均降水量稳定，足以给几条重要的河流提供水资源，包括北部干旱地区。

贝宁共有7条主要河流，韦梅河全长608千米，是贝宁境内最长河流；梅克鲁河（480千米）、阿黎博里河（427千米）、索塔河（254千米）属于尼日尔河支流，庞贾里河（420千米）流经沃尔塔盆地，库福河和莫诺河流经库福-莫诺盆地，库福河全长190千米，其中170千米在贝宁境内，莫诺河约500千米，是贝宁和多哥的界河。[1]

---

[1] 资料来源于贝宁共和国总统府官网。

根据联合国粮农组织全球水与农业信息系统的统计，贝宁的年均降水量约为 1 170 亿立方米，但因雨水蒸发和下渗，约损失 1 070 亿立方米，实际可供利用的陆上水资源只剩下 100 亿立方米，可供利用的地下水有 3 亿立方米，每年贝宁国内的水资源总量为 103 亿立方米。[1]

（二）林业资源

贝宁的林业资源丰富，包括用于加工的木材（缅茄木、绿柄桑木等）、用于取暖的树木、用于制造木炭的树木、用于建设的木材，以及药用植物（芦荟、刺槐、罂粟花等），可为很多乡镇提供可观的收入，还可净化空气和水资源，为野生动物提供居所。2005—2015 年，贝宁的森林面积减少了约 20%，但森林面积仍占贝宁国土面积的 51%。从 2015 年至今，森林面积减少速度并未放缓，仍以每年 2.2% 的速度减少。1995 年，贝宁红树群落总面积为 5 500 平方千米，到 2017 年已减少 80%。人口增长过快、"刀耕火种"的农业生产方式[2]、森林资源管理不善、非法砍伐树木等，都是森林面积迅速减少的原因。[3]

贝宁森林依据所有权的不同，可以分为私人森林和国有森林。国有森林分为等级森林和国家自然保护森林两种，森林自然保护区总面积达到 2 653 755 公顷。1993 年颁布实行的《贝宁共和国森林管理制度法》（以下简称《森林管理制度法》）和 1996 年实施的《森林管理法》应用条例明确规定，部分森林在经过严格的审查之后可列为等级森林，实行个人和集体限制性使用制度。无论是等级森林还是国家自然保护森林，都必须服从《森林管理制度法》第 38、39 条的管理规定。等级森林由若干规划治理单位管

---

[1] 资料来源于联合国粮农组织官网。
[2] 耕地面积从 2005 年的 3 700 000 公顷增加到 2015 年的 5 300 000 公顷。
[3] 本段数据来源于世界银行官网。

理，每个单位都拥有一套管理计划；私人森林也可以寻求国家管理帮助，只需个人与国家森林管理机构签订协议，即可由规划治理单位进行管理。[1]

贝宁另有一些森林为"神圣森林"，这类森林通常在水源、山峰或村庄附近，风景宜人。它们是当地居民原始宗教中的"圣地"，宗教崇拜在贝宁森林保护中起到了积极作用。贝宁拥有约2 940个神圣森林，占地面积为18 360平方千米，占国土总面积的16%。除此之外，贝宁还有两个国家公园和54个森林自然保护区，前者有三个相邻的狩猎区，约占全国总面积的11%，后者约占全国总面积的8%。[2]

森林可维持国家生态系统，给野生动物提供居所，保证生态多样性，调节气候，提供饮用水以及防治土质侵蚀。森林为贝宁居民提供食物和经济收入，也为贝宁的国家发展提供了可观的经济价值。

（三）矿产资源

贝宁被盛产石油、天然气和其他矿藏的多哥、布基纳法索、尼日尔、尼日利亚包围，长期缺席非洲富矿国家名单。近年来，贝宁勘探企业不断探明地下资源储量。2014年4月，经过地层探测，发现了五个储量丰富的新矿，分别是金矿、磷矿、锡矿、铁矿和铀矿。[3] 金矿位于贝宁北部阿塔科拉省和阿黎博里省，中部地区也有丰富的金矿矿藏。2010年前后，在北部的卢姆布和东北部的马德卡利发现了含量在46%—52%的铁矿矿床，储量分别为2.66亿吨和2.4亿吨。在贝宁的东北部、西部和南部沿海地区，发现了磷矿矿床，尤其是与尼日尔交界处的磷矿矿床平均含量超过25%，预估储量有500万吨。[4]

---

[1] 资料来源于贝宁促进生物多样性信息交流中心官网。
[2] PADONOU E A, AKAKPO A B, GBONGBOUI C. Forêts sacrées au Bénin, etat de conservation et stratégies pour une gestion durable[D]. Bénin : Abomey-Calavi, 2019 : 5.
[3] 资料来源于贝宁网络媒体 L'Intégration。
[4] 数据来源于贝宁报刊《非洲论坛》官网。

建筑用材，如石灰岩、大理石、高岭土、硅沙、黏土、砂砾、装饰用石材等，储量也比较丰富。最大的大理石矿位于伊达焦村，白云石、大理石的预估储量超过 10 亿立方米，品相良好，颜色呈灰蓝色，平滑美观。凯图市附近已探明高岭土矿，预估储量也超过 10 亿立方米。石灰岩矿藏位于奥尼伯罗、马塞等地，储量为 1.4 亿吨。[1]

1982—1990 年，贝宁的石油开采在国家经济发展中处于边缘地位，每天仅生产 8 000 桶原油。自 2008 年起，贝宁开始与外国石油勘探公司合作，在科托努东南的海滨进行勘探开发。2013 年 10 月，贝宁东南部塞梅市附近发现了储量约为 8 700 万桶的油田，仅这一地区就可每天生产 7 500 桶原油，可供开采 14 年之久。另外，在塞梅盆地附近发现的一处油田，储量约为 1 000 万桶。[2] 2019 年，在科托努西部、达荷美海湾与多哥交界处又发现一处油田，储量约为 20 亿桶。[3]

第二节 国家制度

一、国家象征

国家象征是一个国家的代表和标志，主要包括国旗、国徽、国歌和首都等。它往往代表一个国家的主权、独立和尊严，反映一个国家的历史传统和民族精神，体现一个国家的国体、政体和政治思想。贝宁的国家象征反映该国是一个独立自主的民主国家，但受法国的影响极大。

---

[1] 数据来源于贝宁日报《贝宁民族》官网。
[2] 数据来源于期刊《青年非洲》官网。
[3] 数据来源于 Ecofin 新闻社官网。

贝宁的国旗呈长方形，长与宽之比约为3∶2。旗面左侧为一绿色竖长方形，右侧为上黄下红两个平行相等的横长方形。绿色象征繁荣，黄色代表土地，红色代表太阳。绿、黄、红三色也是泛非颜色。此国旗设计方案于1959年11月16日采用，1960年8月1日第一次正式使用，1975年曾被废止，1990年8月1日起又被重新采用。

贝宁国徽于1964年首次作为国家象征颁布执行，在贝宁人民共和国时期被废，1990年重新被贝宁共和国采用。根据1990年12月11日颁布的《贝宁共和国宪法》第一条，贝宁国徽的中心图案为盾徽。盾徽被红色十字分成四个部分：左上角为古老的城堡，右上角为十字勋章，左下角为棕榈树，右下角为航行的船队。盾徽左右两侧各有一只金豹，上部饰以装满玉米穗的牛角，象征丰裕；下端的绶带上用法文写着"友爱、正义、勤劳"，代表了贝宁的国家价值观，表明贝宁人民通过不懈努力，从法国殖民者手中夺回主权，走向独立。

贝宁国歌名为《新的黎明》，由吉尔贝·让·达尼昂作词作曲，于1960年达荷美共和国独立时正式确定为国歌。尽管1975年达荷美共和国更名为贝宁共和国，国歌还是保留了下来，只是把歌词中的"达荷美"改成了"贝宁"。

贝宁的国庆日为8月1日，以此纪念1960年8月1日贝宁摆脱法国殖民统治，获得独立。

贝宁使用"西非金融共同体法郎"作为货币，简称西非法郎（FCFA）。西非法郎是西非经济货币联盟的统一货币。西非法郎区包括西非经济货币联盟的8个成员。法国银行和西非8国银行是西非法郎的共同发行部门。西非法郎是法国和西非8国之间金融、经济合作的重要工具。

二、政治体制

1958 年 12 月 4 日，当时的达荷美自治共和国在波多诺伏宣告成立，并于 1960 年 8 月 1 日获得独立主权，史称第一共和国。1972 年 10 月马蒂厄·克雷库上台，宣布"走社会主义发展道路"；1975 年 11 月 30 日国名改为贝宁人民共和国。1990 年 3 月 1 日，全国有生力量会议[1]做出决议，将国名改为贝宁共和国。贝宁自独立以来，政治并不稳定，宪法几经修订，但始终实行共和体制，贝宁的第一部宪法为 1959 年《宪法》。贝宁约 65% 的居民信奉传统宗教，20% 信奉基督教，15% 信奉伊斯兰教。[2]

（一）政体与宪法

贝宁的政治体制自独立以来经历了多党议会民主、军事统治、中央集权和多党民主政治几个时期。目前贝宁的政体——总统共和制，是 1990 年 2 月在科托努举行的全国有生力量会议上确定下的。这次会议结束了 20 世纪 70 年代中期以来的中央集权及一党制。

1990 年 12 月 11 日颁布的《宪法》是贝宁政治生活的基石，是国家的根本大法。《宪法》前言明确指出，贝宁共和国的原则是"民有、民治、民享"，国家政体实行行政、立法、司法三权分立。

行政权归属政府，总统既是国家元首又是政府首脑，总统由直接普选产生，任期 5 年，可连任一届。候选人须持有十年以上贝宁国籍，年满 40 岁，不得超过 70 岁。总统享有司法豁免权，主要职责是：决定并指导国家政策制定，在议会审议后任命政府成员或撤销其职务；主持部长会议，提

---

[1] 1990 年 2 月 28 日，全国有生力量会议在科托努召开，与会者一致决定建立一个生命力顽强的自由民主国家。贝宁的民主化进程由此开启。

[2] 中华人民共和国驻贝宁共和国大使馆. 贝宁国家概况 [EB/OL]. (2005-10-17). http://bj.china-embassy.gov.cn/ljbn/200510/t20051017_5635227.htm.

出法律草案及规章条例、命令和法令；掌握军事指挥权，担任国防事务的总负责人；负责任命最高法院首席大法官、音像与传播最高权力机关主席、国家勋位管理会主席，拥有任命宪法法院法官、驻外大使、特派专员、高级公务员等权力。另外，总统负责签署总统令，在国民议会立法后 15 日内正式颁布法律，如遇紧急状态可以缩短到 5 日。在此期限之前，总统可要求国民议会进行二次审议，国民议会不得拒绝，二次审议须得到多数票才能通过。如果总统拒绝颁布法律，国民议会议长可提请宪法法院进行合宪审议，如宪法法院裁决合宪，该法律即生效。总统在与国民议会议长、宪法法院首席大法官商议之后，有权就促进人权的问题或地区性事务进行全民公决。如总统因病去世或总统职位出现空缺时，总统职权临时由国民议会议长代为行使。

立法权由议会行使。除立法外，议会还享有监督政府的权力。国民议会为最高立法机构，实行一院制。1990 年《宪法》规定议员由直接普选产生，任期 4 年，可连选连任，但 2019 年的《宪法修正案》将议员任期改为 5 年，可连任两届。2022 年立法选举时，国民议会席位已经依据 2019 年《宪法修正案》扩展到 100 个席位。[1] 贝宁国民议会所在地位于首都波多诺伏，议员通过投票立法及监督行政机关行使其政治权力。国民议会议员享有司法豁免权，在议员行使其职责、投票或表达政治观点时，不得对其进行调查、逮捕、拘禁、审判。在国民议会开会期间，只有在议会同意的前提下，才能对其调查或逮捕。在非会议期间，只有在议会办公厅的允许下，才能对其逮捕或审判。如国民议会投票要求暂停对某议员的追捕或羁押，票数达到三分之二时，追捕或羁押须停止。议员被任命为部长级公职的情况下将自动失去其议员资格。

国民议会由议长主持，其任期与议员任期一致。议长负责向全体议员

---

[1] 数据来源于贝宁《晨报》官网。

报告议会各项工作，议员可采取书面或口头方式对议长的工作进行质询。国民议会可就议长的行为组成调查委员会，做出详尽的报告，如三分之二的议员对议长行为表示不满，国民议会可要求议长辞去其职务，并在15天内选举新议长。如议长辞职或因病去世，国民议会须在15日内选举出新的议长。国民议会在投票时采取简单多数原则，法律草案在宪法法院审查合宪后正式颁布。

司法权独立于立法权和行政权，司法机构包括宪法法院、最高法院、高等法院、法庭、上诉法院、审计法院。宪法法院是贝宁最重要的司法权力机构，负责审查议会颁布的法律是否符合《宪法》。公民如认为现任政府有违宪行为，可直接提请宪法法院裁决。宪法法院监督全民公决全程，确认其合法性，并负责公布公决结果。宪法法院由7名成员组成，其中3名为总统任命，4名为国民议会任命，任期为5年，可连任一届。最高法院是贝宁最高司法权力机关，能就各类司法问题向政府机构提供咨询，也可在国家元首的要求下，对国民议会已审议通过的法律或条例进行修改。最高法院院长人选应为具有15年以上司法从业经验的高级法官，由总统任命，任期5年，任期内不得兼任其他一切政府公职或参选议员。

（二）政党和选举

贝宁现行的政党制度为多党制，确立于1990年《宪法》。该宪法确定贝宁废除一党制，开放党禁，实行多党民主。同年，全国制宪委员会制定了《政党宪章》，对贝宁现行政党制度做了严格的规定。该宪章定期进行修订。《政党宪章》规定了政党和政治团体参与国家政治生活的方式、组成条件、活动资金来源。政党和政治团体可利用民主、和平的方式参加普选。政党或政治团体应遵守现行法律，若出现扰乱社会治安的情况，内政部部长有权禁止有关政党或政治团体的一切活动，公开集会和竞选活动必须遵守现行法律。另外，政党可在国家或地方选举中推出候选人，如连续两次立法选举无候选人参选，该政党就将失去其法律地位。每个政党在每个行政区要有至少 3 名党员，总人数达到至少 120 名党员，每个正式注册的政党有一名议员享受政府的资金资助。2019 年 11 月 7 日，贝宁议会正式通过新的《政党宪章》。2020 年 5 月的市政选举按照新《政党宪章》组党和推荐候选人，贝宁的政党和政治团体由原先的 300 个立减为 12 个，且在这次选举中，仅有 5 个党派拥有合法资格。截至 2020 年 12 月，共有 14 个政党正式注册。[1]

从 1990 年开始，贝宁的总统选举采用与法国类似的单记名两轮多数投票制。总统由全民直选，首轮投票得票数过半者直接当选，如无候选人在首轮投票中票数过半，得票最多的两位候选人将参加第二轮角逐。总统选举的时间通常定在现任总统任期结束前 30—40 天进行。在大选结果公布的 5 天内，如无候选人向宪法法院提出异议，宪法法院会在选举结束后的 15 日内正式宣布选举结果。如存在异议，宪法法院会在结果公布后的 10 日内做出认可或撤销大选结果的决定。如大选结果被撤销，新的选举将在做出撤销决定的 15 天内举行。

议会选举采用比例选举制，各政党在每省依据得票的多少获得相应的议席，议会选举每 5 年举行一次，选举的有效性由宪法法院裁定。如军方或国家公职人员参加议会选举，须辞去现有职务。国民议会的席位在议会选举中得票超过 10% 的政党中按比例分配。为减少贝宁国内政治组织的数量，2018 年 8 月 7 日，国民议会投票通过了新的选举法，对一些参选规则做出调整。新的选举法规定参选政党缴纳的保证金由原来的 830 万西非法郎提升到 2.49 亿西非法郎。[2]

市政选举或地方选举同样采用比例选举制，选举方式为名单比例选举

---

[1] 资料来源于贝宁《24 小时报》官网。

[2] 资料来源于贝宁总统秘书处官网。

法[1]，市政选举设置了双重选举门槛。贝宁全国共有 77 个县（市），546 个选区，要选出 1 815 名县（市）议员担任公职，参选政党的得票数需要在全国层面和选区层面均达到有效选票的 10%。2020 年，尽管新冠肺炎疫情肆虐，但市政选举仍如期举行，18 150 位候选人参加了竞选，最终进步联盟党和共和阵营获得了市政选举中 77% 的职位，掌控了 71 个县（市），剩下 6 个县（市）的行政权被反对派、前总统博尼·亚伊领导的贝宁崛起贝壳力量党掌握。[2]

三、行政区划

自从 1999 年行政区划改革后，贝宁的行政区划分为省、县（市）、镇、村四级，共 12 个省、77 个县（市）（67 个县，10 个市）。12 个省名称为：滨海省、大西洋省、韦梅省、莫诺省、库福省、高原省、祖省、丘陵省、东加省、博尔古省、阿黎博里省和阿塔科拉省。2013 年，地方行政区划进行了修正，贝宁现有 5 288 个村。[3]

（一）波多诺伏

贝宁独立前被两个以上的资本主义国家殖民统治，因此曾拥有不止一个首都或中心城市。贝宁首都波多诺伏为国民议会所在地，距大西洋 13 千米。而贝宁政府所在地位于贝宁第一大城市、经济首都科托努，距波多诺伏 30 千米。

---

[1] 即各参选政党以选区代表的名额为基础，在每一选区都列出数名候选人：选民无论投票给政党的哪一位候选人，最后都计入该政党的得票，各参选政党根据在选区所获得的选票比例分享该选区的议席。

[2] 资料来源于期刊《青年非洲》官网。

[3] 资料来源于贝宁国家统计与人口局官网。

波多诺伏的第一批居民出现在17世纪。18世纪，波多诺伏成为葡萄牙的殖民城市，葡萄牙殖民者厄卡利斯托·德·坎波斯因其外形酷似葡萄牙第二大城市波尔图而将其命名为"新波尔图"。波多诺伏面积约110平方千米，是贝宁最重要的港口城市，也是水陆交通枢纽。在殖民前期，作为几内亚湾的主要港口，波多诺伏主要进行货物交易，尤其是奴隶贸易，奴隶们从此港口启程，运往美洲。殖民后期，波多诺伏被法国统治。1960年达荷美共和国成立，波多诺伏成为达荷美共和国的重要城市。

波多诺伏当地居住着两大民族，古恩族和约鲁巴族，以及少数民族托利族。在2010年的人口普查中，波多诺伏有264 320人，其中80%的人口为古恩族，剩下20%的人口由约鲁巴族、阿贾族、托芬族、米纳族等11个民族组成。[1] 一部分居民的姓氏保留了葡萄牙姓氏，这部分居民可能是当地人与葡萄牙殖民者的混血后代，也可能是在葡萄牙传教士影响下皈依基督教的非洲人后裔。一些民族专门从事特定行业的工作，例如，古恩族人主要从事交通运输业、农业和商业贸易，约鲁巴族人主要从事商业活动。

波多诺伏周边区域盛产棕榈油、棉花和吉贝木，市内拥有西非地区最大的商品交易市场之一——旺多市场，油产品和煤炭等商品的交易和运输在此进行。波多诺伏也是西非文化遗产保护最好的城市之一，保留了融合非洲当地特色和葡萄牙、法国风格的建筑，如波多诺伏总督府，城市中随处可见的"圣树"也是西非文化遗产的体现。另外，人们可以通过亚历山大·塞努·阿当德人类学博物馆、洪迈博物馆、达席尔瓦非洲-巴西艺术与文化博物馆和贝宁国家图书馆了解贝宁的历史发展进程。波多诺伏的体育业也相对发达，拥有能容纳15 000人的夏尔·戴高乐体育场，贝宁国家青年体育学院也建于此。

---

[1] 资料来源于贝宁国家统计与人口局官网。

（二）科托努

贝宁的第一大城市是科托努，2013 年人口普查时约有 70 万人。[1]贝宁的政府机构和各国驻贝宁的外交机构多设于此。科托努号称贝宁的"经济首都"。

科托努位于诺库埃湖和大西洋之间的滨外沙洲，被科托努潟湖一分为二。潟湖实际上是 1855 年法国殖民者开凿的运河，河上有三座桥连接两岸的交通往来。19 世纪初期，该城市还只是若干渔民居住的小渔村，在达荷美国王格莱莱统治时期，第一批欧洲殖民者来到科托努。法国殖民者于 1868 年 5 月 19 日与格莱莱签订领土割让条约，正式占领了科托努，从此科托努进入快速发展时期。

作为国家的头号经济城市，科托努集中了贝宁三分之二的工业力量，主要的工业企业、银行总部多设在此。由于科托努的城市化进程所带来的土地压力，农业种植面积自 1999 年以来迅速下降，从 263 公顷下降到 2017 年的 50 公顷。[2]由于便利的地理位置，科托努的经贸往来发展良好，市内的当托科帕市场是西非最大的市场之一，每天的交易量约为 10 亿西非法郎，折合欧元 150 万。[3]科托努港口露天停车场是贝宁最大的欧洲二手车交易市场。

在交通方面，科托努建有科托努国际机场，与波多诺伏之间有若干条航线。便捷的海运、河运体系使科托努的经济重镇地位愈加稳固，贝宁 90% 的对外贸易和 60% 的国民生产总值出自科托努。科托努自由港是西非第三大港口，每年的货运量达到 800 万吨。从 2009 年 8 月起，科托努自由港由法国国际运输与物流连锁企业的非洲子公司波洛莱环非物流有限公司进行

---

[1] 资料来源于贝宁国家统计与人口局官网。
[2] 资料来源于《世界报》官网。
[3] 资料来源于大英百科全书官网。

管理，成为西非最现代化的港口之一，与欧洲、美洲、亚洲均有贸易往来，承担着大量物流、仓储、运输任务，也承担着与马里、布基纳法索和乍得等国的进出口业务。科托努的陆路交通很发达，建成了连接尼日利亚、多哥、尼日尔和布基纳法索的公路网，另外还有两条公路保证了科托努与周边区域，以及与尼日利亚、尼日尔和布基纳法索等国的往来，取代了科特迪瓦内战以来阿比让的交通枢纽地位，承担起支撑西非国家经贸往来的重任。另外，科托努位于贝宁—尼日尔铁路线上，直通贝宁北部的帕拉库港。科托努的市内交通工具有公交车和摩托出租车两种，大部分科托努市民都选择摩托出租车出行。

科托努的文化教育水平在贝宁也名列前茅，市内建有各类公立或私立的初等、高等教育机构和培训中心，贝宁科技大学和非洲技术管理大学为其中翘楚。2020年1月21日，贝宁国家教育委员会在科托努的议会大厦成立，2021年8月7—14日，科托努举办了第54届世界语教师国际大会。科托努市内也不乏各类艺术机构，其中独立艺术机构最为活跃。由独立艺术家和艺术协会发起的艺术双年展从2009年开始在科托努不同地点举行。贝宁国家芭蕾舞团和贝宁文化艺术团总部也位于科托努，定期举行演出。科托努议会大厦和科托努中央火车站具有较高的建筑艺术价值。

第三节　社会生活

一、人口

进入21世纪后，贝宁先后在2002年和2013年进行了第三次和第四次全国人口普查，其中第四次人口普查的数据于2015年6月对外公布。

贝宁的人口总数一直在稳步增长。1910 年全国共有 87.8 万人，1950 年增长到 152.8 万人；贝宁独立后，人口在 1961 年达到 210.6 万人，1979 年达到 333 万人，1992 年达到 491.6 万人。在 2002 年的第三次人口普查中，全国人口达到 677 万人。到了 2013 年的第四次人口普查，贝宁人口已突破 1 000 万人，人口密度为 87.2 人/平方千米，[1] 在世界上位于第 74 位。从第三次和第四次人口普查的数据对比来看，贝宁的年均人口增长率为 3.5%。

贝宁人口具有以下特点：第一，增长速度快。尽管近年来人口出生率有所降低[2]，但增长率依然达到 2.83%。[3] 第二，年轻人、妇女、农业人口占总人口的多数。据 2018 年的人口估算，贝宁 15 岁以下人口占到全国总人口的 42.65%[4]，25 岁以下占 67%，女性人口占 51.2%，农业人口约占总人口的 55.4%。[5] 第三，近年来城市人口数量显著增长。截至 2020 年，城市人口已经占到全国总人口的 49%。第四，人口分布不均，大多数人口聚居在南部沿海地区几内亚湾周边，一半以上的人口居住在占贝宁国土面积 15% 的几内亚湾地区。人口最多的城市为科托努，第二大城市是波多诺伏，帕拉库以 23 万人位居第三。第五，女性受教育程度不高，生存环境堪忧。贝宁 45% 的女性没有接受初中教育，而男性未接受初中教育的比例为 28%；早婚早育导致 20% 的 18 岁以下的产妇死于难产。尽管法律规定法定结婚年龄为 18 岁，但是早婚习俗仍然导致 10% 的女童在 15 岁以前结婚，33% 的女性结婚年龄早于 18 岁。[6]

---

[1] 资料来源于贝宁网络媒体 acotonou。
[2] 2015 年，贝宁育龄妇女人均生 5.22 个孩子，2020 年人均生 4.87 个孩子。
[3] 资料来源于世界人口评论官网。
[4] 资料来源于世界人口评论官网。
[5] 此数据为 2013 年贝宁第四次人口普查的结果，这次统计结果显示贝宁女性为 5 115 704 人。
[6] 资料来源于萨赫勒妇女赋权和人口红利项目官网。

二、民族

贝宁是个多民族国家，共有60多个民族，主要有丰族、阿贾族、约鲁巴族、巴利巴族、奥塔玛里族、颇尔族等。2002年的第三次人口普查显示，丰族占贝宁人口的39.2%，是第一大民族，大约有410万人口；阿贾族约占总人口的15.2%，约鲁巴族约占总人口的12.3%，其他各民族共占33.3%。

贝宁南部的各民族由阿贾族发展而来，阿贾族人从现在位于多哥的塔多古城迁入，通用语为阿贾-格贝语，主要分布在西南部的莫诺省和库福省。迁徙到贝宁东部的阿贾族已经与当地的盖代维族和约鲁巴族融合在了一起，迁徙到东部科维市和凯图市的阿贾族、迁徙到北部撒瓦鲁市和乌埃塞市的阿贾族已与丰族融合，这也是丰族人数在贝宁占优势地位的主要原因。

丰族主要定居在南部的祖省和大西洋省，通用语是丰-格贝语，但是大部分丰族人也讲法语，主要从事农业，种植玉米、木薯和香蕉等作物。丰族人在贝宁的政治、经济事务中发挥着至关重要的作用，占据着贝宁各级政府的重要职位。丰族人大多保持传统宗教信仰——伏都教，其音乐和舞蹈也和宗教信仰相关。

约鲁巴族的祖先大部分居住在贝宁东南部与尼日利亚交界的韦梅省、高原省及丘陵省。居住在科托努的约鲁巴族人大多从事商业贸易，当托科帕市场几乎被约鲁巴族人控制。居住在波多诺伏北部的约鲁巴族人主要从事农业生产。

古恩族居住在贝宁南部波多诺伏大区，母语为古恩-格贝语，他们也能够流利使用丰-格贝语，还有一部分古恩族人会讲法语和英语。新教教会和传教士在古恩语拉丁化的过程中起到了至关重要的作用，1900年左右，第一本古恩-格贝语《圣经》出版。记者、剧作家、外交官保罗·法博是古恩族人的优秀代表。古恩族人大多数信奉伏都教。

登迪族约占贝宁总人口的3%，定居在贝宁北部热带地区的卡利玛玛市和马拉维尔市附近，另外还有一部分登迪族人由于从事商业贸易而居住在巴利巴语区，如坎迪市、帕拉库市、朱古市。登迪族通常被认定为桑海帝国的一支后裔。登迪族人的主要职业是游商，也进行最基本的农业生产以维持生计。登迪族人大部分讲登迪语，部分登迪族人也会讲法语。大部分登迪族人信仰伊斯兰教。

三、语言

贝宁的官方语言为法语，全国使用较广的语言有丰语、约鲁巴语和巴利巴语。据 2014 年的统计数据，贝宁全国 35% 的人口，约 400 万人说法语，讲法语的人群主要居住在城市。[1] 由于其官方语言地位，法语成为贝宁新闻媒体、官方交流、商务交往使用的主要语言，也是持不同语言的各民族之间的交流用语。法语也是贝宁的教学语言之一，是基础教育阶段唯一的教学语言。依据贝宁现行法律，法语是贝宁政府机构的唯一工作语言，包括议会、总统府、政府机构、司法机构、教育机构等都必须使用法语。据统计，2014 年科托努 15 岁及以上人口中 57.3% 的人会读、写法语，58.6% 的人口掌握法语听说能力。[2] 另外，贝宁也是法语国际组织及法语国家议会大会的成员。

尽管法语作为贝宁官方语言的地位不容置疑，但实际上只有学校和少部分知识分子家庭使用标准法语，大部分贝宁人使用一种名为"非洲法语"[3] 的语言变种。另外，除法语外，法庭中也允许使用丰-格贝语、约鲁巴语和巴利巴语。尽管法官做出的判决必须使用法语，但是在必要时也可以

---

[1] 数据来源于法语国家组织官网。
[2] 数据来源于法语国家组织官网。
[3] 一种法语与当地各民族语言中的成语混合而成的方言，在科托努大街小巷中发展起来。

把判决翻译成相应的民族语言。

贝宁的民族语言有 56 种左右，主要的民族语言为丰–格贝语、约鲁巴语、登迪语、古恩–格贝语、巴利巴语、阿贾语、埃伊佐语等。丰–格贝语是贝宁使用人数最多、最重要的民族语言，曾经是达荷美王国的官方语言，据贝宁第四次人口普查统计，以丰–格贝语为母语的人占贝宁总人口的 20.24%，目前仍有 44% 的贝宁人会说丰–格贝语，学校、新闻媒体也会使用丰–格贝语。[1] 古恩–格贝语是贝宁第二大民族语言，是格贝语的一种，19%的人口能够熟练使用古恩–格贝语。

除法语和民族语言外，贝宁人也使用英语、西班牙语、德语。贝宁的英语使用者的英语水平各不相同，大多数是在贝宁做生意的尼日利亚人，也有一部分大学生。

四、宗教

贝宁《宪法》规定，贝宁是一个世俗国家，人人享有宗教信仰自由。1960 年贝宁独立后，各种宗教在贝宁进一步发展，三种主要宗教，即伏都教、基督教和伊斯兰教，和平共处。据 2013 年的统计数据，任何宗教的教徒数量在贝宁都不占绝对优势。伏都教教徒占总人口的 32%，基督教教徒占 32%，穆斯林占 22%，其他宗教信仰的信众占 14%。[2]

贝宁人民对本民族文化非常自豪，因此，尽管贝宁历史上被阿拉伯人和欧洲人入侵，受过几百年殖民统治，外来宗教又在贝宁几经传播，但传统伏都教仍然在贝宁占据很重要的地位。自 1960 年独立以来，贝宁仍被看作传统伏都教的火炬手，前总统尼塞福尔·索格洛把 1 月 10 日定为贝宁全

---

[1] 资料来源于无国界翻译组织官网。

[2] 资料来源于贝宁旅游网。

国的伏都教节,这一天在全国范围内举行各种神秘仪式和表演。贝宁是非洲国家中第一个确定伏都教纪念日的国家。

贝宁的基督教教会组织完整,神职人员等级森严,分工明确。历史上,西欧国家对贝宁的殖民统治极大地促进了天主教在贝宁的传播,历任教皇派遣传教士在贝宁进行传教活动。天主教教会在贝宁1990年全国有生力量会议的组织和成功举办中发挥了至关重要的作用。另外,贝宁天主教会在教育领域也投入不少力量,兴办了不少中学和大学,使徒圣母天主教中学、西非天主教大学就是这类教育机构中的佼佼者。

伊斯兰教在贝宁历史并不久远,仅有不到200年历史,伊斯兰教最早是由生活在尼日利亚西部的游商传入。之后,伊斯兰教在贝宁稳步发展。贝宁大部分穆斯林隶属逊尼派,也有个别属于什叶派。时至今日,贝宁各大城市都拥有清真寺,其中最大的清真寺是2006年建成的马赫迪清真寺。为了实现宗教间的和平共处,伊斯兰教伊玛目积极参与贝宁政治事务,为贝宁各宗教长期和谐共处搭建桥梁。

综上所述,贝宁的宗教政策是在全国范围内推行宗教平等,没有任何一个宗教凌驾于其他宗教之上。贝宁承认人民的宗教信仰自由,允许人民自由地选择和表达自己的宗教信仰。

五、经济

尽管贝宁长期以来政局基本保持稳定,社会治安总体良好,但是仍面临工业基础薄弱、资源有限、人民生活水平较低等问题。

贝宁是联合国公布的最不发达国家之一和重债国家,多年来世界排名一直处于末尾。据联合国开发计划署2020年发布的《人类发展报告》,贝宁在189个国家中排在第158位,比前一年上升5位,但依然处于世界上最落后的 20% 国家行列。[1] 根据世界银行发布的《营商环境报告》，贝宁的营商环境便利度在 190 个国家中排名第 149 位，比前一年上升 4 位，按照收入排名来看，贝宁在 30 个低收入国家中排在第 11 位。[2]

尽管近 20 年来贝宁经济一直处于稳定发展中，但贫穷落后一直困扰着贝宁，2008—2018 年，年均经济增长率仅为 1.5%；2017 年后经济增长出现明显好转，从 5.7% 增至 2018 年的 6.7% 和 2019 年的 6.9%。[3] 据贝宁国家统计与经济分析局公布的数据，2020 年，尽管经历了尼日利亚为打击走私而关闭尼贝边境和新冠肺炎疫情肆虐带来的双重冲击，贝宁经济增长率依然达到了 3.8%，国内生产总值达 88.14 亿西非法郎，人均国内生产总值达 1 250 美元。科托努自由港主要从事转口贸易，80% 以上的进口商品从这里出口到尼日利亚。贝宁经济极度依赖近邻，而尼日利亚为打击走私而关闭尼贝边境给贝宁经济带来了巨大的冲击。

贝宁的经济结构源于其战略性的地理位置。如上文所述，它位于西非大西洋出海口，与尼日利亚等国毗邻，这使该国成为西非内陆国家的贸易中转地，贝宁也因此被称为"仓储国家"，而这种单一的经济模式也恰恰阻碍了贝宁经济的多样化发展。贝宁的第三产业均与港口贸易有着直接或间接联系，2020 年国内生产总值 48.8% 来自第三产业，其中 13% 来自进出口贸易，9% 来自交通运输业。[4]

农业是贝宁经济的第二大领域，其产值占国内生产总值的 28.1%。国家出口收入的 75% 和财政收入的 15% 来自农业，全国 70% 的工作机会也集中在农业领域。农业生产主要集中于两大重要的出口型作物——棉花和腰果，尤其是塔隆总统上台后，贝宁的棉花和谷物产量上升到了西非前列，2019 年的产量达到 67.8 万吨，比 2016 年增加了 123%，贝宁棉纺行业协会预计到 2022

---

[1] 资料来源于联合国开发计划署官网。
[2] 资料来源于世界银行官网。
[3] 资料来源于法国经济与财政部官网。
[4] 资料来源于法国经济与财政部官网。

年棉产量将增长到 100 万吨。[1] 2020 年，贝宁主要的经济增长点在农业生产和基础建设领域，棉花和谷物获得大丰收，总产量达 71.5 万吨，比前一年增产 5.4%。贝宁的棉花产量在非洲 7 个产棉国中居第 4 位。贝宁的养殖业产值占农业总产值的 17% 左右。畜牧业主要集中在北部省份，全国牛类牲畜 67% 的存栏量在博尔古和阿黎博里两省。2013 年，贝宁全国总共拥有 216.6 万头牛、86 万头绵羊和 171.6 万头山羊。养猪业明显落后于前三者，全国仅有 41.4 万头猪，禽类大约 1 750 万只，然而现有出栏量只能满足贝宁全国需求的 40%，肉类产品还需从北非沿海国家进口，奶粉需从欧洲进口。同样供不应求的领域还有渔业，尽管 2014 年渔业生产达到 4.38 万吨，但不能满足全国 9 万吨的需求，水产品仍需进口。[2]

农业和转口贸易作为贝宁的主要经济支柱，尤其依赖棉花生产和石油，棉花是贝宁第一大出口商品。贝宁除了出产石油以外，从 2017 年起，通过位于科托努港的输油管线，帮助尼日利亚出口石油。

贝宁的工业生产主要包括食品加工工业和公共基础建设，产值占国内生产总值的 14.6%。贝宁的出口贸易主要依赖于三种主要的商品：棉纤维（占总出口额的 53%）、腰果（占总出口额的 9%）、油料作物（占总出口额的 4.7%）。贝宁在国土空间规划方面还处于落后地位，尤其缺乏交通和道路方面的基础设施。在科托努和其他大城市，柏油马路也只占通行道路的一小部分，大部分道路仍然是土路。电力供应也不足以满足国家经济发展的需求，经常性停电，全国只有 70% 的人口可以喝到干净的饮用水，46% 的人口能使用污水处理设备。[3]

另外，贝宁的旅游业发展得很快。2000 年，贝宁接待游客约 16 万人次，2016 年达到 26.7 万人次。国际旅游协会的报告显示，2017 年外国游客在贝

---

[1] 资料来源于期刊《青年非洲》官网。
[2] 资料来源于非洲发展银行官网。
[3] 资料来源于非洲发展银行官网。

宁消费达到1.68亿美元，贡献了当年2.2%的国内生产总值。旅游业曾经是这个拥有非凡文化遗产的新兴发展中国家最重要的经济增长点，提供了很多就业机会：2016年和2017年分别提供了22.95万和21.65万个职位。但是2020年的新冠肺炎疫情给旅游业，尤其是酒店和餐饮业造成沉重打击。贝宁旅游和酒店企业协会主席阿尔滨·费里奥表示，新冠肺炎疫情带来的损失至少达到1 000亿西非法郎。[1]

贝宁贫困率一直处在较高水平，2015年达到40.1%，2020年略有好转，达38.2%。由于粮食价格上涨，通货膨胀加速，相较于2018年0.8%和2019年0.9%的通胀率，贝宁2020年的通胀率高达3%。截至2020年9月，贝宁的国家债务达到42.9亿西非法郎。其中内债占46.6%，为19.99亿西非法郎，外债占53.4%，为22.91亿西非法郎。2020年以前，贝宁的预算赤字呈现逐年减少的态势，2019年仅为当年国内生产总值的0.5%，但2020年跃升到5.1%。预算赤字大幅提升的主要原因是新冠肺炎疫情导致的家庭收入减少、医疗支出增加。贝宁在国家预算中增加了医疗卫生领域的补贴，并对受新冠肺炎疫情影响较大的产业和人群追加了大量补贴，同时为支持经济发展，增加了公共基础建设投资，投资额达到55.68亿非洲法郎。[2]

六、对外关系

贝宁一贯执行睦邻友好、实用、灵活和不排他的多元务实外交政策，积极谋求政治支持和经济援助，主张在和平共处等原则基础上同所有国家发展合作关系。注重保持同法国、美国等发达国家的关系，积极发展同中国、印度等发展中国家的关系。重视睦邻友好，主张以和平方式解决同邻

---

[1] 资料来源于贝宁经济日报《经济学家》官网。
[2] 资料来源于法国经济与财政部官网。

国的领土争端。积极参与地区事务，多次派兵参加地区维和行动。

贝宁在国际组织中也非常活跃：它是非盟、西非国家经济共同体、西非经济货币联盟等组织成员，也是非洲、加勒比海和太平洋地区国家集团（简称非加太集团）成员。2000年6月23日，非加太集团与欧盟签订了《科托努协定》，主要内容是欧盟提供经济援助，双方进行全面政治对话，及时解决在消除贫困和防止地区冲突方面的问题，扩大经贸合作以及进行财政援助改革等。该协定有效期20年，每5年修订一次。2021年4月15日，欧盟与非加太集团完成《科托努协定》的谈判。该协定的核心是加强政治对话和发展合作，还包括有关安全和移民的探讨，这也是整个谈判中最具争议的问题之一。非加太集团对非法经济移民的遣回和重新接纳做出了新的承诺，并签署了有关的协议，确定了相关的法律渠道。[1]

（一）中贝关系

中国和贝宁两国近年来保持了良好的双边关系，但在历史上也经历了一些波折。两国于1972年12月29日恢复外交关系。为庆祝中贝恢复邦交49周年，2021年12月26—27日，贝宁驻中国大使西蒙·阿多韦兰德举办了名为"多样而和谐之美"的照片和画展。这个展览也成为2022年中贝建交50周年大庆的预热活动。

近几年，在塔隆总统任期内，两国在政治、外交、文艺、卫生、军事等领域进行了形式多样、内容丰富和富有成效的合作，友好合作关系发展势头平稳，双边政治关系良好。2016年9月，塔隆总统赴华参加第二届对非投资论坛。2018年9月，塔隆总统访问中国并出席中非合作论坛北京峰会。

中贝两国经贸关系具有良好基础。中国是贝宁第一大投资国、第一大融

---

[1] 资料来源于非洲金融报官网。

资国以及第二大贸易伙伴。在"一带一路"倡议和中非十大合作计划及贝宁政府国家行动计划框架内，中贝经贸关系面临前所未有的发展机遇。

中国企业对贝宁投资总体规模还不大，以轻工业为主，涉及制糖、纺织等领域，主要企业包括中成贝宁糖业股份公司、中纺贝宁洛克萨纺织厂、粤垦贝宁食用酒精厂等。在基建工程领域，中国公司在贝宁承包公路、桥梁、水利、电信等领域的建设项目，其中重要项目有塞维—帕拉库公路、飞法基桥市政项目、帕拉库市政公路项目等。2018年，中国与贝宁双边贸易额达21.98亿美元，同比增长8.9%。其中，中方对贝宁出口21.49亿美元，增长11.58%，进口0.49亿美元，减少47.24%。中方主要出口发电机、起重机、光伏设备等，主要进口棉花、木材等产品。[1]

2021年2月9日，中国驻贝宁大使彭惊涛和贝宁外交与合作部部长阿贝农西分别代表中贝两国政府签署经济技术合作协定。这一协定的签署是落实中非合作论坛北京峰会两国领导人共识的具体举措，也是中方以实际行动支持贝宁发展建设的真实体现。2021年5月20日，中国石油天然气勘探开发公司投资的尼日尔-贝宁原油外输管道工程正式开工。该输油管道工程起于尼日尔东部，止于贝宁东南沿海城市，全长1 950千米，将成为非洲最长的原油管道，也是贝宁1960年独立以来最大的投资项目。项目的贝宁段全长675千米，跨越5个省、17个市镇和141个村庄。项目预计建设期2年，运营期40年，建设期间将为贝宁创造3 000个就业岗位，建成后提供300个长期就业岗位，对贝宁经济社会发展将起到重要推动作用。2021年5月，中国港湾工程有限责任公司中标贝宁科托努港5号码头项目，项目建成后将大幅提升科托努的散杂货集散能力，促进贝宁社会经济发展。[2]

在基础设施援助建设方面，中国政府先后为贝宁援建了马蒂厄·克雷

---

[1] 湖南日报. 走进非洲｜贝宁，"油棕之国"[EB/OL].（2019-06-06）. https://baijiahao.baidu.com/s?id=1635543452317109998&wfr=spider&for=pc.

[2] 中国一带一路网. 独家｜中企海外项目周报（5.24-5.30）[EB/OL].（2021-05-31）. https://baijiahao.baidu.com/s?id=1701275262681085907&wfr=spider&for=pc.

库友谊体育场、洛科萨纺织厂、外交部办公楼、农业示范中心、帕拉库医院、纳迪丹谷女子军校、朱古和凯图农村小学、科托努立交桥、贝宁政府行政大楼、贝宁中等职业技术学校、阿卡萨托—博希孔公路修复工程、索韦托中贝友谊体育健身园、贝宁多功能体育场项目主体工程、贝宁国家宽带网二期项目、阿艾梅湖及河道疏浚项目，其中重大项目有"棉花之路"项目、"万村通"项目和马蒂厄·克雷库友谊体育场维修工程。2020年10月28日，由中国承建的贝宁"棉花之路"项目在贝宁北部城市佩洪科正式开工。"棉花之路"项目主要建设内容包括朱古、佩洪科、凯鲁、巴尼科拉四城市间共计184千米的沥青混凝土路面及其配套排水工程、防护工程、信号装置和公共照明工程等，是促发展、利民生的大项目。同年11月20日，中国援非"万村通"贝宁项目交接仪式在贝宁的瓦贡村举行。该项目让贝宁10省、200个村落、4 000户家庭、200个公共区域享有清晰的卫星电视节目，使贝宁20万农村人口受益。马蒂厄·克雷库友谊体育场维修工程在2021年7月1日成功移交贝宁政府使用，并于7月10日成功举办非洲冠军联赛决赛。[1]

2020年以来，在新冠肺炎疫情全球肆虐的背景下，中国和贝宁政府加强了医药卫生方面的合作，给予了贝宁无私的援助。2020年，中方总共向贝宁政府、国民议会等机构捐款及捐赠防疫物资10次以上，其中包括新冠病毒检测试剂、口罩、防护服、面罩、呼吸机等，另有贝宁华侨华人协会向贝宁卫生部捐款880万西非法郎等。2021年，中国政府对贝宁的援助主要集中在医疗物资捐赠、义诊、新冠疫苗援助方面。2021年3月21日，由中国援助贝宁的新冠疫苗运抵科托努国际机场。另外，在贝宁政府的积极支持和配合下，为海外中国同胞接种国产疫苗的"春苗行动"也在贝宁启动，并且进展非常顺利。中贝抗疫合作是两国传统友好合作关系的生动体

---

[1] 资料来源于中国驻贝宁大使馆官网。

现，把两国团结抗疫的合作推到了新的高度。[1]

中国于1978年开始向贝宁派遣医疗队，40多年来，承担这项援外任务的宁夏回族自治区共派出25批约600人次，诊治了大量常见病、多发病，首次实施颅脑外科手术等高难度手术，填补了贝宁医学史上的多项空白。2020—2021年，在贝宁的抗疫行动中也随处可见中国医生的身影，第24批和第25批中国援贝宁医疗队积极投身于贝宁的抗疫工作，为科托努、洛克萨及纳迪丹古地区医院提供医疗援助。同时，贝宁人民也用实际行动回报中国的善行。疫情暴发初期，武汉的贝宁留学生达米安主动参加志愿者服务，配合学校保障在校留学生的日常生活，为400多名留学生运送生活物资。苏州大学的贝宁医学硕士生莱东翰加入南昌市进贤县人民医院抗击新冠肺炎应急队伍，为保障中国人民群众的生命健康贡献了一己之力。[2]

尽管贝宁饱受新冠肺炎疫情影响，但是中贝之间的经贸、科技、文化往来并没有因此停滞。中贝两国举行了多种形式的活动，促进了互相理解，创造了更多的合作契机。2020年6月11日，宁波出口商品贝宁（西非）网上展正式开展，40家贝宁采购商和82家宁波供货商参会。贝宁政府连续四年参加中国国际进口博览会，在展会上主要进行菠萝、大豆、腰果、乳木果油、棉花等特产的展示和交易。2020年7月，江苏口岸首次从贝宁进口大豆，南京陆续进口2 000吨左右的贝宁大豆。[3]

（二）贝法关系

贝宁与法国保持着密切的关系：法国是贝宁的第一大商品供应国、投资国，贝宁是法国优先援助的非洲国家。自1975年起，贝宁和法国之间签

---

[1] "春苗行动"在贝宁启动 中国公民接种国产新冠疫苗. 央视新闻客户端 [EB/OL]. （2021-04-08）. https://m.btime.com/item/router?gid=f2viumvvh3f8ebbf8kb0ctdtooe.

[2] 资料来源于中国驻贝宁大使馆官网。

[3] 资料来源于中国驻贝宁大使馆官网。

订了一系列协议，内容涉及司法合作、人员往来、文化交流和税收制度，确立了互利共赢的合作关系，到2000年这些协议又进行了调整和补充，增加了外交人员的豁免权等条款。贝宁和法国目前在2018—2021年合作框架和2019年签署的遗产合作协议的规范下进行交流合作。

从1990年起，法国长期与贝宁进行出口贸易，贝宁在经贸领域严重依赖法国。法国对贝宁的出口商品主要为食品、珠宝、医药、汽车、信息技术耗材、通信器材、电力器材、农业化学产品等。2019年，法国对贝宁的出口额达到1.628亿欧元，比2018年下降了26.9%。[1] 而法国从贝宁的进口比重很小，2018年为2 400万欧元，2019年仅为2 100万欧元，进口商品通常是农产品或农业加工产品，如热带水果、果汁等。法国对贝宁传统的医疗设备、药品出口仍然占据总出口额的主要部分，达到3 480万欧元。法国企业在贝宁的投资主要集中于农产品加工、基础设施建设、银行、经营管理等领域。[2]

贝宁与法国高层交往较为密切，贝宁总统塔隆于2016年4月和2018年3月两次出访法国。在高层互访中，两国元首就相互关心的医药卫生合作、应对气候异常和城市可持续发展、旅游、教育和培训、遗产合作等问题进行了协商。贝宁是第一个正式要求法国归还文化遗产的西非国家。塔隆总统2016年呼吁法国归还从贝宁前身达荷美王国掠夺的文物，法方以法律禁止博物馆藏品永久性分离为由予以拒绝。法国总统马克龙在2017年年底委托法国艺术史学家贝内迪克特·萨瓦和塞内加尔学者、作家费勒维内·萨尔研究归还文物事宜。两位学者发表研究结果后，马克龙承诺向贝宁归还26件文物。2020年12月17日，法国国民议会通过了有关归还26件贝宁文物的法案。2021年11月10日，载有26件珍贵历史文物的飞机降落在贝宁

---

[1] 2018年法国向贝宁的玛利亚·格雷塔二期电站出售电力涡轮机，价值3 200万欧元。2019年由于尼日利亚关闭尼贝边境，贝宁的转口贸易渠道受阻，其中法国的冷冻禽类出口额也从2 160万欧元下降到1 470万欧元，2020年出口额下降更快。

[2] 资料来源于法国经济与财政部官网。

科托努机场，贝宁国宝在近130年后回到祖国。[1]

法国是继美国之后第二个为贝宁提供基础设施建设帮助的欧美国家。法国开发署驻贝宁代表处的有价证券总额达到5亿欧元，并承诺向贝宁提供1.29亿欧元的资助，这笔资助的40%将用于能源领域，32%用于城市发展，15%用于社会领域，13%用于农业领域。

法国也积极投入促进贝宁文化多样性发展、法语国家协作和艺术创作等方面的行动。法国在贝宁设立了法国文化中心、法国高等教育署，为贝宁人民组织法语教学和文化活动，并向贝宁大学生提供留学机会，每年向1 000名左右的贝宁大学生提供签证。[2]

在军事和国家安全方面，贝宁是法国的重要合作伙伴。为打击恐怖主义和海上劫掠，法国为贝宁提供大量军事援助。在打击毒品走私方面，法国使馆安全处也和贝宁警方构建起牢固的合作网络。

---

[1] 资料来源于法国外交与欧洲事务部官网。
[2] 资料来源于法国外交与欧洲事务部官网。

第二章 文化传统

第一节 历史人文

贝宁拥有丰富的文化遗产和众多历史古迹，在世界文化史上享有很高的声誉，对非洲的民族文化有着极其重要的影响。

一、历史沿革

贝宁古城建于9世纪，是当时非洲大陆发达的经济和文化中心之一。历史悠久的贝宁文化便从这里产生。雕刻艺术是贝宁文化中光彩夺目的瑰宝，以造型独特、工艺精湛、栩栩如生著称，为后世留下了代表贝宁民族艺术的佳作。中世纪时，贝宁的青铜雕刻作为一种宫廷艺术，大多装饰在宫殿的梁柱、大厅和回廊中。这类雕刻基本都采用一种特殊的铸造工艺——失蜡法，内容则多是赞美国王拥有至高无上的权力，或是记录宫廷生活及典礼仪式，展示出古代非洲高度发达的文明。

从15世纪开始，贝宁王国在尼日尔河口的森林地带日渐兴盛起来。各种专业团体生活在奥巴国王的宫殿里，如猎豹人、占星家、鼓手、手工艺人。手工艺人主要负责为奥巴以及其他酋长和祭司制作黄铜和象牙雕塑、木雕、刺绣纺织品和皮革扇。16 世纪时，贝宁文化达到繁荣之顶峰。贝宁的青铜艺术品以阴刻或浮雕手法装饰，外表相当华丽，显示出君临天下的威容。奥巴母后雕像代表了贝宁艺术的最高水准，仅用极少量青铜薄铸的技术和具有纤细感的装饰，却突显出极高的艺术价值。17—18 世纪的奴隶贸易时代，贝宁国内政局不稳，时常出现暴乱和战争，王室成员之间因争夺继承权而冲突不断，国力因此逐渐被削弱，最终沦为法国殖民地。随着贝宁王国的没落，其极富特色的艺术文化也趋于衰败。1960 年贝宁独立后，历届领导人非常重视本国文化事业的发展，政府也致力于彻底肃清殖民主义、帝国主义和封建主义文化残余，大力提倡、发展和繁荣民族、民主的新文化，用爱国主义和国际主义教育和培养本国公民，集中力量振兴贝宁各项文化事业。作为西非中南部本土民族众多的国家，贝宁具有促进本土民族文化发展的坚实的基础。

二、人文发展

20 世纪 90 年代起，贝宁把文化发展纳入了法制的轨道。1990 年颁布的《宪法》规定，"任何人都有权使自己在物质、世俗、文化和精神方面获得全面发展"，国家有义务维护并发展民族的物质文明和精神文明以及文化传统，民族的各个团体享有使用自己语言文字和发展自己文化的自由，等等。[1]

1990 年 5 月 2—4 日，贝宁政府在科托努召开全国文化工作会议，讨论并确定贝宁新的文化政策。在此基础上，贝宁政府又于 1991 年 2 月 25 日颁布了《贝宁共和国文化宪章》（以下简称《宪章》）。《宪章》明确表示，贝宁的文化政策是建立在下述原则和信念基础之上的：文化是人类的本质，文化权

---

[1] 资料来源于贝宁总统府秘书处官网。

利是人权不可分割的组成部分；文化遗产是一个民族的记忆，捍卫、保护并弘扬民族的文化遗产是实现一切真正发展的必要条件；每一个民族共同体的文化都享有平等和自由发展的权利，贝宁境内多元文化的和平共处是实现民族团结的基础。[1] 据此制定的贝宁文化政策的基本目标是：保护和维护文化遗产和文献资料；发展民族语言，推动扫盲运动；保护作者的权利；资助艺术创作；促进艺术和文化团体的发展；促进娱乐和旅游事业的发展；促进不同文化间的交流；促进不同文化的融合，以利于真正的民族意识的形成。

（一）文化机构

目前，文化部是贝宁官方最高文化机构。贝宁文化部部长下属有办公厅主任、文化技术顾问和新闻通信技术顾问。文化部下设11个司局级单位，其中文化促进司、文化遗产司、扫盲司、版权局、文化娱乐援助基金司等是该部主管文化工作的职能机构。该部在全国各省均设文化局。另外，贝宁还有一些民间文化组织和团体：贝宁作家和文学评论家协会、贝宁造型艺术家协会、贝宁传统歌唱家和作曲家协会、贝宁现代音乐工作者协会、贝宁民族语言作家协会。此外，还有许多话剧团和音乐歌舞团。

（二）文化设施

贝宁的文化设施并不多，所有文化设施中以科托努艺术宫最为著名。该场所内设有3 000个座位，可用于开会、演出和体育表演。青年文化宫占地200多平方米，可举办一些小型展览。国家图书馆坐落在波多诺伏，规模较大，有藏书3.5万册。除此之外，还有一些规模更小的文化活动场所。

---

[1] 资料来源于贝宁共和国总统府宏观经济研究室与政府各部编《国民经济形势报告——最新发展态势与中期前景展望》。

出于保护民族文化遗产和振兴旅游业的考虑，贝宁政府拨专款用于文化遗产和历史古迹的修复，因此博物馆事业较为繁荣。目前各类博物馆有10余个，其中国家级的就有6个。[1] 现介绍五个较大型的博物馆如下。

阿波美历史博物馆于1944年筹建，1945年开放，是贝宁第一座也是最著名的一座博物馆。阿波美历史博物馆坐落在阿波美王宫的南部，在盖佐国王和格莱莱国王的王宫内，只占王宫的一小部分。1985年以来，贝宁对博物馆进行了多次维修，使之重现往日的辉煌。1986年，该博物馆被联合国教科文组织列为世界文化遗产中"濒临损毁"的项目。

波多诺伏洪麦王宫博物馆，其前身是波多诺伏历代国王的王宫，最后一位在王宫居住的是多法国王。"洪麦"意为四门之间，指王宫有四个大门。整个王宫由一个大院落和几个小院落组成，占地2.5公顷。院落与院落之间由长廊连通，每个院落的四周都分布着一些高矮不一的土房。1976年，王宫经修缮后被辟为博物馆，馆内收藏文物230余件，主要为文化作品、乐器、宗教仪式用的陶器，还有一辆畜力车。洪麦王宫博物馆是迄今为止西非地区为数不多的保存尚完好并向公众开放的约鲁巴风格博物馆。目前，博物馆除在白天向游人开放外，晚间还时常在王宫的大院落里举行文化娱乐活动。

波多诺伏亚历山大·塞努·阿丹德人种博物馆创建于1945年，其前身是一座由法国人于1922年修建和居住过的小洋房。贝宁独立后，为了纪念亚历山大·塞努·阿丹德长期献身于非洲发展事业，特别是他为贝宁传统文化和人种学研究所做的贡献，政府将波多诺伏人种博物馆改为现名。博物馆规模不大，只有四间陈列室，但馆藏文物十分丰富，达5 000件之多。参观者在博物馆可以看到贝宁乃至西非各部族使用过的各种石器、陶器、面具、刀枪、长矛、乐器、占卜用具、浅浮雕以及波多诺伏国王用品等。

---

[1] 资料来源于贝宁贸易、手工业和旅游部编《1997年贝宁旅游指南》。

此外，在博物馆内还辟有一间阅览室，藏书几百册，多半是法国出版的。这里一直以来都是世界各国学者研究贝宁乃至西非部族历史的重要场所。

维达历史博物馆坐落在 1721 年由葡萄牙人修建的要塞遗迹上。1962 年改建成博物馆。这个博物馆占地两公顷左右，有近 400 件展品，主要是图片、壁挂。维达因奴隶贸易而成名。17—19 世纪初，维达作为欧洲奴隶贩子在西非从事买卖奴隶的重要集散地之一，有"奴隶海岸"之称并因此著称于世。博物馆的展品反映了这段历史，即非洲文化与巴西和古巴文化的相互渗透、相互影响。独立后，维达被贝宁政府开辟为爱国主义教育的重要场所，这也是建立维达历史博物馆的初衷所在。1984 年，联合国教科文组织出资维修了该博物馆的主体部分。1995 年 11 月，贝宁政府借主办第六届法语国家首脑会议之机，在维达建起一座"不归门"，寓意成千上万的黑奴由此背井离乡、一去不复返。

帕拉库露天博物馆创建于 1972 年，占地 53 公顷，集中反映了贝宁历史、艺术、手工艺、考古、动植物、宗教礼仪、住房、民俗、人种学以及烹调和编织艺术方面的成就和特色。

贝宁既致力于维护和弘扬本民族的文化传统，同时也愿意与世界各国平等友好地开展文化交流活动。贝宁加入了许多重要的国际文化机构，如联合国教科文组织、世界档案服务组织、国际图书馆和档案联会、非洲文化研究院等。在双边和多边文化交流与合作领域，贝宁与 20 多个国家签有文化协定。法国、俄国、美国、中国和利比亚在贝宁建有文化中心。法国、德国和中国等 16 个国家向贝宁提供留学进修的奖学金名额。

中贝两国自 1972 年复交后，文化交流活动不断。1984 年 6 月，贝宁外长阿吉巴德在访华期间，与中国签订了文化交流协定，加强了两国在文化、艺术、教育、新闻、体育等方面的交流与合作。20 世纪 90 年代以来，中贝两国文化官员的高层互访不断。

第二节 风土人情

一、饮食习惯

贝宁的饮食习惯与西非大多数国家相似。由于生活条件所限，普通百姓的日常食品一般有薯类、蕉类、玉米和大米。在这些主食中，尤以木薯为主。当地百姓将捣磨好的木薯粉熬熟之后做成糕状食用，有时还会搭配辣椒、西红柿和洋葱制成的酱汤，味道鲜美。贝宁百姓还经常吃饭蕉。饭蕉近似水果，但并不属于水果，人们一般会先剥去其外皮，然后切成小片下油锅煎炸，吃起来香脆可口，具有独特的地方风味。家境更好一些的人家还会吃大米和家禽肉，将菜按照传统方式烹制成浓稠的汤羹。吃饭时，多采用合餐制，全家人围着一个大饭盆和一个汤菜盆，先用右手在大饭盆中抓一把饭，捏成一个小团，然后在汤菜盆中沾一下送入口中。

在贝宁的一些富人家庭中，主食多以大米和面包为主，菜肴也更加丰富，有青菜、土豆、西红柿等各种蔬菜，鸡、牛、羊、猪等各种家畜禽肉及鱼、虾等各种海鲜。菜肴的烹制方法有西式的，也有采用传统方法烹制的。就餐一般在餐桌上，餐具也比较考究，一般不直接下手食用，而是多使用刀叉。

二、服装服饰

贝宁居民的服饰大致可分为两类。少数人因受到西方的影响，衣着相对比较讲究，男子会穿西装，女子则穿西装套裙。这类人一般是在政府机关工作的官员，或是在外企就职、收入丰厚的职员。

多数人则依然保持着贝宁传统的装束，即男子着宽袖长袍，整体颜色以蓝、褐、黄、白居多，领口和袖口常绣着各种图案的条带，起装饰作用。这种宽袖长袍穿起来透气，使人感觉凉爽舒适，因此一直以来受到贝宁广大男性的喜爱。另外，这种宽袖长袍也可作为出席一些重大或正式仪式的礼服。作为礼服的宽袖长袍的质地和做工相对于日常宽袖长袍来说会更加考究。

贝宁普通妇女的衣着颜色一般比较鲜艳。平时，她们会用一块带有鲜艳图案的花布裹住下半身：先环绕腹部将布平行缠绕一至两圈，然后将缠绕在腰间的布向下翻卷两三圈，这样便以布当裙了，也省了腰带。上身则有的穿缝制的衣裳，有的用一块布包裹。带婴儿的妇女常常用一块布兜着孩子背在背上。

三、民俗

（一）族群传统

贝宁境内各个族体社会发展水平不一，有些还保留着部族遗风。在中部和北部山区的一些部族，酋长如今依然享有很大的权力。酋长制或家长制仍然浸透在当地居民的传统习俗和日常生活之中。在南部沿海地区，丰族和约鲁巴族至今仍然保存着父系大家族制度。一个大家族中的族长负责主持生活中的各种仪式，并且拥有处理遗产、处罚犯罪的族人等权力。族长基本掌握着家族的全部权力，家族的一切事务均由他定夺，他的命令如同最高级别的法律，任何人不得违反。与此同时，族长也担负有一定的义务，诸如安排兄弟、侄儿的工作和子女们的婚嫁等。族长还拥有指定继承人的权力，如果族长去世前没有指定继承人，家族就会从几位贤明的族人中选出继承人。但在部落传统中,妇女是不能成为族长的。家族会议辅佐族长处理事务,家族中的大事需要通过家族会议讨论。[1]

在贝宁的集体劳动中活跃着一类被称为"多科皮韦"的人,他们在一些诸如开田、建房、筑渠等规模较大、需要较多人手的劳动中负责组织协调工作。在贝宁的许多乡村,至今仍然保持着互助合作的古朴民风,每个人都有义务参加这种协作劳动。而贝宁人认为,人们在协作劳动中往往是三心二意的,需要有人专门来负责主持和监督,在这种情况下,那些需要帮助的人就可以向"多科皮韦"求助。"多科皮韦"通过协调组织这类集体活动,加强了各村落之间的凝聚力,同时也提高了协作劳动的效率。"多科皮韦"的工作并不是完全无偿的,他们的主要收入来源便是在组织各类活动中获得的赠礼。除了担任组织协调集体劳动的角色之外,"多科皮韦"还在丧葬活动中起着不可替代的作用。在贝宁村落中,人们的葬礼一般都是由"多科皮韦"来主持的。丧礼期间,"多科皮韦"不分昼夜地鸣丧鼓,并安排人在尸体旁唱歌跳舞。跳这种舞并不是一件轻松的事情,相反是十分耗费体力的,必须从死者停止呼吸时起就开始跳,直到下葬才可以停止,通常舞蹈要整整持续11天,因此这项工作一般都会由当地体力较好的青年男子来完成。除此之外,"多科皮韦"还需要负责安排葬礼上的其他事宜,如主持死者的祝圣仪式等。

贝宁各族人民都有自己的传统风俗。这些习俗既有相似之处,也展现了本民族特色。尽管有些习俗在经济发展和社会进步的过程中已经逐渐淡忘,甚至再难循迹,但仍有许多习俗流传至今,生生不息。在贝宁各族的传统习俗中,婴儿的出生、青年人的婚嫁及老年人的丧葬等人生大事,都要举行各种仪式以达到求安、贺喜、慰灵的目的。

---

[1] ALMEIDA A. Coutumes ancestrales et droits de la femme au Bénin[R]. Cotonou : PNUD, 1997 : 38-44.

（二）出生仪式

贝宁各族人民的出生仪式不尽相同，各有其特点。例如，在阿波美的丰族人的风俗中，婴儿出生后，凡是家中产妇走过的地方都要用一根棕榈树枝拖扫一遍，然后将之扔上屋顶。母婴首次出门也有仪式：日落之后，月升之前，母婴要待在屋内。只有等到月亮西坠并听到41声哨笛及有人敲门后，产妇方可出门。产妇出门后必须做的第一件事是，拿起铁锄走到邻近的田地里刨一个坑，倒下从她小屋里清扫出来的垃圾，据说这样可以保佑母婴平安。在西北部松巴人的风俗中，产妇分娩后，要在"塔塔"土堡即松巴堡进门处的右侧放上一根叶子茂密的树枝，母婴必须留在楼上整整5天，过后产妇方可抱着孩子在平台上走走。孩子出生一个星期或12天后，由家族中最年长的男人抱着孩子，后面跟着孩子的母亲和全家人，一道去敬奉作为保护者的物神，并给孩子取一个名字；然后还要走出"塔塔"土堡去敬奉守护家宅的外方物神。在物神面前祷告时，要详细列举希望新生儿能够避免的种种灾祸。最后，孩子回到妈妈身边，仪式到此结束。[1]

（三）婚姻习俗

婚姻在贝宁人心目中是人生中的大事，因此往往流程繁复，经过多方考量，仪式隆重。贝宁男性在结婚仪式之前一般会先送女方彩礼，之后再择日成亲，家族会欢庆数日。在东部的约鲁巴族中，如果一位小伙子中意某位姑娘，男方的父母便会到女方父母家中去提亲，待到女方家中应允后，男方便会向女方送定亲礼，这个礼品通常是衣料和柯拉果，之后要去请教"巴巴拉沃"（在当地语言中意为"知情的父亲"），最后商定婚礼日期。在

---

[1] 张宏明. 贝宁 [M]. 北京：社会科学文献出版社，2004：17-18.

婚礼当日，新郎家将大摆筵席，一群唱着喜歌的妇女陪伴着新娘来到新郎家。在洞房内会藏着一位妇女将新娘扶上床，这位妇女会一直在房间内等到新郎到来后才退出。第二天婚宴继续举行，人们通常要在新郎家中找到一件可以证明新娘贞洁的信物之后才会离去。

（四）丧葬仪式

贝宁各民族均实行土葬，有的用棺木，有的则用裹尸布或席子。尸体一般不马上下葬，而是要做简单的防腐处理并停丧数日后方安葬。例如，约鲁巴人死后，需先请"巴巴拉沃"前来检验一下死者是否已自然死亡，随后家人宰羊祭神，并将涂上黄油的羊放在十字路口，求神保佑死者的灵魂平安。回家后，家人还要将一些水、希果油和食用蜗牛放在同一个盆中，用棕榈枝蘸水洒在尸体上和屋子里，以求神保佑死者灵魂离家升天。家人用朗姆酒清洗尸体，用香草擦拭，给死者换上最好的衣服，停放在门口的草席上。这一切准备停当后，方可举行丧宴，但死者亲属不参加，他们要不吃不喝哀悼3天。第4天下葬时，要先脱去死者的衣服并用草席裹好方可入土。此外还要在尸体上洒一些公羊血并往墓穴内放一些食物、酒类、贝壳作为随葬品，然后填土堆坟。送葬归来后继续开宴，人们吃喝、歌舞、击鼓直至深夜，最后由死者家人将吃剩的骨头送到坟地，并把死者生前所用的东西拿到森林中埋掉。[1]

（五）祭祖仪式

贝宁是伏都教的发源地，民众用在敬神活动上的开支是十分巨大的。

---

[1] 张宏明. 贝宁 [M]. 北京：社会科学文献出版社，2004：17-18.

因为在贝宁存在着数量众多的宗教祭司，这些人是不参加生产劳动的，他们只负责沟通人与神，这被视为当地特有的一种社会分工。在举行宗教或世俗仪式时，贝宁人总是尽力办得隆重且有排场，花费巨大。在贝宁人心中，将宗教活动办得隆重，其主要目的是为了取悦神灵，他们认为这种经济开销是在向神灵表达自己内心的尊崇、敬畏和虔诚。

日常的宗教仪式比较简单，供物一般是些豆子、山芋粉，祭牲一般是一只鸡。但在较大的祭祖仪式里，这么一点东西就远远不够了。因为在贝宁人看来，那些有力量庇护后代的祖先神灵也和凡人一样是喜欢炫耀和热闹的。当他们降临尘世时，如果发现自己的族亲不能满足其欲望并把他们接回尘世同乐数天，这些祖先就会勃然大怒。祭祖仪式奢办具体体现在以下方面：被选出来代表或模仿先祖的氏族成员必须身着盛装，打扮得和其所代表的祖先们一样光彩夺目。氏族首领把送给先祖的礼物摆在鼓前，其中贝壳是作为冥钱，水酒则是供祖先们开怀畅饮的。由于跨越生死两个世界要翻山越岭，因此还得向祖先们送些烟草和衣料以供路上使用。主持仪式的是精于此道的主祭司，他的职责是确保祭祖仪式进行得有条不紊。每年举办这类花费巨大的祭祖仪式，人们并非毫无顾虑，但仍得按照例规，把仪式办得隆重而热烈。除了祭祖仪式外，为死去的酋长举行成圣礼也是全社会一项巨大的经济负担。[1]

四、民居

贝宁民居的结构往往与其居民的生活环境相适应。贝宁北部的松巴人通常居住在外观别致，内里简单实用的房屋中，这种房屋叫作"松巴堡"。

---

[1] 张宏明. 贝宁 [M]. 北京：社会科学文献出版社，2004：19-20.

"松巴堡"是用泥土、树干和谷草盖成的，它的外表看起来很像是一个个小城堡，松巴人也叫它"塔塔"土堡。这种房屋共分上下两层，上层是起居室、粮库和厨房，下层则被用来饲养牲畜和存放农具。由于当地时常遭受大风的侵袭，因此"松巴堡"的房门一般制作得比较窄小，以此抵御大风。除此之外，"松巴堡"也具有防御外敌入侵的作用，因为这类房屋有两层，当敌人来犯时，松巴人便从"松巴堡"的上层观察敌情，打击敌人，从而保护村落。

与北方山地草原的自然环境不同，贝宁南部地区有清澈湛蓝的海水和宽阔平坦的海滩。因此，贝宁南部地区的渔民大多以打鱼为生，他们在水上建造大大小小的村庄。目前，在南部大大小小的潟湖上散布着数十个水上村庄，其中尤以位于科托努东北12千米处、坐落在与大西洋相连的天然潟湖诺库埃湖上的冈维埃水上村庄最大、最著名，有"非洲威尼斯"之美誉。[1]居住在冈维埃水上村庄的居民大多是阿贾族人，他们是当初为避战乱而流落他乡的难民。18世纪时，阿拉达王国同阿波美王国为扩张领土交战，战火连绵不断，诺库埃湖这一天然屏障便成为难民的避难所。他们用木桩和茅草在诺库埃湖上盖起一幢幢"高脚屋"。随着岁月的流逝，逐渐形成现在的水上村庄。在战火纷飞、人心惶惶的年代里，冈维埃水上村庄的平静与安宁同湖岸陆地的杀戮与动荡形成了鲜明的对比。[2]

诺库埃湖上密集分布的高脚屋竖立在高出水面两米左右的湖面上，它们建在插入水中的木桩之上。为了隔热和防雨，屋顶通常盖有很厚的茅草。茅草屋的墙和地板都是用椰树干编成的，这样的材质容易散热透风，住起来舒适宜人。每栋房屋的下面铺着几十根碗口一般粗的树杆做支撑，有木梯通向水面。不同人家之间相距数米，用木桥相连。在水上村庄，这样的高脚屋毗邻交错，形成了不同的区域，依靠水上街道来连接。村中央有一

---

[1] PHILIPPE D. Le Bénin[M]. Paris：Karthala, 1998：121-122.
[2] 张宏明. 贝宁 [M]. 北京：社会科学文献出版社，2004：267.

块宽敞的水面，用作水上交易市场。清晨，村民们便划着独木舟去赶集，满载各种物品的独木舟在水面上排成一个半圆形，就像是陆地上的商铺。居民划着自己的独木舟在市场内往来穿梭，寻找自己需要的物品，别有一番风景。贝宁南部的村民长年累月生活在水上，相互间往来的唯一交通工具便是独木舟，就连串门和走亲戚，也都是以船代步，因此在贝宁南部，制造和使用船只就成了一项必备的生活技能。水上村庄的村民们不论男女老少，划船技术都十分娴熟。

　　这里的村民绝大多数以捕鱼为生，他们或撒网，或使用固定网。南部的水温较高，有机物质丰富，鱼类生长得快。近年来，村民们还发明了一种新的捕鱼方法：将树枝插在水中，把湖面布成许多小块，这样有利于鱼群的栖息繁殖，人们称之为插枝捕鱼法。水上村庄的村民分工明确，男人负责捕鱼，妇女则主管贮鱼或加工，之后他们会将鱼带到湖岸边的集市上出售，或者用鱼去交换日常生活必需的蔬菜和米面等东西。清晨时分，人们可以看到一叶叶小舟穿梭在冈维埃通往湖岸集市的水路上。冈维埃以它特有的房屋制造样式和原始的水上生活方式吸引了世界各地的游客。近年来，由于贝宁政府投入大量资金和大力宣传，冈维埃的生活条件有了很大的改善，日渐成为贝宁炙手可热的旅游中心，来贝宁旅游或访问的外国参观者都愿意前往诺库埃湖欣赏这幅别有新意的水上景象。

五、节庆与礼仪

　　1961年6月8日国民议会通过的法令规定，1月1日是元旦，1月10日是国家祭祀节，即伏都教节，4月1日是青年节，8月1日是国家独立节，10月26日是国家军队日，11月16日是烈士日，11月30日是国庆日，12月31日是收获日。此外，基督教的圣诞节、复活节、耶稣升天节、圣灵降临节、圣母升天节和诸圣节等,伊斯兰教的开斋节等也是法定的全国性节日。

贝宁人在社交礼仪方面根据不同场合行使不同的礼节。在相互熟悉的朋友聚会场合,男士之间以握手并相互搓手,表示彼此关系的亲近。男士与女士或女士之间见面则以贴面礼或碰面礼居多,一般要先左后右,然后重复两次;如果彼此之间关系非常亲密,最后还会相互亲吻一下对方的嘴。但是在对外场合或宾客之间相互不熟悉的场合,贝宁人多会行握手礼或点头示意。

六、世界文化遗产

1985年,阿波美王宫被联合国教科文组织列入《世界文化与自然遗产保护名录》。阿波美王宫坐落在祖省的阿波美市,在科托努以北140千米。阿波美是贝宁历史名城,也是阿波美王国的王都。历史上,阿波美王朝是非洲西海岸最强大的王朝之一。由于在文化上的强大凝聚力,加上等级森严的社会组织和雄厚的经济、军事实力,这个王朝具有相当强的政治稳定性。这里不仅有大量历史古遗,而且还是贝宁传统手工业的中心,各类手工艺品大都带有浓郁的地方色彩。阿波美的青铜雕刻可谓源远流长,尤以专门从事这门艺术的洪通基家族的制作工艺水平为最高。此外,阿波美的补花工艺在非洲也颇为罕见,其风格和工艺水平更是令人惊叹。

进入阿波美市后,首先映入人们眼帘的是戈豪历史广场。广场中央矗立着贝宁民族英雄、阿波美王国末代国王贝汉津的铜像。独立后,阿波美王宫被政府开辟为历史博物馆,供游人参观,成为贝宁乃至西非著名的旅游胜地。

阿波美王宫由历代国王建造而成,到了第12代国王盖佐统治时期(1818—1858年),阿波美王国达到鼎盛,王宫面积亦随之扩大到44公顷。

阿波美历朝王宫在建筑艺术、空间组织、材料选用等方面都有异曲同工之妙。其四周有土墙环绕，进入王宫的大门是一个宽敞的院落，这便是盖佐国王的前宫。穿过院落，走进一个木雕的大门，就到了内宫，这个院落中的几幢红墙土屋是国王的议事厅和会客的地方。院子北面有一个椭圆形的土房，是盖佐国王用于祭祖的神庙。庙门低矮，进出时必须俯首躬腰，以示凡人对神灵的尊敬。

盖佐国王内宫的南边是第13代国王格莱莱的王宫。它也由前宫和内宫组成。前宫是一个宽敞的大院子，现辟为工匠村。内宫是格莱莱国王居住的地方，他的遗体就安葬在那里。内宫的东面有一个幽静的小院，是宫妃沐浴的地方。院子中央的圆形土房便是著名的妃子墓。内宫的南面是炮廊，地上陈列着几门锈迹斑斑的铁炮。格莱莱国王之后继任的是贝汉津国王，但他的王宫因忙于与法国殖民入侵者作战而未能完工。人们至今还可看到贝汉津王宫的墙垛。1944年，阿波美王宫的一部分被辟为历史博物馆，[1] 如今已是了解贝宁历史的绝佳之处，到这里参观考察的游客和学者络绎不绝。

第三节 文学艺术

贝宁的文化源远流长，门类繁多，且具有独特的民族性。以下介绍该国著名的文化艺术、文化名人及其影响。

---

[1] 张宏明. 贝宁[M]. 北京：社会科学文献出版社，2004：265-266.

一、口头文学

贝宁的口头文学主要来源于本土的口头传说，有着悠久的历史，具有极高的史料价值。贝宁人历来重视口头传说，各族人民在长期的生产和生活中创造了自己的文化传统。口头传说的广泛流传一方面源于传统的宗教信仰，另一方面则源于王国统治者的意志。例如，在丰族人的信仰中，祖先的概念特别重要。丰族人认为，每一个人都是民族共同体生命链条中的一个环节，因此把标志民族共同体起源的那些事实编成故事，世世代代地传下去，是长者首要的职责。此外，历代王国的统治者都对王族世系年谱十分重视。据史料记载，在阿波美王国，就有人专门负责记述王族世系年谱，其任务就是把各个氏族、部族的历史掌故及王国世系编成有情节、容易记忆的诗歌。[1] 贝宁诸王国的历史之所以能够流传至今，就得益于这些丰富的口头文学。

贝宁各族的口头文学在体裁和题材方面是丰富多彩的。就体裁而言，有神话故事、格言诗、说唱诗歌、谜语等。题材或内容则主要表达了对神灵、精灵的崇敬、祈求或畏惧之情，宗教色彩十分浓厚。此外还有大量关于氏族、部落、部族、王国起源的神话传说，内容有赞美部族首领和国王，歌颂胜利、劳动和爱情，以及诅咒侵略者，等等。在贝宁至今仍有不少职业的说唱诗歌、格言诗、故事和谜语撰述者。[2]

口头文学中的神话故事的讲述者大多是一些年长者。当时的社会，还没有书面文字，只能靠口头传播信息，在这种情况下老人自然就成了知识与智慧的代表，因为他们掌握着本族的传统知识，了解部落的历史、宗教、医学、教育和经济等。贝宁的老人就像一座满载着传统文化的图书馆。每当夜幕落下，万籁俱寂，老人们就会坐在屋前或树下，向小孩子们讲述一个个精彩有趣的故事，这也是传授本族历史和其他知识的一条有效途径。

---

[1] 张宏明. 贝宁[M]. 北京：社会科学文献出版社，2004：297-298.
[2] 张宏明. 贝宁[M]. 北京：社会科学文献出版社，2004：297-298.

这些故事就这样流传开来，成为贝宁口头文学宝库中的一个重要组成部分。

在贝宁各族口头文学中，还有一个不容忽视的门类，就是格言诗，本地语为"阿洛"。格言诗的内容也是多种多样的：既有对神灵的赞颂，也有对生命的论道。此外，作为礼节套语，格言诗多数情况下用于臣民对国王和部落首领的寒暄。这些格言诗多用隐喻的方法来说明一个深奥的道理，形式简短却意味深长，因而往往能在民间广泛传播。

说唱诗歌是贝宁一种重要的口头文学体裁，演唱者用唱的形式表达，音韵铿锵。这种说唱诗歌在结构上有一定的规律，但也具有非常大的随意性，许多是由说唱艺人即兴咏唱而出的。贝宁有许多专业做说唱诗歌的编撰者。一些比较富有的当地人，在重大的节日或举办婚庆仪式时，一般都会邀请这些职业歌手来表演。有些说唱诗歌还会配上音乐，使得咏唱起来更加朗朗上口，便于传播。在贝宁，特别是在阿波美，每年会举行一次大型社交舞会，舞会上，当地的男女青年互相对歌。贝宁人认为这是最能展现一个人才华的场合。除此之外，说唱诗歌还经常会带有明显的政治倾向性，这类说唱诗歌多表达对侵略者的抗议或对自由的向往。19世纪末，阿波美王国最后一位国王贝汉津在战败被俘后，在狱中创作了几组类似的诗歌，诗中充满了对外国侵略者的讽刺和对自己祖国的忠诚。

贝宁民间还流行一种猜谜游戏，当地人称之为"阿德约"。谜语的内容丰富多样，所用词句很多富有诗意。猜谜有时是十分严肃的，这时谜语的内容往往事关大事，要由一个专业的讲述者来描述，猜中的人可以得到重赏，甚至可以免去死刑。但民间的猜谜更多还是出于娱乐，内容也大多是生活中常见的，谜底一般都很简单。

二、书面文学

贝宁的书面文学创作始于 20 世纪 20 年代末期，大部分作品都是用法语写成的。在非洲法语国家范围内来看，贝宁的书面文学创作开始得比较早，这与贝宁在殖民时期存在人数众多且非常活跃的知识分子群体有关。下面将简略介绍这个群体的几位代表人物。

根据贝宁文学研究专家阿德里安·胡阿努的记述，在贝宁，最早用法语进行文学创作的是费利克斯·库科罗（1900—1968）。库科罗曾做过职员和记者，在文学领域自学成才。他的作品多以爱情、冒险活动和社会问题为题材。1929 年，库科罗的首部长篇小说《奴隶》发表，标志着贝宁书面法语文学创作的开始。库科罗的主要作品有《拜物教女祭师的爱》（1941 年）、《这个讨厌的继承物》（1963 年）、《在阿内科发生的爱情悲剧》（1950 年）、《民族主义者的女儿》（1970 年）和《达克拉库在阿尔米纳》（1970 年）。

保罗·阿祖梅（1890—1980）是一位在国际上享有很高声誉的贝宁文学家。他的创作多以贝宁的重要历史人物或重大历史事件为题材。其长篇历史小说《多吉西米》是第二次世界大战前最优秀的法语文学作品之一，曾先后获得殖民地文学奖、殖民地科学奖和法兰西科学院法语奖。阿祖梅试图通过多吉西米的形象来赞颂达荷美妇女的美德，塑造达荷美民族的英雄性格。该小说在一定程度上恢复了被殖民者歪曲的非洲国家的历史。之后，阿祖梅还发表了《达荷美血盟》，获得法语西非文学大奖。阿祖梅重拾了非洲作家对传统文化的兴趣。这也正是当时非洲法语国家以"非洲人传统精神"而著称的思想文化运动的主旋律。阿祖梅逝世后，为了纪念他，贝宁作家和文学评论家协会在政府赞助下，设立了保罗·阿祖梅文学奖金。从 1988 年起，每年拿出 10 万西非法郎用以奖励文学成就最大的一位作家。

第二次世界大战后，贝宁文学对自由、爱国主义和反殖民主义的颂扬不断加强，对传统生活的批判也在加深，这与非洲各国文学在该时期的发展具有相似性，但贝宁的文学还显示了其自身的特点，即从风俗描写发展到浪漫主义。

这一时期贝宁重要的作家有奥兰普·贝利-凯努姆，他的创作体现了贝宁文学中的浪漫主义风格，其主要作品有《没完没了的陷阱》（1960年）、《湖之歌》（1965年）、《一个非洲的孩子》（1970年）及《内行人》（1979年）。其中《湖之歌》标志着贝宁作家创作进入了新阶段，浪漫主义倾向发展得更彻底也更深刻。作家从人道主义的角度肯定了个性的价值，肯定了斗争使人摆脱千百年来教条压制的必要性，描写了与集体偏见的斗争，这一斗争带有主观浪漫主义色彩和英雄主义情调。贝利-凯努姆的小说的情节并不复杂，其创作特点在于生动地表现主人公的精神状态和对主人公心理活动的细致描写。[1]

同时代活跃于文坛的还有诗人保兰·若阿西姆、里夏尔·多格贝和度桑·门萨等人。除文学家之外，从殖民时期开始，贝宁还有不少知识分子从事文学批评或文学评论，如阿尔贝·特沃吉雷、斯泰尼斯拉斯·斯庇罗·阿多台维，他们的著述虽然不能算作文学创作，但销路广、影响大，体现了独立前后非洲的主流思想。特沃吉雷是非洲民族解放运动的重要活动家。他在《反叛的非洲》（1958）这部富有争议的作品中深刻谴责了非洲的西方殖民主义。阿多台维在其作品《"黑人特性"与黑人研究学者》（1972）中对"黑人特性"学说提出了不同的看法并对之进行了激烈而尖锐的抨击，他认为"黑人特性"是为新殖民主义的实行做铺垫的。

---

[1] 尼基福罗娃. 非洲现代文学：上册[M]. 刘宗次，赵陵生，译. 北京：外国文学出版社，1980：331-339.

三、戏剧与电影

贝宁的戏剧创作在第二次世界大战前便已享有盛誉。贝宁的知识分子参与了早期的戏剧文学创作活动。非洲法语戏剧的产生可以追溯到20世纪初，当时的戏剧活动主要是学生演出自己创作的剧本。这些剧本多以传统社会生活和历史英雄人物为素材。1933年，第一个剧本《贝汉津同贝约勒的最后一次谈话》上演。在这个时期，威廉·庞蒂学校的贝宁学生至少创作并演出了3个剧本，其中之一曾于1937年在巴黎演出。[1] 贝宁独立后，特别是在克雷库执政后，戏剧创作活动进入了一个繁荣期，数量增多且质量优异。1976年和1981年，贝宁曾两次举办为期一周左右的全国文化艺术节。节日期间，贝宁举行了歌舞、话剧等文艺演出，还有艺术展览、文学比赛等活动。

让·普利亚是这一时期贝宁著名的剧作家，其代表作有《特别女秘书》（1973年）。该作品是一部富有时代气息和社会责任感的讽刺剧，它表明让·普利亚的创作主题已从历史、传统生活和对欧美文化的抗拒，转向批判非洲新权贵的腐败行为。三十多年来普利亚一直活跃在贝宁的戏剧舞台，成为贝宁当今文坛巨匠。[2]

进入20世纪90年代后，为了振兴贝宁的戏剧事业，政府将每年的3月27日定为贝宁戏剧节，每两年举办一次。戏剧节的设立不仅促进了戏剧创作，同时也繁荣了戏剧舞台。目前，贝宁有影响力的话剧团不下10个，诸如蒂拉德剧团、贝宁使者剧团、扎马·哈拉剧团等。其中蒂拉德剧团还从事戏剧艺术教学和研究。在长期的创作和演出实践中，贝宁涌现出一批有影响的戏剧演员和导演。丹吉勒·塔哈·达尼埃尔和阿卡拉·卡马鲁便是其中的代表。[3]

---

[1] 张宏明. 贝宁 [M]. 北京：社会科学文献出版社，2004：304.
[2] 克莱因. 20世纪非洲文学 [M]. 李永彩，译. 北京：北京语言学院出版社，1991：28.
[3] 资料来源于中国文化部对外文化联络局编《贝宁文化资料》。

四、雕塑

（一）泥土浮雕

着色泥土浮雕是阿波美艺术中最具盛名的装饰物。这种浮雕多用泥土加工润饰而成，主要用作装饰王宫的宫墙、部落首领和教会主教的房子。其内容多是讲述祖先或国王、部落首领的光辉业绩。这些浮雕的造型有人物、动物或神话中的半人半兽怪物等，其中比较多的是动物造型，并常常是人格化了的动物。所画的动物有狮子、鲨鱼、鳄鱼、豹、狗、鸟、蛤蟆及蛇等。也有一些几何花纹，图案匀称，极富趣味，装饰效果上佳。在非洲，采用着色泥土浮雕装饰建筑物的国家并不多，贝宁就是其中之一。这些浮雕作品不仅反映了贝宁艺术的独特性，而且还具有珍贵的史料价值。例如，阿波美王宫宫墙上的浮雕就反映了阿波美诸王在位时期的历史。

与浮雕一样，阿波美王国的塑像多以象征的手法来表现主题。用动物的形象来表现阿波美王朝的各个国王：豹是王朝的图腾，蜥蜴象征阿卡巴国王，狗象征克林格拉国王，狮子和犀牛象征格莱莱国王等。[1]

（二）青铜雕刻

青铜雕刻在贝宁的历史源远流长，是极具震撼力的雕塑艺术。青铜制品可以作为艺术品观赏，也可以作为实用的家庭用品。

中世纪时，贝宁雕刻作品主要以姿态自然的圆雕和浮雕为主，雕刻的人物大多是国王和王后，也有其他人物，如太子、达官贵人、僧侣、武士、

---

[1] 张宏明. 贝宁 [M]. 北京：社会科学文献出版社，2004：310-311.

猎人、乐师、传教士和随从人员。国王的雕像通常头顶王冠，胸前戴满徽章。有时为了塑造海神奥洛贡的形象，制作者会把腿塑成鳗鱼的样子。青铜雕像讲究匀称协调，其尺寸大小是由身份地位的高低尊卑决定的。贝宁的青铜浮雕或描述王宫里的重大祭祀活动、战争、狩猎场景，或记录宫廷生活片段。贝宁雕塑史上也出现过不少形态各异的青铜头像，这些头像有两种明显的风格：一种外形比较优美，椭圆形的面庞被塑造得生动活泼，雕像的目光有神，嘴唇线条明晰逼真，造型以写实为主；另一种则更具象征性，造型较为粗犷，面部表情一般庄严肃穆。

在贝宁王国兴盛之前的10—14世纪，伊费文化代表着当时铸造的最高水平。贝宁人从伊费文化的铜雕作品中学得铸造方法，建立起了青铜铸造作坊，传承了伊费铜器的工艺，并继续发展，形成了自己的风格。贝宁王国的所有雕像都有着相似的理想化造型，是工匠用明确清晰的线条和当时人们普遍接受的美感形式对真人样貌进行再次加工得来的。例如，国王或王后雕像都有凸起的额头、大眼睛、挺立的鼻梁、宽厚前突的嘴唇、圆润的下颌。国王脖颈上戴着高高的脖圈，头上顶着华丽的王冠；王后戴有细长的项圈以及高高的发帽；武士则是右手持矛，左手拿盾。雕塑外形美观，造型简练完美，富有观赏性，显示出贝宁艺术家高超的制作工艺和绝佳的艺术创作才能。

五、绘画与手工艺

（一）绘画艺术

贝宁的现代艺术成就集中体现在绘画方面，其创作方法受到了欧美各种流派的影响。独立后，贝宁出现了一批成就斐然的画家。

阿巴伊·维克托里安·菲利普是一位油画家和雕塑家，他从幼时便表现出绘画的天赋，后自学成才，多次在国内外的展览中获奖。其风格以写实为主，但不同于古典主义，有时会借鉴超现实主义的手法来表现贝宁当地的风光和人民的现实生活，以寄托对美好未来的追求。此外，菲利普还为电影、舞台剧设计布景，并多次参与纪念邮票和海报设计。

梅斯沙克·加巴是一位充满创新精神的画家。他没有经过专业系统的学习，是自学成才。加巴在尝试用各种不同的材料进行创作后，最终选择用银行报废的纸币粘贴构成画面。这种别出一格的粘贴画引起广大民众的注意和兴趣，获得了极大的成功。加巴的画以表现非洲人物、神话和宗教场面为主，其画色彩搭配和谐并具有装饰性。

拉希米·阿穆萨是贝宁画坛上一颗令人瞩目的新星。他在贝宁国立大学和一些中学从事美术教育的工作。阿穆萨擅长抽象画，他的作品充满动感，用纯净饱满且对比强烈的色彩来表现激荡的内心世界，能够引起观赏者的共鸣。

托古·达巴是一位民间艺术家，他起初的创作对象多为伏都教神龛和象征物，后来开始在伏都教庙宇和房屋上画壁画。阿波美王宫伏都教寺庙墙上的装饰浮雕和图案是由他设计的。

此外，安托万·拉莱耶、多米尼克·尼奥努、阿尔芒·阿尼昂博苏、阿当德·塞韦兰、格拉蒂安·奥里约米·佐苏及埃德文杰·阿克洛冈等人也是当今贝宁画坛的知名画家，由于篇幅所限，就不在此一一列举了。

（二）补花工艺

阿波美王国的补花工艺极具特色，闻名世界。这一技艺在非洲当地颇为罕见。据考证，17世纪时的阿波美王国就已经创办了不止一个补花工艺作坊，有一百多位工匠专门为国王及王室制作补花工艺品，如用以装饰宫墙的挂件、饰物、蚊帐、坐垫、阳伞、军旗以及国王和贵族的软帽和服装等。在题材上，只有少数阿波美补花工艺描写神话故事，大多数则反映了民间或王宫的故事。工匠们运用补花工艺为12位阿波美的国王制作象征徽记，这些徽记就像是一幅大气磅礴的阿波美王国的历史画卷。补花工艺品上的动物种类繁多，如狮、鳄鱼、豹、蛇和巨嘴鸟等，通常还会配一些图案，如树木、菠萝及茅屋等。此外，补花工艺品在民间还有其他用途。普通人去世时，朋友在其下葬时要唱一首歌，同时献上一件与诗歌内容相关的补花工艺品。补花工艺品上的图案一般都是有情节的，就像是猜画谜，需要思考才能明白其中的含义。画两只眼睛一般表示"看"这个动作，一棵干枯的树则用来象征死亡。工艺品的底色布多为黑色或黄色，上面的图案采用颜色纯度很高的布料，如红、蓝、紫、绿等，色彩鲜艳。补花堆布的精湛技艺使画面具有浮雕立体感。最初，图案所用的布料是用植物颜料染色的，现在大多是购买现成的薄棉布料，成套生产。

六、文化研究

除了文学家、戏剧家之外，从殖民时期开始，贝宁还有诸多从事学术研究的知识分子。[1] 贝宁的学术研究最初从办教育刊物开始，研究范围涉及历史、政治、文化、宗教和哲学等诸多领域。创办于1948年的著名的综合性研究刊物《达荷美研究》在整个非洲乃至欧洲都享有盛誉。

马克西米利安·波贝里凯努姆（1911—1988）是丰族文化研究方面的专家，著有《在丰族人的国家》（1938年）一书。卡齐米尔·阿格博长期从事贝宁南部历史研究，著有《维达史》。亚历山大·阿丹德（1913—1993）是

---

[1] ROBERT C. La République populaire du Bénin : des origines dahoméennes à nos jours[M]. Paris : Édition G. P. Maisonneuve et Larose, 1981 : 495-496.

传统文化和人种学方面的专家，从 1936 年开始就进入设立在达喀尔的法国非洲研究所工作，是最早进入该机构工作的非洲人。

贝宁当代的知名学者莫里斯·阿罕罕佐·格莱莱是达荷美王室的后裔，青年时赴法国深造。他的研究领域比较广泛，涉及非洲文化、历史、政治和宗教等诸多门类。他的著述颇丰，著有《一个黑人国家的诞生：达荷美政治和宪法演变（从殖民化到今天）》（1968 年）、《达荷美共和国》（1969 年）和《当克索梅：从阿贾政权到丰人国家》（1974 年）等。此外，格莱莱还主持并参与了联合国教科文组织八卷本《非洲通史》的编撰工作。

第三章 教育历史

贝宁的近现代教育发展史大体上分为三个阶段：始于殖民时期，发展于国家独立初期，改革于贝宁共和国时期。事实上，在殖民时期，法属西非殖民地教育是作为一个整体而发展的，达荷美地区[1]并不具备完整的教育体系。贝宁独立之后，经历了四次具有重大影响的教育体制改革。

第一节 殖民时期的教育历史

殖民时期的贝宁教育发展分为三个历史阶段：第一个阶段是19世纪下半叶，以大量的传教士传教活动和教育推广为主；第二阶段是1894—1945年，这一时期出现了可享有政府资助的公立教育；第三阶段是1945年到独立前，教育发展逐步转向，教会教育和普通公立教育从分庭抗礼逐步转向通力合作，构成贝宁教育的重要部分。

---

[1] 达荷美地区指的是原达荷美王国，1899年成为法国殖民地。本章讨论贝宁在殖民时期的教育发展采用"达荷美地区"的说法。

一、第一阶段：教会教育

贝宁现代意义的学校出现在 19 世纪，由传教士或法国殖民者引入贝宁。据贝宁出版的《学校教育立法协定》[1]所述，第一个天主教学校是非洲传教会的博尔格洛神父于 1861 年在维达建立的。另外一种说法是，早在 1680 年就有葡萄牙传教士在维达建立了第一所教会学校。

从殖民时期教育发展历史来看，教会办学地点逐渐由沿海港口城市向内陆地区发展。1873 年，波多诺伏教会开办了一所教会学校，1878 年起，使徒圣母修女会在阿古埃开办了几所女子学校。1843 年伦敦卫斯理公会在维达建立的传教会、1852 年在阿古埃和格朗波波建立的传教会、1862 年托马·马绍尔在波多诺伏建立的传教会，都在当地开展传教活动和宗教教育。有关西非和达荷美殖民时期的教育法令最早出现在 1896 年，初步明确了该地区的教育教学制度。

殖民时期，达荷美地区各类学校的学生人数分布不均，教学内容和教育质量不一。1891 年波多诺伏居民总数约有 3 万到 3.5 万人，而天主教学校、新教学校和世俗学校总共培养了 500 名学生，其中天主教男子学校最受当地居民欢迎，拥有学生大约 150 人，共四个年级，主要学习读写，掌握初步的地理、语法和算术知识。到 1902 年，在阿波美、阿波美-卡拉维、波多诺伏和扎戈纳纳等地建立了 11 所天主教男子学校。修女会在阿波美-卡拉维、阿古埃、维达和波多诺伏共创办了 4 所女子学校，主要教习缝纫针织等女红技术。[2]

教会在贝宁教育事业的发展初期发挥了重要的作用。殖民时期主要采用法国天主教修道院的教学模式对学生进行教育，在很长一段时间内未建

---

[1] Ministère des enseignements maternel et de base avec le concours de l'ACCT. Traité de législation scolaire à l'usage des enseignants de la République populaire du Bénin[R]. Dakar : Nouvelles Editions Africaines, 1983 : 43.

[2] GARCIA L. L'organisation de l'instruction publique au Dahomey, 1894—1920[J]. Cahiers d'Études Africaines, 1971, 11(41) : 62.

立类似公立学校的考试制度、学制和学位制度，更没有实施本科—硕士—博士的现代教育层次，而是一直沿用文凭考试制度，如哲学文凭、神学文凭等，为殖民行政体系，尤其是教会提供人才。当时，达荷美教会教育质量非常高，在法属西非殖民地声名鹊起，吸引了大批本地区以外的学子来达荷美接受教育。

20世纪初，殖民当局加强了对殖民地的管理和掠夺，需要更多的当地人辅助管理，对当地人的教育培训便提上了议事日程，公立教育开始创办。自《政教分离法》颁布之后，从1903年起，教会学校失去了政府资助，办学情况不容乐观。达荷美地区教会学校的学生较19世纪末锐减，到1930年，22所教会学校共培养3 217名学生。[1] 此后教会学校教师薪水大幅减少，一些当地教师甚至连基本生活都难以为继。教师招聘方面也没有明确的管理制度，通常教师由本校培养出的优秀毕业生担任。很多学校的教学设施陈旧，寄宿生宿舍破败不堪。教会教育的教学标准低于公立教育，且教会学校拒绝政府督导，因此渐渐退出城市，转向广大乡村。教会学校认为，为了保证殖民统治下社会秩序的安定，主要以农业生产为谋生手段的农村子弟只需学习最基本的知识，这样可防止他们不满足于现状，脱离土地。因此，1936年，在达荷美地区71所小学中，57所位于农村地区，其中的54所为教会学校，这些学校总体教育水平较低，教学内容均未超过初级小学水平[2]。

二、第二阶段：普通公立教育

殖民时期的普通公立教育基于殖民统治的政治理念，对人民大众开展

---

[1] Gouvernement général de l'Afrique Occidentale Française. Le Dahomey, exposition coloniale de 1931[M]. Paris : Société d'Éditions géographiques, maritimes et coloniales, 1931 : 126.

[2] 相当于中国的小学四年级。

基础教育，对少数上层进行精英教育，培养殖民政府运作所需的下级官员或办事人员。[1] 而这一时期教会教育依然以传教为主要目的，并不能适应这一要求。因此，这一时期公立教育在殖民地教育中占有绝对的主导地位。

（一）世俗公立教育基本政策

由于20世纪初殖民地政府对教会学校毫不重视，教会教育与公立教育在教学目标上的分歧泾渭分明，因此两种教育在很长时间内无任何合作和交流，也没有共同的培养方案和教学大纲。

1914年7月1日的达荷美殖民地政府通告规定：公立学校必须以法语为教学语言；教学内容必须符合教学大纲要求；必须进行教学记录，每年要向教育主管部门、教学监察提供年度报告。殖民地政府鼓励世俗公立教育，规定政府机构任职人员须接受世俗公立教育，取得毕业证书，禁止教会学校毕业的学生担任公职。1922年2月14日的政令和同年3月26日的政府决议指出：除政令颁布前已经从业的教师，新教师须获得相应证书才能在公立学校任职，无论是公立学校还是私立学校均须遵照同样的教学大纲教学，必须使用符合教学大纲的教材。[2]

殖民政府分别于1903年11月24日、1916年11月16日、1924年5月1日和1945年9月15日四次颁布教育法令，完成了四次教育改革。1903年11月24日，达荷美殖民地总督发布了第806号法令，明确了殖民教育的终极目标是培养维护殖民统治的中下级行政人员，促进殖民地发展，以达到间接促进法国发展的目的，同时确立了该地优先发展的四类学校。1911年8

---

[1] DIOFFO A M. L'Éducation en Afrique. Nouvelle édition à partir du texte de 1964 sous la direction de Frédéric Caille[M]. Chicoutimi, Québec : Les Éditions science et bien commun, 2019 : 59.

[2] GARCIA L. L'organisation de l'instruction publique au Dahomey, 1894—1920[J]. Cahiers d'Études Africaines, 1971, 11(41) : 64.

月 24 日，法属西非总督威廉·庞蒂发布行政通报，请各殖民地在 1903 年法令的指导下，依据本地特点和需求制定适合本地的教育政令。达荷美地区于 1913 年 1 月 30 日出台本地教育政令，一直实行到 1918 年。[1]

从 19 世纪 90 年代起，法国殖民者就渐渐采取禁止用英语和葡萄牙语教学的政策，鼓励全法语教学。1899 年 7 月在波多诺伏成立的公立教育管理委员会提请总督注意，一个新教教会学校使用英文授课，督促该校校长从欧洲聘请有法语教学能力的教师来该校上课。[2] 这一实例说明殖民地政府大力推广法语教学的语言和教育政策。1913 年，在殖民地副总督努福拉尔的建议下，殖民地新的教育法令规定：为使殖民地人民产生身份认同而强制实行法语教学；为使当地人产生对欧洲文明的好感，教学内容包括基础科学知识。

在第一次世界大战期间，殖民地资源有力地支持了法国的战时经济，法属殖民地也成为攻击德属殖民地的战略基地。一战之后，法国殖民者认识到殖民地在世界大战和法国本土政治经济中的重要作用，遂加强对其政治控制。因此殖民地总督的注意力重新汇聚在教育教学上，从 1918 年开始重新调整教育法令，促进法属非洲殖民地之间的良性竞争；更加重视职业教育，同时把职业教育扩展到孤儿院、伊斯兰教高等学校和某些采用法国本土教学大纲的中等学校。

（二）公立教育结构

在第一次世界大战前，达荷美地区的公立学校大体分为四个类型：初级小学、高级小学、职业学校和混合孤儿院。除混合孤儿院外，无论哪个

---

[1] GARCIA L. L'organisation de l'instruction publique au Dahomey, 1894—1920[J]. Cahiers d'Études Africaines, 1971, 11(41)：71.

[2] GARCIA L. L'organisation de l'instruction publique au Dahomey, 1894—1920[J]. Cahiers d'Études Africaines, 1971, 11(41)：68.

类型的学校，在学习结束时都要进行考试，取得毕业证书才能获得进入下一层级学习的资格。

初级小学又分为四个类型，即乡村学校、地区学校、成人学校、城市学校。乡村学校通常开办在有一定人口密集度的聚居区，依据该治理圈政府的预算和居民总数确定学校规模。乡村学校经常面临预算不足、师资匮乏的窘境，课程仅局限于学习法语、农业知识和基础算术。地区学校分为男校和女校，均在大城市开办。法国殖民者对当地男子教育的目的是提高当地经济增速，保证殖民统治的稳定，女子教育的目的是使法国殖民思想渗入家庭。因此，男校招收乡村学校中的佼佼者入校接受教育，女校则以家政教育为主要内容，在维达开办的女校均可看作是家政学校。女子教育的发展受到女童早婚、社会地位低下等因素阻碍，发展缓慢。成人学校通常为夜校，每周三次课，课程包括语言、运算基本概念和测量。负责成人学校的欧洲教师年薪为600法郎，而本地工作人员年薪为200法郎。[1] 城市学校属于欧式学校，通常开办在大都市，教学大纲为基础教育大纲。

高级小学通常在殖民地首府开办，这类教育帮助学生准备政府行政学校的入学考试。学习年限2年，每年考试录取的学生人数大约20—30人，分为农商科和教员科。

职业学校也通常设在殖民地首府，学制3年，培养伐木或冶铁等学徒和工人，附属于地区学校。毕业生中的佼佼者可被波多诺伏职业学校录取，继续深造。

混合孤儿院接收被遗弃的孩子，给他们进行基础教育及职业教育，其衣食住宿费用由殖民地政府承担。

一战之后，法国殖民者稍微调整了教育体系，学校类型分为初等学校、联邦政府学校、中等学校、职业学校。与一战前不同的是，初等学校包括

---

[1] GARCIA L. L'organisation de l'instruction publique au Dahomey, 1894—1920[J]. Cahiers d'Études Africaines, 1971, 11(41): 74.

设在村镇的 2 年制预备学校、设在治理圈首府的 4 年制小学、设在地区首府的 6 年制地区学校，6 年制地区学校可提供小学修业文凭，另外还包括设在各殖民地首府的 3 年制高级小学，成绩合格者可获得毕业文凭，有机会进入政府机构任职，也可参加更高一级的联邦政府学校考试。[1] 联邦政府学校指由法属西非联邦政府创办的初级职业技术学校，有师范类、医学类、技术类等，但达荷美地区无此类学校。中等学校指公立高中，修业期满可获得殖民地学业能力证书，相当于高中毕业会考文凭，这类学校通常设在法属西非联邦首府达喀尔，达荷美地区人民很少有机会进入中等学校。职业学校设在各殖民地首府，用于培养技术工人。

二战后，非洲殖民地掀起了民族独立运动，反对种族歧视，要求政治自治进而国家独立。殖民地人民逐渐渴求知识，要求提升教育质量。殖民地学校大量订购法文图书，学生们积极参加原来只针对欧洲殖民者的考试，大部分学生能获得基础教育证书，越来越多的非洲学生获得奖学金留学法国。从 1948 年起，殖民地教育进行了重新规划，把法国本土教学大纲引入殖民地，对基础教育的师资进行系统培训。

二战后小学教育仍保持二战前的学制，即 2—6 年不等，不同的是二战后大多数 2 年制预备学校逐渐发展为 3 年制学校，进而升级为 6 年制小学。中学教育变化较大，原来的高级小学逐渐演变为传统公学[2]、现代公学[3] 或混合制公学[4]，女子公学也应运而生。[5] 师资问题一直是困扰法属西非殖民地教育的首要问题，师范学校数量有限，小学教师少之又少，因此殖民地采用师范课程对师资教育进行补充，包括普通中学教育和一年的师范职业培

---

[1] DIOFFO A M. L'Éducation en Afrique. Nouvelle édition à partir du texte de 1964 sous la direction de Frédéric Caille[M]. Chicoutimi, Québec : Les Éditions science et bien commun, 2019 : 63.

[2] 指具有完备的传统中等教育机构。

[3] 指具有完备的现代中等教育教学结构但不开展高三毕业班教学的机构。

[4] 指同时具有完备的传统和现代中等教育教学结构但不开展高三毕业班教学的机构。

[5] DIOFFO A M. L'Éducation en Afrique. Nouvelle édition à partir du texte de 1964 sous la direction de Frédéric Caille[M]. Chicoutimi, Québec : Les Éditions science et bien commun, 2019 : 99.

训，给法属西非殖民地提供了数量可观的小学教师或者教师助理。职业教育也获得了一定程度的发展，二战之前的职业技术学校发展为职业技术中专，也创立了新的农业职业中专和学习中心，培养各类农业技师和技术工人。新的工业职业中专和学习中心培养技术工人，学员学成后可获得职业能力证书。职业技术教育还向高等教育发展，成立了高等技术学校，培养技术干部，如基建工程监理、制图员、地质勘探专家。

（三）世俗公立教育的特点

20世纪上半叶，殖民地政府把公立学校当作宣传殖民主义的工具，通过语言文化教育影响当地青年的思想，使当地人民从仇视殖民者转变为亲近欧洲的殖民者的帮工和附庸。

由于法国殖民者面临改造殖民地落后面貌和防止思想开化的少数精英反对殖民统治之间的矛盾，因此各种政策之间存在矛盾，在教学内容上强化法国殖民者的施恩者形象，使被殖民者产生对法国的认同感或归属感。同时，殖民地公立教育直接照搬法国本土教育，忽视当地文化特色。然而殖民地学生拒绝全盘法国化，抵制殖民者把西方价值观强加给自己。另外，殖民地的教学质量相比于法国本土大打折扣，使得殖民地学生无法获得和法国本土学生同等的毕业文凭，殖民地学业能力证书也仅有少数极为优秀的学生才能获得。

法国殖民者在此阶段更加重视法语教学，殖民地小学推行法语为单一教学语言，禁止使用当地语言，把法语当作文化渗透的起点和工具，但在教学内容上选择谨慎。[1] 为防止殖民地人民反抗，殖民者极少传播"自由、平等、博爱"的思想。当时的教材向年轻的非洲人民展示当地的愚昧落后

---

[1] DIOFFO A M. L'Éducation en Afrique. Nouvelle édition à partir du texte de 1964 sous la direction de Frédéric Caille[M]. Chicoutimi, Québec : Les Éditions science et bien commun, 2019 : 132.

和法国殖民者的善行，号称法国当局结束了当地国王和贵族的独裁统治，给他们带去了和平、教育和医疗手段，宣扬殖民地是法兰西共和国不可分割的一部分，非洲青少年应以身为法国殖民地人民为荣。

殖民地公立教育机构执行非常严格的招生政策。殖民地社会等级森严，在最初几年里，学校仅招收殖民地行政长官、当地贵族、公务人员、商贸职员的子女，几乎不招收农民或下层劳动者的子女。一段时间之后，小学教育才扩展到下层劳动者。

在师资方面，公立教育机构最初雇佣能读写法语的本地人和教会学校的毕业生，来自欧洲的教师主要负责地区学校的管理。基础教育工作人员主要包括管理干部、初级教师和高级教师三类人。依据历次相关教育法令的规定，管理干部由学校督学和殖民地副总督技术顾问构成，督学在小学教师中选拔，经考试录取，授予督学资格。技术顾问主要负责巡查学校，指导本地教师；高级教师最初为法国本土教师，由法国本土派遣至殖民地地方学校，后来也在当地雇佣一些教师，负责地区学校的管理工作和当地教师的培训；初级教师主要是庞蒂学校毕业的当地教师、各级辅导员和教辅人员。庞蒂学校培养普通教师和主管教师，各有6个班。普通教师的年薪依据级别不同在3 000—6 000法郎不等，每24个月可涨薪一次。主管教师年薪在6 500—9 200法郎不等，每30个月涨薪一次。所有具有5年以上工龄的教师均可晋级，如果教师远离家乡从事教学工作，还可以享受相当于工资的40%的津贴。[1] 除以上三类教师外，学校也聘用辅导员，最初为毕业班的优秀学生。从1913年起，波多诺伏高等小学增加了培养辅导员的班级。辅导员可享受每月最高20法郎的工资待遇，学校提供食宿，每2年晋级一次，工龄满5年可获得3个月的半薪休假。1914年4月12日法令实施后，师范学校开设辅导员班，重新规划了教学大纲，成绩优异者可以进入教师

---

[1] GARCIA L. L'organisation de l'instruction publique au Dahomey, 1894—1920[J]. Cahiers d'Études Africaines, 1971, 11(41)：86.

班序列。1916年3月29日法令允许辅导员班学生获得教师班毕业证书。辅导员包括文职雇员、士官、翻译和工人等，这些人在师资不足时可临时代理教学工作。[1]

从教学效果上看，殖民地公立教育一方面使部分被殖民者成为替代法国殖民者压迫广大下层人民的工具，"服从白人"成为其下意识的行为，部分人抛弃了本民族的传统文化。另一方面，公立教育也起到了开启民智的作用，加速了被殖民地青年觉醒的进程，促使他们渴望知识，能够从客观角度看待其生存空间，认清殖民者宣传的种族主义本质，为未来团结殖民地各社会阶层、反抗殖民统治打下了基础。

三、第三阶段：二战后到独立前的教育

二战后的十几年无疑是达荷美地区殖民时代教育发展最快的时期，该地区中下级公务员充分认识到了纳粹统治的危害和西方帝国主义国家对殖民地的掠夺和剥削，成为反对殖民统治的中坚力量，组建了一大批群众政治团体，如政党、工会、青年组织、妇女组织等。该地区受教育人数稳步增长，本地干部的培养速度加快，人才也呈现专业多样化趋势，不再局限于兽医或法务人员，也出现了一批医生、工程师、教师、经济学家、药剂师等，一些人还在法国接受了更专业的教育。殖民地人民迫切希望清除二战前旧的殖民教育体制，开办更多的学校，给希望留学法国的非洲青年更多奖学金名额。但是不可否认的是，达荷美地区教育水平依然低下。殖民当局还采取各种行政手段破坏新教育体系的建立，不提供具有资质的师资，颁布针对各类考试的行政命令，在

---

[1] GARCIA L. L'organisation de l'instruction publique au Dahomey, 1894—1920[J]. Cahiers d'Études Africaines, 1971, 11(41): 88.

教学机构中营造种族歧视气氛,引发学生动乱以创造开除学生的借口。表3.1反映了1957—1960年达荷美地区各级教学机构的在校人数,从绝对值来看,中学教育和高等教育发展要远远落后于小学教育,原因在于该地区教育预算有限,无法招聘到合格的师资,无法扩大中高等教育的招生规模。

表3.1 1957—1960年达荷美地区在校生人数[1]

单位:人

年份	小学	中学	职业技术中专	高等教育机构
1957	67 900	1 983	1 199	49
1958	75 406	2 257	561	387
1959	75 406	2 257	561	387
1960	81 100	3 618	—	—

达荷美地区的教会教育一直是该地区教育重要的组成部分,二战后,殖民地议会加强了对教会教育的支持力度,通过了对教会学校追加教育补贴的法案。1951—1957年,教会小学在校生人数翻了三倍,教会中学在校生人数翻了五倍,远超同时期公立学校学生的人数增长。[2] 师资方面,教会学校薪资较高,比公立教育机构更容易招聘到优秀的教师。

在女童教育方面,二战前仅有10%的女童上预备课程(相当于小学一二年级),5%—7%的女童能够完成初级小学学业。二战后,尤其是1956

---

[1] DIOFFO A M. L'Éducation en Afrique. Nouvelle édition à partir du texte de 1964 sous la direction de Frédéric Caille[M]. Chicoutimi, Québec : Les Éditions science et bien commun, 2019 : 111-114.

[2] DIOFFO A M. L'Éducation en Afrique. Nouvelle édition à partir du texte de 1964 sous la direction de Frédéric Caille[M]. Chicoutimi, Québec : Les Éditions science et bien commun, 2019 : 103-105.

年《德费尔法》[1]颁布后，法属西非殖民地女童受教育人数比战前有了稳步增长，各类教育机构的招生人数也大幅增长。但战后没有出台任何有利于女童教育的法规和政策，女教师师资也极度缺乏，整个法属西非殖民地只有一所培养女性小学教师的学校，即吕菲斯克女子师范学校，每年面向法属西非殖民地招收30名女生。[2]

二战后达荷美地区文盲率依然居高不下，从二战结束到贝宁独立前，情况并没有太大改观。1947年，每100个学龄儿童中，只有4人真正接受了学校教育；每100个小学毕业生中，只有3人进入中学学习；每100个中学毕业生中，只有26人进入高等教育机构学习。而10年后的1957年，每100个学龄儿童中，仅有10人可受到小学教育；每100个小学毕业生中，仅有4人可进入中学；每100个中学毕业生中，仅13人可进入大学。[1]

第二节 独立后的教育历史

贝宁独立后的教育发展依然不是一帆风顺的。从贝宁宣布独立之日起，教育机构就成了国家的重要资源。贝宁的教育发展分期是和政治发展时期重合的，可分为独立初期[4]、克雷库掌权时期[5]和1990年改国名为贝宁共和国之后三个时期。

---

[1] 即《框架法》，即1956年6月23日颁布的第1956-619号法令，由时任法国海外领土部部长、马赛市长加斯东·德费尔提出，因此也称为《德费尔法》。该法令允许法国政府对隶属于法国的海外领土进行改革，并采取措施保证海外领土发展；允许在海外领土成立地区议会，使殖民政府在当地更有话语权。

[2] DIOFFO A M. L'Éducation en Afrique. Nouvelle édition à partir du texte de 1964 sous la direction de Frédéric Caille[M]. Chicoutimi, Québec : Les Éditions science et bien commun, 2019 : 142-143.

[1] DIOFFO A M. L'Éducation en Afrique. Nouvelle édition à partir du texte de 1964 sous la direction de Frédéric Caille[M]. Chicoutimi, Québec : Les Éditions science et bien commun, 2019 : 151.

[4] 指1960年独立后至1972年克雷库上台之前。

[5] 指以克雷库为首的军人统治集团在1972年建立的政治体制。

一、独立初期的教育

贝宁独立初期,教育发展非常缓慢,与殖民后期相比没有太大变化。虽然受教育人数每年都在增加(见表 3.2),但增速缓慢。教育投入与殖民后期也无太大差别,小学可获得教育预算金额的 50%,中学和师范学校可获得 15%,职业技术中专可获得 10%。受教育者地域分布极不平衡,南方发展比北方快,南方入学率远远高于北方,其中南方的科托努最高,达到 70%,其次为维达(45%)和波多诺伏(30%),而北方的坎迪和纳迪丹谷分别只有 11% 和 13%。[1]

表 3.2 1960—1962 年达荷美共和国学校招生人数 [2]

单位:人

年份	初等教育	中等教育	职业技术教育	高等教育
1960	81 100	3 618	—	—
1961	—	89 116	—	561
1962	97 100	3 410	—	—

独立初期教育发展缓慢的主要原因是政府缺乏符合国情且合理的教育政策。政府在这一时期依然延续殖民时期的教育政策,没有能力实施振兴教育的战略,无法培养更多的师资,也无法提供更多的教学设备和教材,因此只能延续以往的教育教学模式,聘请法国教师担任教学工作。

贝宁第一次真正意义上的教育改革,应始于 1971 年 6 月 24 日发布的

---

[1] CORNEVIN R. La République populaire du Bénin : des origines Dahoméennes à nos jours[M]. Paris : Édition G. P. Maisonneuve et Larose, 1981.

[2] DIOFFO A M. L'Éducation en Afrique. Nouvelle édition à partir du texte de 1964 sous la direction de Frédéric Caille[M]. Chicoutimi, Québec : Les Éditions science et bien commun, 2019: 161-162. 1961 年的数据中,中等教育招收人数为 89 116 人,但笔者认为有可能是作者错把初等教育招收人数列入了中等教育中。

1971-28 号法令，但即使是这个法令，也是在时任教育部部长埃德蒙·多苏-约沃和代表法国政府的教育督察格罗斯-泰特先生的协作下出台的，依然带有法国教育的痕迹。事实上，这次改革是在非洲国家教育发展会议[1]的背景下开展的，也是为了适应当时达荷美共和国 1966—1970 年国家经济社会发展计划的要求，因此它实际上从 1966 年就开始实施了。由于当时经济发展规划以农业为优先发展领域，因此教育发展也向农业教育倾斜。此次教育改革涉及了小学教育、中学教育和高等教育三个层级，目标主要是改革教学大纲和教学方法，使之适应贝宁学生的身心发展水平、认知能力、理解能力，同时也适应贝宁的语言、文化发展。另外重新整合了教学科目，建立了更为严格的中学阶段学生选拔制度。

此次改革的积极方面在于使农村学校数量增加，教学工作能够更紧密地把脑力劳动和体力劳动结合起来，尤其加强了农业教育，不仅建立了普通中学，还建立了现代农业教育中学、国立达荷美大学等。此次改革还把公务人员培训与中学教育进行整合，并派出专家加以监督指导。

尽管这次改革极力想给贝宁教育打上非洲文化特色的烙印，但由于资金管理不善和缺乏有资质的专家指导，改革尚未全面实施就遭到了教师工会、学生组织和学生家长联合会的反对，最终因政体改变而夭折。改革失败的原因主要在于既没有邀请教育参与者（教师、学生、家长）参与，也没有考虑到新生的达荷美共和国的文化现实，因此很快被新的教育改革所替代。

---

[1] 该会议于 1961 年 5 月 15—25 日在埃塞俄比亚首都亚的斯亚贝巴举行，会议的主要目的是确定非洲国家的教育需求。

二、克雷库时期的教育

1972年10月26日，以克雷库为首的军人统治集团上台。贝宁的教育方针也随之做出了较大的调整，摒弃了以前占主导地位的法式教育，转而制定了以促进民族教育和民族文化发展为宗旨的政策。克雷库政府批评之前的教育改革摧毁了贝宁的文化传统，希望进行自主的教育改革，以符合新的政治环境要求，实现非洲文化传统的回归。贝宁政府于1975年6月23日颁布了旨在促进民主教育和民族文化发展、教育教学体制本土化的1975-30号改革法令，确立了"新学校"的发展方向。[1] "新学校"改革的终极目标是使贝宁学校教育摆脱外国控制，以培养"新人"为目标，促进贝宁政治、经济和社会发展。

此次改革分为两个阶段，在监督管理委员会的监督下进行：第一阶段实际上从1974年就开始实施了，一直持续到1981年；第二阶段为1981—1989年。

1975-30号法令要求实施促进民族文化价值观形成的教育：提升教师地位，重视教师的创造性工作；学校教育应民主化、大众化和世俗化，应取消所有寄宿制中学、教会学校，因为此类学校不利于教育大众化；应以人民利益为优先考虑，学校教授现代化科学技术；最主要的培养目标是培养出具有民族自豪感，能从政治上意识到国家的成就和问题，以大公无私的态度为国家和人民服务，并捍卫人民利益的"新人"。在这个教育思想的指导下，贝宁教育部门重新制定了教学大纲，确保贝宁国家民族文化价值观能在教学中得到充分体现。各级学校还进行军事教育，逐步在教育中使

---

[1] DA SILVA A, TOSSOUS M R. Les réformes du système éducatif béninois de 1960 à 2003 : permaneces et ruptures[J]. Revue du Centre d'Études et de Recherches sur les Organisations, la Communication et l'Éducation (CEROCE) de l'Université de Lomé, EDUCOM, 2014(4) : 27.

用民族语言。国家教育研究委员会成立，并于1980年增设了扫盲与人民文化部。[1]

随着此次教育改革的深化，教育部门建立了基础教育和高等教育的合作机构，把学校教育和人民生活紧密结合，学生可以获得职业技术资格证书。教学大纲中也加入了农业、手工业等生产活动和体育、文化活动，以利于学生初步掌握生活技能。

然而，"新学校"改革存在不少先天不足因素：除了1975-30号法令以外，政府既没有制定具体的实施细则，也没有规划和落实改革措施的能力；有效的教研体系没有形成；负责实施改革的管理人员没有得到充分培训；过度使用政治和行政手段干预学校和教师；选聘教师以政治标准为优先，不以学识、教学能力为标准；改革缺乏监督和评估机制；改革进行15年后基础教育和高等教育的合作机构消失；"新学校"发展资金被贝宁人民革命党无节制滥用或挪作他用，改革负责人中不乏毫无道德底线、贪污及低素质的人；1981年9月举行的"新学校"改革总结研讨会也存在准备不足、组织不严格、研究结果没有得到充分执行等问题。

"新学校"改革在实施中资源总是捉襟见肘，教育资金和教学设备分配不均，教室不足，无法做到真正的教育民主化，公办教育体制下受教育人口只占总人口的10%—15%。教师得不到晋升，水平无法提升，学生水平下降，不同教育层级之间衔接不紧密，教育与就业脱节，失业人口增加。改革实施过程中还存在对"学校教育与实践相结合"的理解偏差，使得大量儿童在农田中劳动，而这部分人的教育基金却被负责人没收、挪用甚至挥霍。[2]以上所有弊端最终导致"新学校"改革以失败收场。

---

[1] AGBODJOGBÉ B, ATTIKLÉMÉ K, ATOUN C. L'implémentation des nouveaux programmes par compétences en EPS au Bénin : une analyse des contenus enseignés[J]. Questions Vives, 2014.

[2] DA SILVA A, TOSSOUS M R. Les réformes du système éducatif béninois de 1960 à 2003 : Permanences et ruptures[J]. Revue du Centre d'Études et de Recherches sur les Organisations, la Communication et l'Éducation (CEROCE) de l'Université de Lomé, 2014 (4) : 29-31.

三、贝宁共和国时期的教育

1990年贝宁全国有生力量会议召开后,贝宁走上了民主化的道路,贝宁的教育政策也踏上了民主化的探索道路,分别在1991年、2003年进行了两次教育体制改革。

进入20世纪90年代,贝宁政府对教育的重视程度有增无减。1990年10月,贝宁政府召开了全国教育工作会议,对教育制度进行"会诊",并着手新一轮的教育体制改革,目的是提高教学质量、普及小学教育、提高女童入学率、完善教育基础设施、积极发展农业技术教育和职业教育、加强科研、提高教师地位等。同年12月,贝宁通过的新宪法明确规定,国民的受教育权神圣不可侵犯,国家有义务保障国民平等地享受教育、职业培训和拥有文化的权利。[1] 国家和公共机构有义务创造条件确保儿童享受教育。[2] 小学实行义务教育,公立小学免费。[3] 国家应通过公立学校为青年教育提供条件,鼓励宗教社团为青年教育提供协助。[4]

1991年1月,贝宁政府颁布了新的教育政策框架文件,对贝宁教育制度进行系统性改革,保障所有6—15岁儿童的受教育权,增加教育投入。该文件参考了1989年联合国开发计划署和联合国教科文组织对贝宁各教育层级的研究结果,根据20世纪90年代国际和国内形势,从教育教学、教育规划和教育机构三个方面制定了一个十五年行动方案。在教育教学方面,贝宁政府提出了教学大纲改革、教师继续教育、教材编写、教学评估、学校教育发展方向等方面的行动纲领。

随着贝宁国家领导人对教育促进经济发展的作用的认识逐步加深,政府加大了教育投入,教育支出在年度财政预算中所占的比重逐渐增加。1997

---

[1] 参见贝宁《宪法》(1990-32号)第二条第八款。
[2] 参见贝宁《宪法》(1990-32号)第二条第十二款。
[3] 参见贝宁《宪法》(1990-32号)第二条第十三款。
[4] 参见贝宁《宪法》(1990-32号)第二条第十四款。

年5月,贝宁政府再次召开全国教育工作会议,制定了《1997—2006年教育发展十年规划》,确定了新的发展目标:进一步加大开发人力资源的力度;强化职业教育;强化师资培训;提升适龄儿童入学率,尤其是女童入学率;鼓励发展私立教育;继续开展扫盲运动等。为此,贝宁政府计划十年间投资1 900亿非洲法郎。[1]

学校教育的发展应根据国家、社会发展的需要进行发展。但长期以来,贝宁教育和国家发展脱节,即使是高学历的毕业生,也难以把在学校学到的知识运用于工作和实际生活中。因此贝宁教育系统负责人决定再次改革,调整教学大纲,实施新教学方法。2003年11月11日,贝宁政府在1991年教育政策的基础上进行调整,颁布了第2003-17号教育法令。这项法令于2005年10月6日进行了修正,涉及教育政策制定者、学生、学生家长、教师、教学督察和教材出版社。[2] 贝宁政府确定此次改革的目的是培养学生理解、领会、分析社会现象和现实情况的能力,提高学生解决问题的能力,培养学生的交际、概括能力,培养学生树立文明、民主的价值观,培养学生灵活运用知识的能力。改革具体内容围绕着能力、知识和技能培养,教学理念是以现实为基础对学生进行全面培养,以学生为中心,促使学生对自己的学习负责,在学习的过程中采用主动学习法,学会解决实际问题、理论联系实际、与人合作。改革后的理想公民形象为身心健康、具有独立人格的公民,尊重人文价值、实事求是、追求民主的公民,具有合作精神、责任心、条理、自我管理能力和环保意识的公民。

在第2003-17号教育法令颁布实施前,贝宁进行了三个阶段的试运行:第一个阶段是试验阶段,从1994—1995学年开始在30所城市、城乡接合部和乡村学校(每省5所)建立试点;第二阶段是试点扩大阶段,从1996—1997学年开始把试点学校增加到了150所,公立学校和私立学校均

---

[1] 资料来源于贝宁计划、经济调整和促进就业部官网。
[2] 资料来源于《贝宁国民教育法(2003-17号)》。

有所涉及；第三阶段是推广阶段，从 1999—2000 学年开始在全体小学实施，2011—2012 学年开始在贝宁中学全面实施，此次改革取得了一定的成果。[1]

另外，20 世纪 70 年代中期到 80 年代末，贝宁基础教育和高等教育基本上由政府一手包办，后来政策逐渐松绑。进入 21 世纪，贝宁政府在继续支持各级公立学校发展的同时，积极鼓励国内外实业家和非政府组织开办私立学校。贝宁教育由此走上了以公立学校为主、私立学校为辅的发展道路。表 3.3 说明了 1990 年代和 2010 年代贝宁私立学校学生人数的占比变化。

表 3.3　1993—1994 学年、2006—2007 学年贝宁私立教育机构学生人数占比 [2]

单位：%

学校类型	1993—1994 学年	2006—2007 学年
幼儿园	7	29
小学	6	12
普通初中	6	12
普通高中	7	17
职业技术中专	52	71
高等学校	3	28

除了学历教育以外，贝宁也依据自身条件开展扫盲工作。2000 年左右，

---

[1] DA SILVA A, TOSSOUS M R. Les réformes du système éducatif béninois de 1960 à 2003 : permaneces et ruptures[J]. Revue du Centre d'Études et de Recherches sur les Organisations, la Communication et l'Éducation (CEROCE) de l'Université de Lomé, EDUCOM, 2014(4) : 35.

[2] Banque internationale pour la reconstruction et le développement/Banque mondiale. Le système éducatif Béninois. Analyse sectorielle pour une politique éducative plus équilibrée et plus efficace[R]. Wanshington : Document de travail de la Banque Mondiale, 2009 : lxiv.

贝宁15岁以上具备读写能力的非文盲男性占男性总人口的47.9%，女性非文盲人口大约占女性总人口的24.9%。[1] 2001年3月，贝宁政府颁布了《国家扫盲工作政策》，确定国家在扫盲方面的发展战略为"在实践中学习"，通过各种实践活动学习基础知识。经过20—30年的努力，贝宁的扫盲工作取得了一定的成效。根据扫盲需求，即注册人数，贝宁在全国范围内开办了若干扫盲中心，到2006年，基本上每个城市有10个左右扫盲中心。1993—1994学年在公立扫盲机构注册的学员数量为30 522人，1999—2000学年增长到43 752人，2006—2007学年减少到26 494人。2006—2007学年之所以注册人数会减少，主要是因为政府加大了扫盲宣传力度，参加扫盲学习的人越来越多，文盲人口逐年下降。但另一方面，扫盲工作也逐渐失去了外国援助，在资金和教师培训上的援助减少。[2]

新法令实施过程中依然存在局限和挑战。新的教学大纲推广遇到的最主要的问题是师资问题：由于入学率上涨很快，师生比从1990年的1∶36下降到1997年的1∶53。[3] 教改过程中教师资质不足，大约20%的教师未经任何教学培训就上岗，[4] 教育实践中对教师能力不足的批评声不绝于耳。另一个阻碍因素是教育领域的过度工会化，据2014年的统计数据，贝宁学前教育与初等教育部登记了82个工会组织，中等职业教育部登记了54个工会组织，高等教育和科研部登记了3个工会组

---

[1] Institut National de la Statistique et de l'Analyse Économique du Ministère Chargé de la Coordination de l'Action Gouvernementale, de la Prospective et du Développement. Enquête démongraphique et de santé 2001. Rapport de synthèse[R]. Cotonou : INSEA, 2001 : 4.

[2] Banque internationale pour la reconstruction et le développement/Banque mondiale. Le système éducatif Béninois. Analyse sectorielle pour une politique éducative plus équilibrée et plus efficace[R]. Wanshington : Document de travail de la Banque Mondiale, 2009 : 117.

[3] 数据来源于维基百科。

[4] 数据来源于维基百科。

织。[1] 在中小学教育阶段，教师工会掌控了教育管理主动权。工会依据人员的党派、团结性和能力委派职务、进行人事调动、任命领导、监督审查和会计工作，却经常忘记教育本职工作，只知道追求物质利益。另外，教师的精力大量分散，也是教育质量无法提升的绊脚石。除此之外，学科教辅资料匮乏，只能由教师自行准备练习册等学习资料，学生自行购买。由于缺乏专业教师，学生的外语和科学等科目学业水平有限。

自1960年独立以来，贝宁教育积累了很多有益的经验，尤其在普及基础教育方面取得了很大的进步。在学习内容、教学实践、机构设置等方面，每一次的改革都是适应当时的政治、经济、社会发展需要的。尽管改革存在各种问题，但是每一次改革都为完善教育体制做出了贡献。进入21世纪以来，由于地域经济发展差异，贝宁的教育质量很不均衡，贫困的农村地区教育发展依然落后。

---

[1] DA SILVA A, TOSSOUS M R. Les réformes du système éducatif béninois de 1960 à 2003 : permanences et ruptures[J]. Revue du Centre d'Études et de Recherches sur les Organisations, la Communication et l'Éducation (CEROCE) de l'Université de Lomé, 2014 (4) : 40.

第四章 学前教育

由于自身经济发展条件和人民生活总体水平处于相对落后状态，贝宁的教育发展以小学教育为主，教育主管部门投入大量人力物力发展小学教育，学前教育相对来讲发展比较落后。

第一节 学前教育的发展和现状

贝宁学前教育起步很晚，直到1975年才由当时的克雷库政府主导取得公认的地位，开始有序发展。学前教育年限为两年，涉及3—5岁儿童。由于贝宁人口年轻化的特点，这一部分人群在贝宁占有很大比重，2002年2月举行的第三次人口普查显示，贝宁0—5岁人群占总人口的18%，因此贝宁的学前教育还有很大潜力可供挖掘。[1] 总的来讲，贝宁学前教育依然面临诸多困难：师资缺乏，尤其是经过培训具备学前教育教学能力的教师不足；教材紧张，教学基础设施不能满足学生需求；学前教育补贴尚不能保证其教学活动顺利进行。

---

[1] 数据来源于贝宁国家统计与人口局官网。

一、学前教育的发展历史

在克雷库执政时期（1975—1989年），贝宁的学前教育受到一定的重视。当时的政府在全国各地建立了儿童激励与觉醒中心。但1990年后，由于学前教育教师的培养和招聘暂停，相对于其他教育层次，贝宁学前教育发展几乎停顿，甚至萎缩。从政府机构到普通家庭，对学前教育的重视程度都不足。学前教育在21世纪之前在贝宁被严重忽视，20世纪90年代初期幼儿园学生人数仅为14 865人，到20世纪末，注册学生的年增长率仅为2.7%，总数达到17 487人。进入21世纪，接受学前教育的人数虽较之前翻了一倍以上，年增长率达到12.2%，但由于基数较低，学前教育在读学生人数仍是各教育阶段中最少的，而适龄小学生人数在1993—1994学年、1999—2000学年和2006—2007学年分别是幼儿园学生人数的44.7、53.3和37.7倍。[1]

随着2003年11月第2003-17号教育法令的出台，接受学前教育的儿童年龄提前至2岁半，学前教育注册人数再次提高，从1990年的13 164人上升到2003年的18 969人。目前，在大约80万2—5岁幼儿中，仅有5%的儿童到幼儿园接受学前教育。学前教育注册学生年龄大体集中在4—5岁，注册的学校大部分是私立学校。[2]

从2006年起，贝宁政府举办了一系列学前教育重要性的宣传活动，同时对这个阶段的教育费用进行了减免，截至2010年，学前教育注册人数已达97 333人。私立教育机构在学前教育方面的发展很快，1993—2007年，私立幼儿园的学生占比增长了22个百分点，仅次于私立大学学生占比增长（25个百分点）。[3]另有数据表明，贝宁私立幼儿园儿童人数从1990年占全国学前儿童人数的9.6%上涨到2002年的16.6%，到2005年，358所私立幼

---
[1] 资料来源于贝宁学前教育与初等教育部官网。
[2] 资料来源于联合国教科文组织官网。
[3] 资料来源于非洲思想组织官网。

儿园共有432个班型，432位专职幼儿教师，招收了10 373名幼儿。[1]

到2008年，贝宁已有约68 000名幼儿接受学前教育，其中31.6%的幼儿在私立教学机构。教师数量（包括教养员和保育员）约1 775人，分布在770所幼儿教育机构。据2009年的数据，学前教育毛入学率约为7.6%。但学前教育的教学条件仍有待提高，2005—2006学年在540所接受普查的学校里，仅有不到一半的学校（239所）配备自来水。[2]

二、学前教育的现状

（一）教学基本内容

在贝宁，学前教育属于正式教育，其教育目标在于对儿童进行社会文化启蒙，培养儿童的卫生和秩序意识，使儿童逐步适应社会生活，具备初步的读写和计算知识，接受健康教育以及感官、动作和行为教育（如感官运动练习、节奏练习、手工劳作）。教学大纲的内容主要包括生活习惯养成（午睡、加餐、个人卫生、清扫等），健康教育，运动和节奏训练，语言类、音乐类、文学类、数学类活动，培养学生的观察能力、感官知觉能力、音乐诗歌欣赏能力、阅读能力和数学逻辑思维能力。教学大纲中还设定了手工劳动和自由活动时间。由于贝宁学前教育机构不一定同时开设小班和大班的课程，所以上述教学活动不一定全开设，只有在同时拥有小班和大班的幼儿园才会开设全部教学活动。教学活动由国家教育管理机构决定，但各地方幼儿园可依据实际条件安排具体的教学内容。教学大纲中没有要求对儿童的表现进行评估。表4.1列出教学大纲中规定的各类教学活动的安排。

---

[1] 资料来源于联合国教科文组织《世界教育数据》（第七版）。
[2] 资料来源于联合国教科文组织《世界教育数据》（第七版）。

表 4.1 贝宁学前教育大纲中规定的每日教学活动时间

单位：分钟

教学活动	小班活动时间	大班活动时间
生活习惯养成	30	30
健康教育	20—25	20—25
节奏/运动训练	20—25	20—25
语言	20—25	20—25
唱歌	10—15	10—15
诗歌	15—20	15—20
观察	20—25	20—25
感官培养	20—25	20—25
学前数学训练	20—25	20—25
学前阅读训练	20—25	20—25
故事	20—25	20—25
自由活动	30	30
午睡	45	45
加餐	30	30

幼儿园启蒙和儿童保护课程的授课教师主要为保育员和教养员。教养员需具备初中毕业文凭，通过招聘考试之后还需接受一段时间的教学培训，之后依据启蒙和儿童保护课程大纲对幼儿开展教学活动。而保育员人数较少，都是本地招聘，辅助教养员工作，并在其监督下照顾幼儿。

（二）教育支出

在日常开支方面，贝宁各教育层次总体花费不一。学前教育的基本目标是提升接受学前教育的儿童数量，为此，贝宁制定了提升学龄前儿童毛入学率的目标。2010年贝宁有97 333名学前儿童，2015年有142 033名，2020年进一步提升到188 811名，这三年分别对应的毛入学率为10.6%，13.8%和17%。公立学前教育机构2010年的师生比为1∶33.45，到2020年改善为1∶30，私立学前教育机构在提高学龄前毛入学率方面起到了很重要的作用，进入私立学前机构的儿童占比从2010年的25%提升到2015年的27.5%，2020年进一步提升至30%。[1]

贝宁学前教育64%的日常支出用于支付教师工资，然而70%的幼儿教师未经过任何师资培训。[2]这部分教师通常是当地临时招聘的代课教师，对师生比起到了提高作用。从表4.2中可以看出，由于2008—2009学年招收的学龄前学生总数激增，临时合同教师成为幼儿教师队伍的有力补充，极大地缓解了师资的紧张状况。但是由于这种师资需求的突发性和地方合同的临时性，招聘到的教师通常没有相应的教师资格证书，也没有经过师资培训。

表4.2 2005—2006学年、2008—2009学年贝宁各省学前教育师生比 [3]

省份	2005—2006学年		2008—2009学年	
	不含临时合同教师	含临时合同教师	不含临时合同教师	含临时合同教师
阿塔科拉省	1∶41.2	1∶30.3	1∶199.4	1∶60.2
东加省	1∶71	1∶37.9	1∶260	1∶43.3
大西洋省	1∶37.9	1∶28.7	1∶141	1∶47.2
滨海省	1∶36.1	1∶25.7	1∶80.9	1∶29.1
博尔古省	1∶43.2	1∶29.7	1∶132.5	1∶50.2

---

[1] 资料来源于贝宁学前教育与初等教育部官网。
[2] 资料来源于联合国教科文组织文件《贝宁师资问题：可持续发展教师政策整体诊断》。
[3] 资料来源于联合国教科文组织文件《当今教师管理的挑战》。

续表

省份	2005—2006 学年		2008—2009 学年	
	不含临时合同教师	含临时合同教师	不含临时合同教师	含临时合同教师
阿黎博里省	1∶81	1∶48	1∶201.4	1∶60.4
莫诺省	1∶48.8	1∶33.1	1∶176.2	1∶34.7
库福省	1∶44.3	1∶35.4	1∶180.1	1∶39.7
韦梅省	1∶37.2	1∶30.2	1∶117.8	1∶42.2
高原省	1∶72.2	1∶36.1	1∶221.8	1∶48.1
祖省	1∶33.8	1∶27	1∶117	1∶28.3
丘陵省	1∶80.3	1∶39.1	1∶263.9	1∶45.1
合计	1∶44.8	1∶31.5	1∶150.5	1∶41.2

为提升毛入学率和师生比，贝宁加大了师资招聘和培训力度。随着老教师的退休，到2020年，拥有国家编制的学前教师仅占贝宁学前教师总数的10%，更多的是合同教师。国家编制教师通常为获得高级职称的教师，2010年，其工资总额为353.6万西非法郎，2020年上涨到389万西非法郎。合同教师通常具有初级职称，工资总额从2010年的110.7万增长到2020年的126.2万西非法郎。2010年，贝宁学前教育日常公共支出为37 350亿西非法郎，到2015年增长到59 890亿西非法郎。2015年，学前教学资料与服务共支出43.4万西非法郎，还有8万西非法郎用于行政设备支出。学生人均行政、教学管理支出从2010年的7 457西非法郎上涨到2020年的1万西非法郎。学前教育开支由2005年的37亿西非法郎上涨到2015年的58.89亿，到2020年更是增长至87亿西非法郎。[1]

---

[1] 资料来源于贝宁学前教育与初等教育部文件《贝宁教育发展规划》。

第二节 学前教育的特点与挑战

贝宁的学前教育呈现出城市与乡村发展极度不均衡的特点：政府优先发展大城市的学前教育，而乡村地区学前教育发展相对落后。农村妇女外出工作的人数增加、收入增加，导致农村学前教育需求上升，但农村地区的学前教育依然发展缓慢。[1] 在学前教育领域，通常由无学历、在本地招聘的人员负责教学工作。他们主要负责照顾幼儿，给予他们最基本的关爱和教育。

一、学前教育的特点

乡村学前教育发展极度缓慢，学前教育机构几乎不存在，教育职责主要由家庭承担，幼儿游戏设施和玩具几乎没有。农村儿童学前智力发展培养主要通过游戏实现。女童可以通过照顾弟弟妹妹、进行"过家家"游戏或者帮助家长做力所能及的家务培养身体的协调能力和责任心。妇女之间日常聊天能够教会儿童认识他人或者另一性别的身体，相当于早期性教育。男童很早就通过跟随父辈实践学习、参加村庄中的重大活动承担男性的职责。男童的游戏主要是球类活动，球通常由布片和树叶制成，也进行滚铁环、玩弹弓或某些益智游戏，以及模仿打猎、辨认动物等生产活动。

男童和女童在学前和小学期间会学习辨认各类食用和药用植物、水果，掌握食用方法。他们跟随成年人学习这些植物学知识，在食用时由年纪大一些的孩子监督。在贝宁乃至非洲大陆的传统乡村教育中，所有成年人都是儿童教育的负责人，如果孩子的父母不在身边，总会有一位慈祥的、令

---

[1] 联合国儿童基金会支持的"儿童空间"项目、联合国行动援助组织主持的"幼儿活动中心"项目、联合国基础教育支持委员会开发的"托儿所"项目在一定程度上弥补了贝宁在地方学前教育发展中的某些不足。

人尊敬的"老祖母"对儿童进行基础知识教育：通过讲故事向儿童解释世界，帮助他们构造世界观；给儿童讲解古老格言，传授行为准则，同时也负责解梦及解释神秘现象。这类负责儿童教育的成年人是贝宁乡村传统、神话传说的传承人。

因此，个别法国学者认为，贝宁乡村的学前教育主要以家庭为单位进行，父母或长辈在实践中教会儿童谋生的技能。[1] 通过完成任务，儿童掌握不同方面的基础知识，与外部世界交流，提高自主能力，这有利于他们融入当地社会和建立社会责任感。而过早地进入学校可能切断儿童与自然和当地社会的联系，也丧失了学习民族语言的机会。由于法语对于农村儿童是一门陌生的语言，乡村的学前教育机构强制儿童学习法语，但儿童常常因无法理解法语的含义而陷入死记硬背的困境。

二、学前教育的挑战

目前贝宁学前教育发展困难重重，基本处在勉强维持的状态，尤其是公立幼儿园的生存举步维艰：缺乏师资、教师培训、教学设备，教育发展所需的资金支持不足。为了促进贝宁学前教育的发展，缓解公立幼儿园的生存困难，贝宁政府鼓励学前教育机构形式逐渐多样化，因此社会福利中心、托儿所、保育院、儿童启蒙中心、幼儿园等机构增加较快。相较于公立机构，贝宁的非政府组织在学前教育领域介入更多，活动更为频繁。

尽管政府对学前教育进行了一系列宣传，实施了学前教育阶段学生免费入学的政策，但因幼儿教育机构与宣传部门缺乏沟通交流，导致宣传效果不明显。公立学前教育机构依然面临社会文化习俗、资源短缺所带来的

---

[1] BOSOM D. L'enfant d'âge préscolaire, au Bénin, en Afrique[J]. International journal of early childhood, 2004, 36 (2): 91-95.

困难。公立幼儿园无论是硬件设施还是软件方面，都面临着声誉下降的窘境。2000—2001 学年，贝宁幼儿教师总数为 648 名，其中 61.1% 的教师为女性，62% 的教师集中在大西洋省、滨海省、韦梅省和高原省。[1] 由于幼儿课程教学难度大，需要教师极具耐心，所以学前教育机构需要大批女性教师给予儿童关爱，帮助他们养成良好的生活习惯。

截至 2005 年，贝宁全国 351 所公立幼儿园共有 977 个班型、511 名专职幼儿教师。教师和教学管理人员消极怠工，农村地区公立学前机构缺乏，师资培训欠缺，教学基础设施老旧，导致公立幼儿园公众形象不佳。246 所公立幼儿园设备老化，其中 164 所急需整修，51 所因缺乏工作人员而关停。[2] 例如，索阿瓦学区内仅有两所幼儿园，由一位国家编制教师、一位地方编制教师和一位公民事务工作人员共同负责管理，教学场地、黑板、桌椅和图书等均十分有限。所幸，每所幼儿园均设有一个图书角，其目的是培养幼儿的阅读习惯。

学前教育专家普遍认为，每所公立幼儿园都应该配备一个儿童启蒙中心，以保证幼小衔接顺利。儿童启蒙中心通常面向 2—5 岁儿童开设，小班学制两年，接收小于 3 岁的幼儿，大班学制一年，接收大于 4 岁的儿童。很多贝宁教育界人士认为这类启蒙中心是家庭和小学之间的桥梁，可以提升儿童应对小学生活的能力。目前已有的儿童启蒙中心进一步发展受阻，主要是因为教学资料、设备、家具缺乏，食堂数量少，学前教育与初等教育部、卫生部、家庭部、司法部与非政府组织之间的合作交流不畅，无法保证幼小衔接教学活动的顺利进行。

贝宁的私立学前教育机构同样受到资金不足的影响：教学人员、管理人员工资不能按时发放，工资达不到国家最低工资标准，师资培训不足，不符合教育教学标准，等等。为此，贝宁学前教育与初等教育部把

---

[1] 资料来源于联合国教科文组织《世界教育数据》（第七版）。
[2] 资料来源于联合国教科文组织《世界教育数据》（第七版）。

公立和私立幼教机构教师组织起来进行再培训，一些私立机构也聘请公立学校教师对师资进行培训，基本上解决了师资培训问题。同时，贝宁增开了一个两年制的幼儿教育人员培训学校，这无疑给学前教育从业人员培养打了一剂"强心针"。

除了上述资源短缺、经济基础薄弱等因素，贝宁大多数父母不懂得学前教育对儿童智力发展的重要性，这是影响学前教育发展的重要因素。受经济水平低和社会文化习俗等影响，大多数贝宁父母会跳过学前教育阶段，直接把孩子送入小学。尽管幼儿园能够培养孩子的身体协调能力，提升他们的智力发展水平和社会融入能力，政府也已实施免费的学前教育，但是直接上小学一年级的孩子仍远远多于上幼儿园的孩子。还有一些父母为了节省一年的时间和支出会给3岁的孩子直接注册大班，而不是按照儿童正常发育情况注册小班。这些现象使得学前教育发展停滞不前，导致家长对学前教育更加不重视，形成恶性循环。例如，科托努市有4所公立幼儿园，由9个国家编制教师管理，16所私立幼儿园共有43名幼儿教师。按照科托努市人口总数来计算，这些学前教育机构所能提供的学位远远无法满足该地区幼儿的学前教育需求。

第三节 学前教育的发展对策

贝宁学前教育面临着严重的生存危机。进入21世纪之后，贝宁政府越来越意识到学前教育是基础教育的预备阶段，可以促进学生在日后的教育阶段中取得更好的学业成就，因此确立了扩大学前教育规模、改善目标群体（3—5岁儿童）受教育质量的目标。为此，贝宁政府和国际组织采取了一系列政策和措施，促进贝宁学前教育良性发展。

一、设立学前教育管理机构

主管贝宁学前教育的政府部门是学前教育与初等教育部,其常设机构为部长办公室、直属机构、总督学处、秘书处、技术司、各省教育司、教育监管机构、顾问机构和参与教育教学管理的机构。该部主要任务是实施、监督、评估学前教育与初等教育方面的教育政策。在学前教育方面的职责和权限主要包括：和其他教育管理机构一同确定学前教育的教育目标,保证教学质量；寻求国家和个人的资金支持,确保投资优先用于提高学生素质和能力；和有关单位、地方组织建立联系,落实学区地图规划,保证学生平等入学的权利；确立和实施保证幼儿启蒙的政策措施；制定教育现代化政策,更新或维护各学区的教学设备、基础设施；为改善教学质量,大力推进教学研究,探索教学方法；确定学前教育师资培训和进修的标准和条件；确定学前教育教师招聘、分配和晋升条件,制定教师资格标准。

贝宁学前教育与初等教育部是执行政府学前教育政策、决策和指令的第一责任单位,直接归贝宁总统领导。该部主要完成以下工作：根据收集到的数据和事实,向政府提出针对学前教育发展的预测和存在问题的诊断；监督学前教育活动,改善教育质量,保证公共财产的安全,确保公众利益、共和国价值观等得以贯彻；动员和利用一切资源,保证教育计划、教育项目和预算、教学大纲的实施；在遵守法令的前提下确立各级管理机构的责任；保证良好的人力资源管理,为教学人员提供培训进修的机会。

二、出台大力支持政策

20世纪90年代以来,由于贝宁政府把主要精力放在发展小学教育上,无力顾及学前教育,学前教育领域暂停了人员招聘,这一政策波及一大批接受过良好幼师培训的人员，贝宁因此损失了大量人力资源。之后一段时间为解决师资不足问题，贝宁重开幼儿师范学校。但是据幼儿教育领域专家估算，随着学前教育免费政策的实施，针对幼教领域的教育补贴远远不足以维持学前教育的正常运转：20世纪末到21世纪初，贝宁学前教育补贴相当于每名幼儿2 500西非法郎，而实际需要10 000西非法郎。因此，专家们要求贝宁政府重新考虑学前教育政策，增加学前教育领域的补贴。

贝宁政府于2004年在学前教育与初等教育部内设立了幼儿教育处，负责控制和监督公立、私立幼儿园的教育教学实践；把学前教育扩展到乡村地区，在此之前乡村地区几乎不存在任何学前教育；向贝宁居民宣传儿童早期启蒙教育的益处，刺激居民的学前教育需求；颁布第2003-17号教育法令，规划了贝宁国民教育新的发展方向，明确了学前教育的教育目标，即促进儿童的身体、心理和智力发展。2006年10月13日，贝宁政府宣布学前教育和小学教育实施免费入学，减免学生的注册费，并向公立教育机构提供补贴和运作经费。

贝宁通过兴建基础设施，编写教学大纲，实验和推广新的教学体系，向幼儿园分期分批捐赠教学、游戏物资等手段，改善学前教育供给，提高教育质量。针对农村地区，政府积极寻求私人或国际力量的帮助，例如，贝宁学前教育与初等教育部向联合国儿童基金会寻求技术和资金支持，开展了"儿童空间"项目及此项目的后续项目"释放儿童潜力"。[1]另外，联合国行动援助组织在贝宁开展了"教育与社区"项目，在小学校园内部或周边建造儿童活动空间。

为了提高幼儿园和小学学生的入学率和保留率，除了上文提到的幼儿园、小学实行免费义务教育以外，贝宁中央政府给地方政府下拨教育经费，用于配备教学设备、建设教室，给公立学校提供教育补贴，增加学校运转

---

[1] 后文会对"儿童空间"和"释放儿童潜力"两个项目做详细说明。

经费。2006—2014年，贝宁政府招聘了9 854名教师，并使所有代课教师、地方教师转成签订国家合同的公职教师，同时在市镇一级加大宣传力度，提升女童入学率，给予贫困家庭一定的物资支持，帮助贫困家庭的子女入学。[1]

贝宁于2008—2013年实施了教育资金快速通道政策，使幼儿园和小学阶段的教育资金提升到2 000万西非法郎，这些资金帮助加速实施《贝宁十年教育发展规划》。另外，教育资金快速通道项目得到了丹麦国际开发署、法国开发署、德国复兴信贷银行、世界银行的资金支持。截至2015年，这部分教育资金为贝宁全民教育总共提供了317 410亿西非法郎。[2]

通过以上政策和措施的执行，贝宁的学前教育毛入学率从2004年的4%增长到2013年的11.6%。但上述政策措施仍不足以消除学前教育供给的重大地区差异。

三、获取联合国教科文组织等多方帮助

在贝宁学前教育的发展过程中，联合国等国际组织都给予了很大的技术和财务支持，其中在联合国教科文组织的帮助下，两个学前教育项目"儿童空间"和"释放儿童潜力"均取得了一定的成果。联合国教科文组织在学前教育方面的支持是建立在科学研究基础上的，这些科学实验证实了学前教育不仅对学生个人智力、身体素质发展有益，可以使学生更好地适应小学生活，更长久地坚持学习，提高学业水平，身体更健康，成年后工资收入更高等，而且对促进社会进步也有很大帮助，例如，提高劳动者

---

[1] IBOURAIMA, K A, NACISSE Y, ERNEST, A, et al. Peuplement spontané et accès à l'éducation primaire dans la Commune de Bantè au centre du Bénin[J]. European scientific journal, 2017, 13 (19)：179.

[2] IBOURAIMA, K A, NACISSE Y, ERNEST, A, et al. Peuplement spontané et accès à l'éducation primaire dans la Commune de Bantè au centre du Bénin[J]. European scientific journal, 2017, 13 (19)：180.

生产效率，减少危险行为和犯罪。上述两个项目也是在联合国教科文组织和其他国际组织主导的几项科学研究基础上实施的，这些科研结论表明，无论在世界上哪个国家，尤其在发展中国家，学前教育的投资回报率是最高的。

（一）"儿童空间"项目

在联合国教科文组织的帮助支持下，贝宁学前教育与初等教育部于1994年启动"儿童空间"项目，在农村地区设置学前教育机构，招收2岁半到5岁的儿童，这些儿童由专职保育员照顾。保育员在本地招聘和培训，其薪酬由地方政府支付。

在不发达的农村地区，进入幼教机构接受学前教育是很多人无法企及的梦想，主要原因是：（1）任何私立机构都不愿意在极端贫困地区办学；（2）贝宁政府没有足够的资金来保证贫困地区学前教育的支出。因此，经济欠发达的农村地区人民深受社会不公平和性别歧视之苦（贫困地区女童在学前教育中基本处于边缘地位）。由于贫困农村地区缺乏公立或私立学前教育机构，育儿妇女和长女不得不留在家中照顾3—5岁的幼儿，这导致妇女无法获得有报酬的工作，无法做到经济独立，女童无法完成学业，无形中被剥夺了工作权和受教育权。

"儿童空间"项目主要针对贝宁最贫困的农村地区，尤其是学前教育和初等教育入学率低、社会经济不发达的乡镇。目前此项目已在贝宁的17个乡镇实施。"儿童空间"项目可以促使长女从照看弟妹的家务中解放出来完成学业，育儿妇女得以从事有收入的工作，提高儿童的入学率，促进儿童身心发育。在"儿童空间"注册的儿童与在公立幼儿园注册的儿童一样，享受同等的全面教育，他们不仅可以接受幼小衔接培训，也可以得到定期体检、建立健康档案的资格。

1994—2013 年，贝宁学前教育与初等教育部与联合国教科文组织进行了紧密合作，并于 2014 年进行了项目成果评估。评估结果展示了该项目的成果，贝宁学前教育的发展变化就足以说明该项目的重要意义。该项目对贝宁学前教育入学率的贡献 1994 年约为 3%，2006 年为 6%，2011 年上涨到 11%，2014 年更是达到 13%。[1]

（二）"释放儿童潜力"项目

很多科研成果表明，幼儿启蒙与发展是人类可持续发展的基础，能够帮助幼儿日后更好地进行社会交往，促进社会经济发展。联合国教科文组织在 2014—2016 年为了实现儿童早期发展，在世界范围内开展了"释放儿童潜力"项目。在联合国教科文组织西部及中部非洲委员会的大力支持下，该项目在西非三个国家（其中包括贝宁）试运行。联合国教科文组织应贝宁政府的请求在贝宁实施该项目，"释放儿童潜力"项目延续了"儿童空间"项目在贝宁已取得的宝贵成就，其实施目的与"儿童空间"项目基本一致。"释放儿童潜力"项目计划明确指出该项目将分三年在贝宁的 18 处地点开展，实际涉及贝宁 9 个市镇，如阿盖盖、索阿瓦、扎克博塔、戈古努等，另外科托努市的幼儿中心也受到该项目资助。

2017 年"释放儿童潜力"项目到期时，贝宁政府依照与联合国教科文组织瑞典全国委员会的协议对项目成果进行了评估，以检验项目实施是否达到预期目标，为贝宁后续开展更广泛的学前教育项目提供依据。评估结果显示，该项目基本实现了贝宁政府优先发展教育的初衷，满足了贝宁全民平等的学前教育的要求，也照顾到了贝宁政府、合作方和参与方的需求。该项目取得了很不错的实际效果，经过评估，90% 的规划项目实施点都实现

---

[1] 资料来源于贝宁学前教育与初等教育部的项目评估文件《释放贝宁儿童潜力》。

或基本实现了最初目标,尤其是第 8、10、13、14、15、17 个项目全部实现最初目标。因此,"释放儿童潜力"项目在贝宁取得了圆满成功。表 4.3 总结了其中 17 个目标的完成情况。

表 4.3 贝宁"释放儿童潜力"项目实施成果

序号	规划目标	实施成果
1	制定或更新贝宁国家儿童早期发展政策,确定儿童早期发展终极目标	实现
2	贝宁国家儿童早期发展政策由部长会议审议并通过	未实现
3	中央和地方各级政府官员、市镇议员人手一份儿童早期发展政策报告	未实现
4	中央和地方各级政府官员、市镇议员、意见领袖和普通家庭都关注儿童早期发展问题	实现
5	中央和地方各级政府官员、9 个参与项目的市镇议员、意见领袖和普通家庭对儿童早期发展问题的重要性达成共识	实现
6	确定基于乡镇的儿童早期发展方法为贝宁儿童早期发展项目的主要实践方法,为儿童早期发展进入教育领域发展策略提供依据	实现
7	基于乡镇的儿童早期发展方法被纳入教育领域发展策略	实现
8	参与项目的 9 个市镇把儿童早期发展政策纳入发展计划	实现
9	国有和市属学前教育中心配备齐全的教学资料以及良好的游戏、运动设备	实现
10	贝宁学前教育的所有目标儿童都获得了出生证明	部分实现(6 000 名儿童中已有 2 000 名儿童收到出生证明)

续表

序号	规划目标	实施成果
11	贝宁教育系统为高质量的学前教育配备完整的教具	实现
12	参与项目的3—5岁儿童家长对学前教育有明确的认识，深入了解儿童接受学前教育的益处和优势	实现
13	6 000名3—5岁儿童2004—2006年进入乡镇儿童早期发展中心学习	实现（在75个儿童早期发展中心注册的6 000名儿童中，有一半是女生）
14	6 000名母亲和姐姐获得解放	实现（总共有6 222名母亲/保姆和姐姐获得解放）
15	至少75%的家长把3—5岁的子女送入乡镇儿童早期发展中心	实现
16	学前教育中心接受教育监督	部分实现
17	80%的村庄由联合国儿童基金会负责，这些村庄要配备一个教育质量有保证的学前教育中心，招收18 776名3—5岁儿童，其中包括9 587名女童	实现

考虑到财政、物资和人力资源管理的严格性和合理性，"释放儿童潜力"项目的成本收益率相对较高，一般来说一个乡镇学前教育中心的成本为公立或私立学前教育机构成本的四分之一，尤其是该项目在联合国儿童基金会的严格监管下。

"释放儿童潜力"项目参与者以完成项目为己任，投入了极大的努力。贝宁政府在项目实施过程中给予了相关市镇大力支持，使得项目能够更加长久地存续下去。评估发现项目的实施很好地实现了其初衷。但与此同时，贝宁人民的贫困程度，参与各方在项目实施过程中调动资源的难度等，是项目实施过程中的潜在风险，使这个项目的持久性大打折扣。

"释放儿童潜力"项目在面对上述困难时依然能够吸引大量参与者广泛加入,激发了儿童早期发展直接或间接受益者的积极性,通过具体且行之有效的措施保证了项目的顺利进行。

第五章 基础教育

《贝宁国民教育法》第十四款规定，小学和初中阶段属于基础教育阶段。贝宁中等教育与小学教育既有交流融合又有明显差异，这也是自1975年起贝宁教育主管部门名称几经变动的原因。从2009年起，经过对部门结构、主要任务、职权的调整，贝宁政府最终组建三个部委对教育体系进行管理和控制，其中学前教育与初等教育部负责学前教育和小学阶段的教育培训，中等教育与职业教育部负责中等教育和职业教育。

第一节 小学教育

贝宁政府做出巨大努力，力求实现在全国范围内普及小学教育。1990年颁布的贝宁《宪法》第十二款规定，贝宁国家和公共团体保障儿童的受教育权，并为儿童创造有利于受教育的条件。第十三款规定，国家为保证青少年受教育权开办公立学校，小学教育为义务教育，国家有计划、有步骤地推进免费公立教育，政府也采取鼓励女生入学的政策。[1] 从2000—2001学年开始，政府采取各种减轻家长负担的措施，保证学生的入学率和在校

---

[1] 参见贝宁《宪法》（1990-32号）第二条第十一、十二、十三款。

保持率。[1] 2006年10月13日，政府宣布学前教育和小学教育实施免费义务教育，减免学生注册费，政府给予公立学校补贴，以保证其正常运转。

一、小学教育的发展

贝宁的小学教育接收6—11岁的儿童（女生年龄可放宽到14岁），分三个阶段：启蒙班和预备班为低年级阶段，基础班一、二年级为中年级阶段，中级班一、二年级为高年级阶段。[2]

贝宁小学入学人数近20年一直稳步增长。包括公立和私立学校在内，小学生总数1996年约为72.2万人，2000年约为91.1万人，2001年为105万人，2003年增长到约123.3万人。到2010—2011学年，学生总数上升到185万人，年均增长率约为5.8%。女生人数大幅增加，1996—2000年，女生人数从26.3万人增长到约36.5万人，公立学校女生人数增长更为惊人，从24.5万人增长到约33万人。在此期间，贝宁小学毛入学率[3]稳步增长，总体毛入学率由1996年的68.8%增长到2000年的78.2%，2003年更是达到98.3%，女生的毛入学率也从1996年的51.9%增长到2000年的63.5%。[4]

从全国范围来讲，农村小学一年级学生入学率远远低于城市学生：城市学生一年级入学率可达108%，农村学生只能达到75%。城市小学生保持率可达53%，农村小学生保持率仅为37%，仅有22%的农村女生可完成小学学业。2008年，贝宁全国小学生总数达到约160万人，其中女生约73万人，小学生毛入学率为104.3%。一年级毛入学率从2007年的119.3%增长到

---

[1] 指整个教育阶段保持在读的学生占学生总数的比例。
[2] 以上年级名称为贝宁本国使用的称谓，为方便读者理解，下文采用一至六年级表示以上年级。
[3] 指这一年入学新生的总人数与适龄入学学生人数的比例。
[4] 资料来源于联合国教科文组织《世界教育数据》（第七版）。

2008年的143%。[1] 小学教师总数为35 938人，师生比为1∶44.6，其中国家编制教师比例为34%。[2]

贝宁的小学毕业率一直在低位徘徊，而这一指标是衡量小学阶段教学质量的重要标志：2006—2007学年小学毕业率曾达到68%，2007—2008学年下降到61%。世界银行2009年的统计数据表明，每100个贝宁儿童仅有66个可坚持上到六年级，至少有三分之一无法小学毕业。[3] 这一数据2010年约为65%，2010—2011学年仅为64.3%，说明贝宁小学教学质量较差，学生很难坚持到小学毕业。

贝宁小学教育一直存在留级和辍学问题，原本有限的教育资源因此遭到极大浪费，教育资源利用率逐年恶化，其中又以辍学造成的浪费为大。2006—2007学年因留级和辍学造成的教育资源浪费率为32.2%。2010—2011学年教育资源利用率仅为52.8%，37.1%的资源浪费源于学生辍学，留级造成的资源浪费仅占16%。某些地区教育资源供给的不连续性也是学生在校保持率低的因素之一，学校缺乏完整的教学体系，没有足够的年级或学段提供给学生，导致学生没有继续求学的可能性。[4]

在政府、技术财务合作伙伴和其他教育参与者的不懈努力下，2011—2012学年贝宁小学毕业率又增长到71.5%。能够达到这个峰值，主要是因为从2008年起实施的教育改革措施有效地增强了小学教育的发展动力，改善了教育质量，尤其在留级率、教师资格获取率、教学大纲修订、教育基础设施等方面有了很大改善。留级率逐渐降低，2011年留级率达到16%，2012

---

[1] 超过100%说明这一年入学的学生有一部分超过或小于6周岁，也表明一年级的实际接收能力超过这一年理论入学的学生人数。

[2] 资料来源于联合国教科文组织《世界教育数据》（第七版）。

[3] Banque internationale pour la reconstruction et le développement/Banque mondiale. Le système éducatif Béninois. Analyse sectorielle pour une politique éducative plus équilibrée et plus efficace[R]. Washington : Document de travail de la Banque Mondiale, 2009 : 127.

[4] Ministère en charge de l'éducation. Plan décennal de développement du secteur de l'éducation actualisé, phase 2013-2015[R]. Cotonou : Ministère de l'Éducation, 2013.

年降低到 11%。从 2008 年起，贝宁政府决定只招聘有教师资格的教师；为提高教与学质量，要求地方合同教师转岗为国家编制教师，并提高文凭水平。教师在教学过程中使用新的教学和教辅材料以及其他书籍。在低入学率和低保持率地区的学校中分步骤建造学校食堂。[1]

二、小学教育的特点

1990 年以来，贝宁小学教育主管部门力求各学科平衡发展，但由于经济、政治、社会风俗等因素，贝宁小学教育呈现地域发展不平衡和性别不平等的特点。

（一）各学科平衡发展

1960—1975 年，贝宁小学文科类课时大大多于科学类课时，1975—1990 年，贝宁对科学课程的重视程度远远大于文科课程。从 1989 年至今，科学类课时减少，这有利于其他学科的发展。21 世纪贝宁小学教育改革的重点是在突出科学课程的基础上，平衡各学科的教学发展。

因此，贝宁学前教育与初等教育部对教学大纲进行了重新修订，制定了学生行为规范，对所有小学教师进行了教学材料使用方面的培训，新教学大纲的原则是把教学科目按照一定的培养目标[2]来划分。贝宁初等教育机关尽量按照各地方实际情况安排教学内容，把小学教育划分成 6 个培养范围，分别为法语、数学、科学、社会教育、艺术和体育，每个培养范围又

---

[1] Ministère en charge de l'éducation. Plan décennal de développement du secteur de l'éducation actualisé, phase 2013-2015[R]. Cotonou : Ministère de l'Éducation, 2013.

[2] 培养目标指一个学业阶段学生必须掌握的全部知识和能力。

划分为若干小的课程模块。2001 年出台的教学大纲对小学各学科及周课时数进行了严格规定，主要内容如表 5.1 所示。

表 5.1 贝宁小学各学科教学时间

学科	周学时					
	一年级	二年级	三年级	四年级	五年级	六年级
法语	10 小时 45 分钟	10 小时 45 分钟	8 小时 45 分钟	8 小时 45 分钟	8 小时 45 分钟	8 小时 45 分钟
科学	2 小时 15 分钟	2 小时 15 分钟	3 小时	3 小时	2 小时	2 小时
数学	5 小时	5 小时	5 小时	5 小时	5 小时	5 小时
社会教育	2 小时 15 分钟	2 小时 15 分钟	2 小时	1 小时 30 分钟	2 小时 50 分钟	2 小时 50 分钟
美育	—	—	45 分钟	45 分钟	—	—
音乐	15 分钟	15 分钟	45 分钟	45 分钟	45 分钟	45 分钟
美术	30 分钟	30 分钟	30 分钟	30 分钟	30 分钟	30 分钟
手工	45 分钟	45 分钟	50 分钟	50 分钟	45 分钟	45 分钟
讲故事	50 分钟	50 分钟	50 分钟	50 分钟	50 分钟	50 分钟
体育	1 小时 40 分钟	1 小时 40 分钟	1 小时 35 分钟	1 小时 35 分钟	1 小时 35 分钟	1 小时 35 分钟
户外运动	1 小时 50 分钟	1 小时 50 分钟	1 小时 50 分钟	1 小时 50 分钟	2 小时 50 分钟	2 小时 50 分钟
创意活动	—	—	15 分钟	15 分钟	15 分钟	15 分钟
课外活动	—	—	—	30 分钟	—	—
课间休息	2 小时 5 分钟	2 小时 5 分钟	2 小时 5 分钟	2 小时 5 分钟	2 小时 5 分钟	2 小时 5 分钟
合计	28 小时 10 分钟	28 小时 10 分钟	28 小时 10 分钟	28 小时 10 分钟	28 小时 10 分钟	28 小时 10 分钟

小学阶段的知识考核体系包括授课教师主导的月考、学区最高长官（初等教育督学）组织的季考和学校校长组织的学年末考试，学年末考试成绩合格者可进入下一年级学习。学前教育与初等教育部组织小学毕业考试，成绩合格者获得小学毕业文凭。除上述阶段性评估的考试外，日常教学中教师通常以口头提问形式或练习、作业形式对学生进行学习成果检验。小学期间允许学生留级两次。

贝宁小学教师需具备的最基本文凭为初等小学学业证书，但从师范学校毕业的小学教师首先要获得教学基础能力证书，之后还需要进行实习，完成所有职业培训后获得教学能力证书。[1] 职业培训重点针对三到六年级教师，进行科技、社会教育、艺术教育和体育方面的再培训。

（二）教育条件差异大

贝宁各小学在教学条件、基础设施、教育管理等方面存在较大差异（见表 5.2、表 5.3）。[2] 表 5.2 说明贝宁小学教学条件较差，教室不符合教学要求，课桌椅数量无法满足学生的需求，大部分学校没有校长办公室，一半以上的学校厕所条件恶劣，四分之三以上的学校没有围墙和食堂。但学校管理条件还是较令人满意的，绝大多数学校都有领导机构、家长委员会和教师委员会，这些管理机构尽可能创造一个利于学生学习的环境。

---

[1] Ministère de l'Éducation et de la Recherche Scientifique. Éducation pour tous : Bilan à l'an 2000[R]. Cotonou : MERS, 1999.

[2] Ministère en charge de l'éducation. Plan décennal de développement du secteur de l'éducation actualisé, phase 2013—2015[R]. Cotonou, 2013.

表 5.2 2009—2010 学年贝宁小学教室和校内管理机构状况

学校条件	表现	小学 数量（所）	占比（%）
教室状态	教室状态良好	3 060	38.8
教室状态	教室状态糟糕	2 090	26.5
教室状态	良好和糟糕的教室各半	2 728	34.6
管理机构	无家长委员会	327	4.2
管理机构	无领导部门	889	11.7
管理机构	无教师委员会	373	4.7

表 5.3 贝宁小学教学条件分析 [1]

教学条件	特点	小学 数量（所）	占比（%）
班级设置	分年级、分班	5 884	80.8
班级设置	分年级分班和多年级合班相结合	1 395	19.2
师生比	高于 1∶40	2 670	33.9
师生比	1∶40—1∶60	3 293	41.8
师生比	低于 1∶60	1 915	24.3
女教师占比	无女教师	4 262	54.1
女教师占比	女教师少于 50%	2 642	33.5
女教师占比	女教师多于 50%	974	12.4

---

[1] 此处为原表格数据，但笔者认为个别数据有出入。

续表

教学条件	特点	小学 数量（所）	占比（%）
师资证书	教师无任何证书	737	9.4
	不足 50% 的教师拥有基础教学能力证书或教学能力证书	3 181	40.4
师资证书	50% 以上教师拥有基础教学能力证书或教学能力证书	3 100	39.4
	全体教师都拥有基础教学能力证书或教学能力证书	860	10.9
师资编制	无国家编制教师	1 565	19.9
	国家编制教师不足 50%	4 128	52.4
	国家编制教师超过 50%	1 637	20.8
	全体教师均为国家编制教师	548	7.0
学生教材	无法语教材	168	2.1
	平均每名学生少于一本法语教材	4 504	57
	平均每名学生至少有一本法语教材	2 965	37.6
	无数学教材	176	2.2
	平均每名学生少于一本数学教材	4 267	54.2
	平均每名学生至少有一本数学教材	3 186	40.4
	法语和数学教材全无	160	2.0
教师用书	无法语教师用书	512	6.9
	平均每名教师少于一本法语教师用书	1 816	24.4
	平均每名教师至少有一本法语教师用书	5 120	68.7
	无数学教师用书	535	7.2
	平均每名教师少于一本数学教师用书	1 749	23.5
	平均每名教师至少有一本法语教师用书	5 163	69.3
	法语和数学教师用书全无	483	6.5

表 5.3 表明贝宁各小学之间教学条件差异很大，仍有 19.2% 的小学采取多年级合班教学方式，这类学校主要存在于农村人口密度较小的地区。教育主管部门必须跟踪采用此类教学模式的学校，监督每个年级的有效教学时间。各学校的师生比更能说明教学条件的差异，24.3% 的学校师资力量严重不足，仅 33.9% 的学校拥有合适的师生比，教师能够有足够的精力照顾到每一个学生的学业发展。

师资、教材也是决定教学条件的重要因素。表 5.3 的数据说明贝宁小学教师仍以男性为主，仅有 12.4% 的学校女性教师占多数。而研究表明女性教师在提升女童入学率、在校保持率方面有积极作用。从师资水平来看，49.8% 的学校中具备执教所必需的证书的教师占比过低，表明贝宁小学师资处于非常短缺状态。尽管 2007 年政府颁布了乡镇合同制教师转换成国家编制教师或国家合同教师的政令，但 19.9% 的学校雇佣的教师仍为没有任何教师资格的乡村教师，仅有 7% 的学校的教师身份符合国家规定。2012 年的统计数据显示贝宁全国仍有约 5 000 名教师无教师资格，其中半数人未申报为教师。教学资料也极其短缺，甚至有 2% 的学校的在校生没有任何法语和数学教材，这无疑给学生造成了极大的学习障碍。教师用书也不容乐观，尽管约 69% 的学校拥有一定量的法语和数学教师用书，约 24% 的学校可获得不完整的教师用书捐赠，但仍有近 7% 的学校无任何法语和数学教师用书，教学质量很难得到保证。

如上所述，贝宁各小学教育质量差异巨大。2011 年 5 月举行了全国小学生学业测试，随机抽样约 200 所小学的 3 000 名二年级学生和 3 000 名五年级学生，参加法语和数学考试。测试结果表明学生的学业平均水平偏低，每 100 名二年级学生仅有约 40 人合格，五年级更是每 100 人仅有 32 人通过考试，而教育部门要求的最低通过率应为 50%。测试结果显示学生学习效果差异极大：二年级的标准差为 20.6/100，五年级为 15.3/100，说明在测试中一些学生取得了极高的分数，另一些学生成绩极差。此次测试的数据表明，大部分学生并不具备基本学业能力，仅有 29.7% 的二年级学生和 13.3% 的五年级学生具备了基本学业能力。[1]

（三）性别不平等

贝宁男女生受教育比例极不平衡，女童一直饱受失学之苦。因此，女童教育发展受到了国内和国际社会的广泛关注。贝宁国家教育政策和女童培养文件的编纂获得了联合国儿童基金会的资金支持，2005 年投入了 1 670 万西非法郎。2007 年 4 月 11 日，贝宁国家部长会议批准文件后，联合国儿童基金会又追加了 4 280 万西非法郎。丹麦国际开发署也为这一教育政策的诞生捐助了大量资金。[2]

为减小两性受教育程度的巨大差异，从 2004 年起，贝宁政府与国际教育机构共同制定了"加速女童入学教育教学包"战略（下文简称"女童教育包"）。该战略主要有 7 个优先发展方向：贝宁教育主管部门与国际组织合作，为小学教育提供支持和发展策略；改善教学环境；招聘、培训教师；为师生提供帮助；提高乡镇学校教学能力；为改变女童辍学频繁的现象而加大社会宣传力度；进行女童教育研究并评估研究结果。通过调研，该项目实施初期确定了 42 个在 2003—2004 学年男女生受教育比例最不均衡的乡镇为优先发展地区，如阿塔科拉省的布库姆贝等 8 个市镇、博尔古省的班贝雷凯等 7 个市镇、阿黎博里省的巴尼科阿拉等 6 个市镇等。[3]

---

[1] Ministère en charge de l'éducation. Plan décennal de développement du secteur de l'éducation actualisé, phase 2013-2015[R]. Cotonou : Ministère de l'Éducation, 2013.

[2] Ministère de l'Enseignement Maternel et Primaire. Évaluation et actualisation du paquet éducatif essentiel (PEE) pour l'accélération de la scolarisation des filles au Bénin[R]. Cotonou : MEMP, 2009.

[3] Ministère de l'Enseignement Maternel et Primaire. Évaluation et actualisation du paquet éducatif essentiel (PEE) pour l'accélération de la scolarisation des filles au Bénin[R]. Cotonou : MEMP, 2009.

"女童教育包"战略实施后,贝宁全国平均小学入学率提升了约2个百分点,从2003—2004学年的96.4%提升到2006—2007学年的98.5%,超过了《贝宁十年教育发展规划》中预期的98%的目标,其中女童的平均入学率大幅提升,从84.3%增长到92.2%,男童的平均入学率略有下降,从108%减少到104.3%。[1]

具体到贝宁各省的儿童入学水平变化,则呈现出参差不齐的特点。经过"女童教育包"战略3—4年的干预,在42个市镇中,有33个市镇的女童入学率到2006—2007学年有了不同程度的提高,但是有9个市镇这个指标持续下降。[2] 未达到全国平均入学率的市镇从2003—2004学年的42个增长到2006—2007学年的45个(见表5.4)。

表5.4 贝宁女童入学率低于全国水平的市镇 [3]

单位:个

省份	总计	市镇	
		2003—2004学年	2006—2007学年
阿塔科拉省	9	8	7
东加省	4	1	2
博尔古省	8	7	4
阿黎博里省	6	6	6
库福省	6	0	3
莫诺省	6	0	0
韦梅省	9	4	7

---

[1] Ministère de l'Enseignement Maternel et Primaire. Évaluation et actualisation du paquet éducatif essentiel (PEE) pour l'accélération de la scolarisation des filles au Bénin[R]. Cotonou : MEMP, 2009.

[2] 个别市镇仍未达到全国平均水平。

[3] Ministère de l'Enseignement Maternel et Primaire. Évaluation et actualisation du paquet éducatif essentiel (PEE) pour l'accélération de la scolarisation des filles au Bénin[R]. Cotonou : MEMP, 2009.

续表

省份	总计	市镇	
		2003—2004 学年	2006—2007 学年
高原省	5	5	4
丘陵省	6	3	3
祖省	9	5	5
大西洋省	8	3	4
滨海省	1	0	0
合计	77	42	45

从统计数据来看，贝宁全国范围内入学率的性别不平等还是非常明显。随着教育层级的提高，这种趋势更加明显。2006—2007 学年，小学男女生人数比例为 55% 和 45%，初中为 64% 和 36%，高中为 73% 和 27%。实施"女童教育包"战略后，可以看出小学教育中真实有效的性别平等变化。2003—2007 年，无论是全国、省级还是市级，入学率性别平等指数[1]都有所提高。从全国范围来看，性别平等指数由 0.78 提升到 0.88，增长率为 10.33%。70 个市镇性别平等指数均有不同程度的提高，"女童教育包"战略涉及的 42 个市镇入学性别平等指数都取得了进步，仅有索阿瓦市下降。有 15 个市镇甚至达到了相同的男女生入学率，如阿塔科拉省的凯鲁市和马泰利市，博尔古省的班贝雷凯市、卡拉雷市、恩达利市、帕拉库市和锡南代市等。[2]

"女童教育包"战略的实施，在一定程度上提高了贝宁女童的入学率和学业完成率，降低了留级率。到 2006—2007 学年，贝宁儿童毛入学率已达到 119.32%，其中男生的毛入学率为 123.7%，女生的毛入学率为 114.6%，除阿黎

---

[1] 性别平等指数为女童入学率与男童入学率的比值。

[2] Ministère de l'Enseignement Maternel et Primaire. Évaluation et actualisation du paquet éducatif essentiel (PEE) pour l'accélération de la scolarisation des filles au Bénin[R]. Cotonou : MEMP, 2009.

博里省[1]外几乎实现了全民接受小学教育，提前实现了《贝宁十年教育发展规划》定下的目标。博尔古省、阿黎博里省和滨海省的女童入学率甚至高于男童入学率（见表5.5）。[2]

表 5.5 2006—2007 年贝宁各省小学毛入学率、留级率和毕业率 [3]

省份	毛入学率（%）男生	毛入学率（%）女生	毛入学率（%）总体	留级率（%）男生	留级率（%）女生	留级率（%）总体	毕业率（%）男生	毕业率（%）女生	毕业率（%）总体
阿塔科拉省	121.08	103.26	112.60	12.22	13.98	12.95	59.28	36.41	48.44
东加省	138.13	131.69	135.08	12.35	12.93	12.60	86.89	59.33	73.87
博尔古省	107.26	117.46	112.08	12.33	12.33	13.70	71.92	63.94	68.17
阿黎博里省	68.86	70.07	69.43	7.15	7.82	7.46	38.38	34.65	36.64
库福省	139.04	111.48	124.89	8.59	9.90	9.16	93.96	56.70	74.91
莫诺省	170.14	153.98	162.36	12.33	13.34	12.77	108.19	75.43	92.49
韦梅省	116.71	106.69	111.84	11.94	11.82	11.89	76.70	56.74	67.03
高原省	138.34	115.75	127.30	10.45	10.90	10.64	72.47	44.13	58.68
丘陵省	115.96	109.64	112.93	9.59	10.71	10.09	77.25	54.90	66.59
祖省	138.10	121.79	130.11	9.00	9.30	9.13	72.72	48.83	61.07
大西洋省	139.24	130.86	135.25	13.95	13.73	13.85	84.40	63.79	74.62
滨海省	114.54	117.15	115.83	10.82	10.20	10.51	78.90	77.02	77.98

[1] 阿黎博里省的毛入学率为 69.43%，其中男生毛入学率为 68.86%，女生毛入学率为 70.07%。

[2] Ministère de l'Enseignement Maternel et Primaire. Évaluation et actualisation du paquet éducatif essentiel (PEE) pour l'accélération de la scolarisation des filles au Bénin[R]. Cotonou : MEMP, 2009.

[3] Ministère de l'Enseignement Maternel et Primaire. Évaluation et actualisation du paquet éducatif essentiel (PEE) pour l'accélération de la scolarisation des filles au Bénin[R]. Cotonou : MEMP, 2009.

续表

省份	毛入学率（%）			留级率（%）			毕业率（%）		
	男生	女生	总体	男生	女生	总体	男生	女生	总体
全国	123.70	114.66	119.32	11.10	11.67	11.35	75.85	56.05	66.32

大量适龄学童涌入学校，要求教育系统提高教育质量，提升学生保留率和毕业率。《贝宁十年教育发展规划》的目标是，到2008年小学生留级率降到12.8%。"女童教育包"战略从2003—2004学年开始实施，公立小学留级率降幅显著（见表5.6），2006—2007学年的总体留级率为11%，其中男生留级率为11.10%，女生留级率为11.67%，提前实现了《贝宁十年教育发展规划》的目标。这种进步还源于2004年教育改革中实施的一、二年级学生不留级措施（除极特殊情况）。[1]

表5.6 2003—2007年贝宁公立小学各年级留级比例 [2]

单位：%

年级	2003—2004学年	2004—2005学年	2005—2006学年	2006—2007学年
一年级	21	9	1	2
二年级	22	14	10	12
三年级	25	19	11	14
四年级	26	21	12	14
五年级	26	24	12	16
六年级	30	21	5	13
小学阶段总计	24	17	8	11

---

[1] Banque internationale pour la reconstruction et le développement/Banque mondiale. Le système éducatif béninois. Analyse sectorielle pour une politique éducative plus équilibrée et plus efficace[R]. Wanshington : Document de travail de la Banque Mondiale, 2009: 165.

[2] Ministère de l'Enseignement Maternel et Primaire. Évaluation et actualisation du paquet éducatif essentiel (PEE) pour l'accélération de la scolarisation des filles au Bénin[R]. Cotonou : MEMP, 2009.

从贝宁全国范围来说，小学阶段的毕业率也提高得很快，从2000—2001学年的37%增长到2006—2007学年的66.32%，在6年之内几乎实现了翻倍，显示出教育体制的活力。然而，全国平均的小学毕业率掩盖了教育中的巨大的性别不平等和地域差异：男生小学毕业率为75.85%，远高于女生的56.05%；从地区分布来看，莫诺省的平均毕业率最高，达到了92.49%，男生毕业率甚至达到108.19%，女生毕业率最高的省份是滨海省，达到77.02%。[1]

"女童教育包"战略实施后，尽管贝宁在女童毛入学率、留级率和毕业率三个指标上有一定改进，但进展并不顺利。主要问题体现在宣传力度不足，各参与方之间缺乏协调、引导和跟踪监督，协同作用弱。

三、小学教育改革

上文所述贝宁小学教育的地域、性别发展不平衡问题，既是其教育发展特点，也是贝宁面临的巨大挑战。针对存在的问题，贝宁政府进行了深入的调查研究，采取了一系列改革措施，也积极加强与国际组织的合作。

（一）贝宁政府采取的措施

进入21世纪，《贝宁十年教育发展规划》和上文提到的"女童教育包"战略，是发展贝宁小学教育的两个重要举措，把小学教育看作是国家教育的重中之重。《贝宁十年教育发展规划》包含两个子纲要：《保证入学、平等、保留在校和提高教学质量纲要》和《小学教育系统管理与引导纲要》，

---

[1] Ministère en charge de l'éducation. Plan décennal de développement du secteur de l'éducation actualisé, phase 2013—2015[R]. Cotonou, 2013.

其中的举措与"女童教育包"战略有相互照应之处。[1]

　　学前教育与初等教育部下属的促进入学处在19个女童入学率低于全国平均水平的乡镇采取了一系列提升女童入学率的行动。为改善教学质量、提升教育资源利用率、提高保持率、降低留级率，从2004年起，贝宁像许多其他非洲国家一样实行了增加启蒙班（相当于一年级）和预备班（相当于二年级）的政策，并在小学阶段设立两年一段的学段留级制度，这个制度要求在小学的头两年里，除个别情况外学生不得留级。该制度达到了预期效果，贝宁小学低年级留级率几乎为零，避免了中高年级发生"滚雪球效应"，即班级人数激增。小学留级率大幅降低，从2002—2003学年的24%降到2005—2006学年的8%，2006—2007学年小幅回升，达到10%，但比以往留级率降低很多。为实现让2010年13%的留级率在2020年下降到10%，贝宁政府加大了投入，把教育行政人均支出从7 264西非法郎增加到10 000西非法郎，总支出从2010年的770亿上升到2020年的1 020亿西非法郎。[2]

　　贝宁教育主管部门于2005年就小学教学条件进行了全国范围的调查，其结果显示仅有4%的教室拥有主要教学资料和设备，而26%的班级无任何教学资料和设备，剩下70%的班级教学资料和设备不足。[3] 因此在《贝宁十年教育发展规划》中，政府为改善教学条件做出了2 200亿西非法郎的预算，其中约17%的费用在2006—2008年使用，用于改造已有教室，计划每年约改造1 000间。[4] 2008年1月，贝宁学前教育与初等教育部要求贝宁国家数据与经济分析研究院进行学校基础设施及幼儿园、小学学生总数普查，

---

[1] Ministère de l'Enseignement Maternel et Primaire. Évaluation et actualisation du paquet éducatif essentiel (PEE) pour l'accélération de la scolarisation des filles au Bénin[R]. Cotonou : MEMP, 2009.

[2] Ministère en charge de l'éducation. Plan décennal de développement du secteur de l'éducation actualisé, phase 2013-2015[R]. Cotonou : Ministère de l'Éducation, 2013.

[3] Ministère en charge de l'éducation. Plan décennal de développement du secteur de l'éducation actualisé, phase 2013—2015[R]. Cotonou, 2013.

[4] Ministère de l'Enseignement Maternel et Primaire. Évaluation et actualisation du paquet éducatif essentiel (PEE) pour l'accélération de la scolarisation des filles au Bénin[R]. Cotonou : MEMP, 2009.

调查结果显示，2005—2008年已完成2 205间教室的建设或升级改造，其中2005年新建1 333间教室，2006年333间，2007年539间。但建设速度还是落后于《贝宁十年教育发展规划》中儿童全面入学的要求，为了满足最基本的教学条件，还需16 835间教室。[1]

贝宁政府根据乡镇教学能力将权力下放，按每学区小学、中学的数量将预算下拨到乡镇一级政府。从2003—2004学年起，乡镇在学生学杂费和乡村教师工资方面得到的预算资金逐年提高，2003—2004学年教育部下放的教育资金占总预算的4.78%，2004—2005学年为6.97%，2005—2006学年达到7.11%，2006—2007学年已上升到16.43%。[2]

为提升乡村教育发展能力，尤其是吸收更多女生入学并坚持在校接受教育，"女童教育包"战略采取了以下行动：实施适合各乡镇的教学制度；创造可吸引青年教师，尤其是青年女教师的教学、生活条件；改善偏远地区的整体环境。"女童教育包"战略为乡镇教师住所配备家具，向教师提供廉租房。政府还采取发展地方经济、完善基础设施的措施（如修建市场、增加文化娱乐场所等）来吸引青年教师。这些措施都能够直接或间接地促进学生入学、到校和完成学业。

为掌握项目开展情况，"女童教育包"战略设计了一系列跟踪评估方式：清点所有达到上学年龄的儿童，总结过往项目实施经验，收集、分析学校各种数据，评估项目实施过程。学前教育与初等教育部从2006年起在全国范围内开展研究，涉及42个实施"女童教学包"乡镇中的6个[3]，共计3个研究项目，分别为地区发展协会承担的阿盖盖和阿贾–乌埃雷市评估，

---

[1] Ministère en charge de l'éducation. Plan décennal de développement du secteur de l'éducation actualisé, phase 2013-2015[R], Cotonou, 2013.

[2] Ministère en charge de l'éducation. Plan décennal de développement du secteur de l'éducation actualisé, phase 2013—2015[R], Cotonou, 2013.

[3] "女童教育包"项目原本预计针对13个乡镇开展行动研究，博尔古省的卡拉雷、尼基、佩雷雷市在公布招募研究团队的消息后，非政府组织反应不是很积极，5个项目中仅有3个项目最终得以开展，且只涉及6个市镇。

人民福祉与环境保护研究与行动中心开展的戈古努、卡拉雷、尼基、佩雷雷市评估研究和女性尊严非政府组织负责的协调、监督行动研究项目。以上行动研究项目的目的是根据当地实际情况、乡镇人民的具体需求，调整女童教育项目的实施手段，重新确定发展方向。但这三个行动研究项目开展得并不顺利，出台的审查文件、非政府组织发布的研究报告都提到了以下不足：在研究招募书中，未明确这些行动研究的理论框架和参考术语；无恰当的科研方法；行动研究项目开展时间过短，仅一学年，但需要完成行动研究项目设计、实施，和地方教育实践者合作，从研究中获取可推广的经验教训等事宜，这个时间不足以完成以上任务；在项目实施过程中行政效率低下，项目资金到位慢，使得参与项目的非政府组织无法按照既定时间表推进研究活动，只能等资金到位后开展活动。

因此，最终得到的研究结论和经验教训并未达到预期，此次研究活动未能改善女生入学率低、性别不平等的乡镇的教育状况，只是对地方教育实践者进行了一次宣传，让他们对教育不平等问题有了更明确的认识。

（二）国际合作

除了贝宁国内实行的教育政策，国际组织也为贝宁的小学教育发展制定了相应政策或目标。例如，联合国教科文组织对贝宁的小学教育提出了可持续发展目标，即2030年教育目标：贝宁所有儿童都能接受免费、高质的小学教育；残疾儿童都能获得平等入学的权利；在国际合作基础上，增加持有教师资格证的小学教师数量，让小学教师有更多机会接受培训；建立可容纳残疾人等特殊人群的学校，并将现有学校改造成适用于所有人群的教学机构，为所有人群提供非暴力、安全可靠的学习环境，为学校配备电力、互联网、电脑等资源，配备适合残疾人的基础设施和教学资料，建造饮用水管道、洗手池、男女分开的卫生间，等等。

为推动女童教育发展，贝宁的私立机构和国内外非政府组织合作，建立乡镇儿童教学中心，招收失学儿童，并建立非正式教育机制，使未上学和过早失学的女童都能得到基本的教育。

贝宁政府的合作机构、非政府组织和国际机构致力于改善教育教学条件和加强女童入学宣传，采取行之有效的举措保证学生的在校率，促使贝宁民众在女童入学方面转变态度。各类组织对贝宁女童的帮助见表 5.7。

表 5.7 各类组织对贝宁女童的帮助措施 [1]

贝宁政府的合作伙伴及非政府组织	具体措施
法国开发署	发放教学用具；为鼓励女生在校学习，颁发优秀女生奖学金；对学生进行性教育，避免女生过早怀孕；帮助失学青少年复学、接受培训，安置失学青少年；开展"女童上学"宣传活动
贝宁教育活动委员会	承担教学用具费用和其他学杂费；为受资助学生发放奖学金；建立免费图书馆，捐献符合教学大纲要求的图书
国际关怀组织贝宁分部	向学生提供学习用具；为优秀女生组织夏令营；奖励优秀女生；在国际儿童节时进行大型宣传活动，向贝宁家长宣传上学的重要性
天主教救济会	从 2005 年起在学校中引入辅导中心制度，帮助困难学生；奖励优秀女生；建造学校食堂；为学习刻苦的女生配给定量口粮；为优秀女生组织夏令营，让她们开阔视野，接触更多模范女性；宣传儿童交通安全问题；宣传儿童入学的重要性
荷兰非政府组织	世界粮食计划署对 400 所贝宁学校启动促进儿童入学项目，荷兰对该项目进行特别支持
贝宁国际计划非政府组织	为女生发放学习用具；建造学校食堂、图书馆；分发教材；对优秀学生进行奖励；通过车队巡游、辩论、海报、游行等方式向贝宁家庭宣传上学的重要性

---

[1] Ministère en charge de l'éducation. Plan décennal de développement du secteur de l'éducation actualisé, phase 2013—2015[R]. Cotonou, 2013.

续表

贝宁政府的合作伙伴及非政府组织	具体措施
世界粮食计划署	建造学校食堂，为学习刻苦的女生配给定量口粮
瑞士发展与合作组织	通过"性别"项目提高女生在校率，提供奖学金
联合国儿童基金会	建立"为了女生"教学制度；建造学校食堂；提供教学资料和学习用品；提供急救包，定期体检；提供奖学金；加强"女童教育包"、国家女童教育培训等项目的宣传和推广；实施家长教育项目；面向青少年开展生殖健康教育，向青少年传授防治艾滋病的知识等
美国国际开发署	向失学女童提供助学金，帮助她们坚持在校学习；加强对家长委员会和乡镇各级机构的宣传，消除阻碍女童入学的障碍；参与世界教育组织主持的提升女童入学率项目
助学行动组织[1]	提高贝宁家长对女童上学的重视程度；为优秀女生发放奖励；对青少年进行性教育，避免年轻人早孕
丹麦王国非政府组织	和联合国儿童基金会一起为促进女童入学项目提供资金；招募非政府组织开展儿童教育行动研究活动，向这些组织提供资助
贝宁腰果生产协会	向家长宣传女生入学的必要性
国际教育与自助基金会	加强对贝宁家长的培训和宣传
"自由玩耍"非政府组织	负责儿童教育项目的宣传和组织工作；培训"自由玩耍"运动项目的女教练，宣传男女平等的思想
荷兰国际发展组织	支持乡镇提升女童入学计划项目，实施乡镇女童受教育的宣传项目

与贝宁政府合作的技术财务合作机构或非政府组织在很多项目上都有所建树，实施的项目覆盖面广，尤其是在女童入学率低于全国平均入学率的市镇，通过各种项目对各市镇的小学教育给予资金支持。

尽管贝宁政府、联合国所属组织和非政府组织在女童教育方面做出了很大努力，但贝宁女童教育发展仍然任重道远。2015年对贝宁女童教育进

---

[1] 助学行动组织是一个成立于1981年的国际教育组织，总部在瑞士日内瓦，致力于弱势群体教育发展。

行的研究显示，早婚是她们辍学的主要因素。[1] 因此，加强社会改革，改变贝宁人民的性别歧视观念，发展社会经济，提高人民生活水平，才是解决贝宁教育性别不平等的根本办法。

第二节 普通中等教育

贝宁的普通中等教育[2]包括初中和高中，总共7年，初中4年（初一到初四），高中3年（高一到高三）。[3] 普通中等教育招收12—18岁已经完成小学学业、获得小学毕业文凭的学生。学生初中毕业参加考试，成绩合格者可获得初中毕业文凭并升入高中。高一年级取得10分以上（总分20分）的学生才可以升入高二年级，高三毕业参加高中毕业会考，会考成绩合格可申请进入高等教育阶段。高中阶段进行文理分科，但是通常学生对分科没有明确的想法，可能依据自己的学习成绩，也可能受家长的影响做决定。这种偶然性很有可能为高等教育带来隐患。

一、普通中等教育的发展

从2001年9月起，贝宁制定了从初一到高三的所有科目的新教学大纲，采用了以能力教学法为核心的新大纲。该大纲与以往大纲完全不同，以中学生需要掌握的能力为切入口，要求对教师进行深入培训，以帮助他们掌

---

[1] 据统计，8.8%的贝宁女性在15岁以前结婚，31.7%的女生在18岁以前结婚。

[2] 贝宁的基础教育阶段仅截至初中阶段，但本章节也介绍普通高中教育。初中和高中均隶属贝宁中等教育与职业教育部管辖。

[3] 依据《贝宁国民教育法》第十四款规定，高中阶段是基础教育的延伸，旨在深化学生知识结构，培养学生的观察、逻辑推理能力和研究精神，为后基础教育阶段，包括普通高中教育和中等职业教育。

握新教学法。主管部门除了编写新大纲外，还撰写了大纲指导用书，设计了教师培训教程。

普通初中教学大纲的必修科目为法语、英语、历史-地理、数学、生物-地质学、体育、家庭经济、公民教育，另开设选修课，如物理-化学、德语、西班牙语等。普通高中的必修课和选修课与初中基本一致，但必修课增加了哲学课。尽管教学大纲中要求学校开设一些选修课，但很多学校仅停留在纸面上。事实上，只有在学校拥有合乎要求、具备教师资格的教师时，才会开设相关选修课。教学大纲对课程和每周的课时数进行了详细的安排，在贝宁，初中属于基础教育阶段，教学科目比较统一（见表5.8），而高中则进行了文理分科和学习方向划分，不同方向的学生学习的侧重点不同（见表5.9、表5.10、表5.11）。

表 5.8 贝宁普通初中课程和周课时数

课程	周课时			
	初一	初二	初三	初四
法语	6	6	6	6
英语	4	4	4	4
历史-地理	3	3	3	3
数学	5	5	6	6
生物-地质学	2	2	3	3
物理-化学	3	3	3	3
家庭经济	3	3	3	3
体育	3	3	3	3
公民教育	1	1	1	1
合计	30	30	32	32

表 5.9 贝宁普通高中高一课程和周课时数

课程	周课时					
	文学	语言学科	人文社会学科	生物-地质学科	理工科
哲学	4	3	2	2	2
法语	5	5	5	4	4
英语	4	3	3	2	2
二外	4	3	3	0	0
历史-地理	3	4	3	3	3
数学	2	3	3	5	6
物理	2	2	2	4	4
生物-地质	2	2	2	5	3
经济	0	0	4	0	0
家庭经济	3	3	3	3	3
体育	3	3	3	3	3
公民教育	1	1	1	1	1
合计	33	32	34	32	31

表 5.10 贝宁普通高中高二课程和周课时数

课程	周课时				
	文学	语言学科	人文社会学科	生物-地质学科	理工科
哲学	4	3	2	2	2
法语	5	4	4	4	4
英语	4	3	2	2	2
二外	4	3	3	0	0

续表

课程	周课时				
	文学	语言学科	人文社会学科	生物-地质学科	理工科
历史-地理	3	5	3	3	3
数学	2	3	3	5	7
物理	2	2	2	5	5
生物-地质	2	2	2	5	3
经济	0	0	4	0	0
家庭经济	3	3	3	3	3
体育	3	3	3	3	3
公民教育	1	1	1	1	1
合计	33	32	32	33	33

表 5.11 贝宁普通高中高三课程和周课时数

课程	周课时				
	文学	语言学科	人文社会学科	生物-地质学科	理工科
哲学	6	5	4	3	3
法语	6	4	4	3	3
英语	4	4	3	2	2
二外	4	4	3	0	0
历史-地理	3	5	3	3	3
数学	2	3	3	6	9
生物-地质	1.5	1.5	1.5	5	6
物理	1.5	1.5	1.5	5	3

续表

课程	周课时				
	文学	语言学科	人文社会学科	生物-地质学科	理工科
经济	0	0	5	0	0
家庭经济	3	3	3	3	3
体育	3	3	3	3	3
公民教育	1	1	1	1	1
合计	35	35	35	34	36

普通中等教育阶段的评估模式主要有课堂问答、测验、家庭作业、实践作业和期末考试。期末考试为笔试，所有期末考试成绩会形成成绩单，在学期结束时寄送给家长。每学年最后一个成绩单会写明学生的学业状态：升级、留级或弃学。学生在初四年级和高三年级结束时，进行全国统一的毕业考试，成绩合格者可获毕业证书，分别取得初中毕业文凭和高中毕业会考证书。学生升入下一级学校首先需要通过毕业考试，之后再提交申请材料，教育主管部门对能支付学费的学生进行材料审核和录取工作。

二、普通中等教育的特点

贝宁小学教育以提升入学率、在校保持率为主要目标，而中学教育则以提高教学质量，培养适应社会、经济、文化发展的人才为主要任务。贝宁普通中等教育呈现出发展势头迅猛、受到政府和家庭双重关注的特点。

（一）发展势头迅猛

据 2010 年数据统计，这一年 3—18 岁的儿童及青少年大约有 442.9 万人，大约占贝宁全国人口的 44.2%，其中 12—15 岁的初中适龄青少年约为 95.9 万人，而 1992 年的初中适龄人口仅为 46.8 万人。最新数据表明，2020 年贝宁的初中适龄人口达到 109.2 万。[1] 表 5.12 显示，自 1990 年以来，贝宁的中等教育，尤其是初中教育取得了长足的发展。虽然接受中学教育的人口绝对值并不是学龄人口中最多的，但初中人口增长率远远高于其他教育阶段，尤其是在 1992—2010 年。这说明自 20 世纪 90 年代起贝宁人民生活逐渐稳定，经济缓步增长，人们提升文化层次、改善生活的需求日益增加。中等教育人数变化是教育系统活跃度的一个指标。

表 5.12 1992 年、2010 年和 2020 年贝宁基础教育阶段学生人数 [2]

单位：万人

学生	1992 年	2010 年	2020 年
小学生	99.3	183.7	203.4
初中生	46.8	95.9	109.2
高中生	—	58.4	66.6

表 5.13 显示了贝宁 2000—2011 年中等学校（包括职业技术学校）学生人数变化。就普通中等教育而言，学生人数增长很快，其中初中从 195 966 人增长到 530 767 人，普通高中学生总数从 37 211 人增长到 168 334 人。私立教学机构的表现比公立教学机构更加亮眼。

---

[1] Ministère en charge de l'éducation. Plan décennal de développement du secteur de l'éducation actualisé, phase 2013-2015[R]. Cotonou : Ministère de l'Éducation, 2013.

[2] Ministère en charge de l'éducation. Plan décennal de développement du secteur de l'éducation actualisé, phase 2013-2015[R]. Cotonou : Ministère de l'Éducation, 2013.

表 5.13 2000—2011 年贝宁中等学校学生人数统计 [1]

教育层次	2000—2001学年	2001—2002学年	2002—2003学年	2003—2004学年	2004—2005学年	2005—2006学年	2006—2007学年	2007—2008学年	2008—2009学年	2009—2010学年	2010—2011学年
普通初中	195 966	222 041	238 579	264 506	314 059	360 258	414 926	442 175	475 557	508 751	530 767
公立	171 326	196 628	204 250	220 234	259 844	316 608	365 131	385 369	410 754	434 824	446 432
私立	246 40	25 413	34 329	44 272	54 215	43 650	49 795	56 806	64 803	73 927	84 335
普通高中	37 211	40 909	44 981	54 379	63 559	73 592	87 218	105 916	111 296	138 940	168 334
公立	31 163	34 721	37 690	45 570	53 231	60 805	71 380	86 298	86 996	108 842	131 053
私立	6 048	6 188	7 291	8 809	10 328	12 787	15 838	19 618	24 300	30 098	37 281
技术初中	7 967	7 938	10 153	11 091	10 896	10 032	10 259	9 677	9 261	10 043	11 241
公立	3 434	3 627	4 056	3 942	3 954	3 468	2 982	2 711	2 370	2 326	2 330
私立	4 533	4 311	6 097	7 149	6 942	6 564	7 277	6 966	6 891	7 717	8 911
技术高中	13 604	14 241	18 714	19 813	18 637	18 725	21 272	20 372	21 043	31 826	42 973
公立	5 864	6 507	7 476	7 042	6 763	6 473	6 183	5 708	5 385	7 371	8 908
私立	7 740	7 734	11 238	12 771	11 874	12 252	15 089	14 664	15 658	24 455	34 065
职业技术学校	—	—	—	—	908	1 370	2 541	3 334	4 134	5 719	4 167
公立	—	—	—	—	—	—	—	935	1 044	960	871
私立	—	—	—	—	—	—	—	2 399	3 090	4 759	3 296

[1] Ministère en charge de l'éducation. Plan décennal de développement du secteur de l'éducation actualisé, phase 2013-2015[R]. Cotonou : Ministère de l'Éducation, 2013.

贝宁中等教育发展的活跃度一直保持稳定,《贝宁教育发展规划纲要》的数据显示,2010年60.8%的小学毕业生升入初一,2020年上升到70%左右,同一时期初中学生保持率也从67.9%上升到80%。教育主管部门会采取措施降低留级率,2010年普通初中的留级率为23.2%,2015年降到19.1%,2020年降到15%。[1]

随着在小学阶段实行免费义务教育,小学毕业生人数逐渐增加,给初中带来了更多的生源。生源增长既为贝宁的教育发展带来了活力,也带来了一定的压力,尤其是在学校的接收能力方面。为了更好地面对这个挑战,解决学生入学问题,公立和私立初中合作提供多种入学渠道。2002年,贝宁全国共有公立初中、高中257所,私立初中、高中245所,总计502所中学,公立中等教育机构共计4 277个,其中私立机构1 184个。数据统计显示,2006年普通中学的毛入学率约为31.7%,其中男生为46.6%,女生为24.9%。[2]而世界银行2009年的一份研究报告显示,2006—2007年,贝宁普通中学毛入学率为39.9%,其中初中阶段为53.1%,高中阶段为18.2%。[3]贝宁中等教育质量略有提高,2005—2006学年,初中留级率降至17%,高中留级率降至16%,而20世纪90年代初曾高达25%。私立初中学生总数从2010年占初中生总人数的14.5%,到2020年增长到25%。对进入私立初中学习的学生,政府从2014年起按照公立学校生均费用的10%提供补贴。[4]

---

[1] Ministère en charge de l'éducation. Plan décennal de développement du secteur de l'éducation actualisé, phase 2013—2015[R]. Cotonou, 2013.

[2] Institut national de la statistique et de l'analyse économique. Tableau de bord social 2008. Profils socio-économiques et indicateurs de développement[R]. Cotonou : INSAE, 2009.

[3] Banque internationale pour la reconstruction et le développement/Banque mondiale. Le système éducatif Béninois. Analyse sectorielle pour une politique éducative plus équilibrée et plus efficace[R]. Washington : Document de travail de la Banque Mondiale, 2009 : 79.

[4] UNESCO-International Bureau of Education, Données mondiales de l'Éducation, Version VII[R]. Genève : UNESCO-BIE, 2010.

（二）政府与家庭双重关注

贝宁政府发展中等教育的力度仅次于小学。2006—2007学年，贝宁政府有意识地减少了对小学教育的投入，部分教育资金转入中学领域。贝宁政府并未对初中以上的教育实行免费义务教育政策。在2007年政府决定把中学教师身份由地方合同教师转变为国家合同教师之前，这部分教师的工资主要来源于学生的学费。教育改革之后，政府在中等教育阶段取消了乡村教师以及地方合同教师的身份，对这部分教师加以培训并全部转为国家合同教师，由国家支付教师工资。

贝宁人民越来越重视教育。从2006年起，贝宁家庭在教育方面的支出相当于国家教育支出的35%，尤其是花费在中等教育方面的家庭支出，甚至高于国家支出。家庭支出的升高在一定程度上源于家长对中等教育教学质量的担忧，很多家庭在财力允许的条件下，或聘请家教，或购买教辅材料，或把孩子送入私立学校，以保证子女的教育质量。

三、普通中等教育的挑战

（一）教育资源不足，教育质量有待提高

从20世纪90年代起，贝宁中等教育阶段学生人数飞速增长，1994—2007年，学生人数年均增长率为13%，而1987—2000年教师培养速度放缓，2006年拥有各类教师资格证书的教师只占全部教师的17%，因此贝宁中等教育的教学质量大打折扣，教学条件日益恶化。

为了提高教学质量，贝宁政府需要在六个方面有所侧重：提高学生保持率，通过师资培训改善中学师生比，合理安排教学资源，改进教学内容，

发展学业评估模式，改善教学环境。

贝宁在制定教育教学改革政策中没有抓住问题症结，导致普通中等教育质量停滞不前。贝宁政府使用留级率作为校验教学质量的指标，2005年初中阶段的留级率为21%，到2009年依然高达19%；同期高中阶段的留级率有所改善，每年缓慢下降，2005年为16%，到2009年已下降到12%。即便如此，高中教育质量仍有待提高。[1]

尽管政府制定了一系列提高教学质量的策略，但实施过程还是困难重重。2008年具有教师资格、师范学历的中学教师仅占教师总数的12%。这一时期，公立学校在职中学教师共计10 147人，其中8 600人为地方合同教师。为此，贝宁中等和职业教育部下决心提高教师水平，在法国开发署的支持下开展了教师培训，几所高等师范专科学校承担了绝大部分教师培训任务。培训时间依据受训教师所处的教育层级，持续2—5年不等。[2] 尽管教师继续教育项目取得了一定的成果，但依然无法解决师范专科学校招生的问题，贝宁政府曾在1990年后的十几年间中断了师范专科学校招生，这更加剧了贝宁中等教育教学质量提升的难度。从2008年国家施行转变教师身份的政策后，几所高等师范专科学校除加大培训力度外，又重启招生制度，为国家培养初中、高中教师。

贝宁普通中等教育一直面临师资短缺的问题，即使雇用了地方合同教师，也不能满足普通中等学校的师资需求，因此在实际工作中雇用了很多临时代课教师，2008年临时教师占教师总数的25%，这些临时教师穿梭于多家中学代课，其教学量在整个中等教育体系中占很大比重，甚至有些学校连管理岗位都被临时教师占据，导致学校的教学理念常常无法贯彻实行。

影响教学质量的因素还有教学资料短缺、教育基础设施缺乏。普通中

---

[1] Ministère danois des Affaires étrangères, Agence Française de Développement. Évaluation à mi-parcours du plan décennal du développement du secteur de l'éducation du Bénin (PDDSE 2006—2015)[R]. Cotonou, 2012.

[2] Ministère danois des Affaires étrangères, Agence Française de Développement. Évaluation à mi-parcours du plan décennal du développement du secteur de l'éducation du Bénin (PDDSE 2006—2015)[R]. Cotonou, 2012.

学饱受教室、实验室、教具缺乏之苦,教室中仅有课桌椅,毫无任何现代化教学设备,教材和教辅书籍也极其有限。

(二)升学压力大,教育不平等

贝宁的普通中等教育面临两大挑战:一是小学毕业年级学生升学率提高,而中等教育资源无法满足学生人数增长的需求;二是教育不平等问题存在于各层面,包括性别不平等、教育质量差距大、中等教育机构地域分布不均衡、特殊需求青年(如残疾青年)受教育机会不平等,这些挑战严重影响了贝宁学生的在校保持率。为了应对这两大挑战,贝宁政府调整了教育发展策略。

第一个教育发展策略是改善学生升学流动管理,关注小升初和初升高的情况。为了实现这一策略,贝宁政府采取了如下措施:修改、调整、更新小学和初中毕业考试的相关管理文件,向学生传达新的考试规定;根据既定的学位数量制定招生计划;明确学位分配方法和分配模式;鼓励私立学校积极参与普通中等教育;在传统教学体系中增加新型培养方式。

但从实际情况来看,这项管理策略并未取得预期效果。因为中等教育缺乏总体发展战略,公立初中辍学率较高,初升高的升学率从2005年的49%下降至2009年的43%。私立中学缓慢发展,小升初升学率由2005年的17%上升至2010年的20%,初升高毕业率由2005年的16%上升至2010年的18%。总体来看,2005—2010年中学生的总数和调控前一样继续保持上升态势。从数据来看,政府的调控决心不足,调控机制基本上没有起任何作用。[1]

第二个教育发展策略是减少中等教育中性别不平等问题,具体措施包

---

[1] Ministère danois des Affaires étrangères, Agence Française de Développement. Évaluation à mi-parcours du plan décennal du développement du secteur de l'éducation du Bénin (PDDSE 2006-2015)[R]. Copenhague : DANIDA, 2012.

括：制定促进女生升入初中并保持就读的国家政策，建立保障女生入学的机制；在落后地区安排女生的专属监护和辅导教师；减免女生学费，例如，祖省对所有初一、初二女生免除学费；[1] 设立女生入学奖学金等。另外，在一些低收入地区，贝宁建立了六个"女生之家"，中等教育机构会在联合国支持下为女生组织防性侵的活动。[2]

和小学教育一样，普通中等教育中其他层面的教育不平等也并未得到更多重视。没有任何发展战略针对有特殊需求的儿童，也无任何有针对性的措施用于改善城乡差距和地区教育机会不均衡的问题。尽管教育不平等问题众所周知，但由于没有任何关于这方面的系统性调查和统计，所以问题解决起来缺乏数据支撑。

在贝宁，尽管小学和中等教育都属于基础教育阶段，但贝宁的教育行政管理体制并没有将这两个教育层次整合在一起，小学和初中的教育发展并不同步，贝宁政府还需解决小学与初中的衔接问题，应对两个教育层次发展中的不协调问题。

为了解决初中扩招导致的师资不足问题、保证教学质量，贝宁采用了新型初中运作模式，即双科教师制度，从2021—2022学年起正式实施。这种新型模式由就近入学初中和重点初中共同参与。就近入学初中聘请10名双科教师就可以代替18名单科教师，[3] 保证该校的正常教学工作。这种运作模式需要一定的理论框架指导，既要有恰当的课程大纲，还要提供完备的设备和基础设施，也要引进专门人才，满足特殊岗位的人力资源需求。

---

[1] 在祖省2005—2008年的三年教育引导计划中，初中女生占比从31.7%增长到37.5%，而同期全国水平均仅增长了一个百分点。

[2] MESFTP/PASEB-DANIDA. Evaluation de l'impact de la mesure d'exonération des contributions scolaires des filles des classes du premier cycle des établissements publics d'enseignement secondaire général du département du Zou[R]. Cotonou, Copenhague : MESFTP/PASEB-DANIDA, 2008 : 17.

[3] 双科教师指可以同时教授两门不同科目的教师，聘用双科教师可以大大提高师资利用率，解决师资不足问题。单科教师指仅能胜任一门教学科目的教师，单科教师仅针对某一学科钻研教学教法，教学质量通常较高。

新型初中运作模式的核心是双科教师制度，但双科教师制度有利有弊。优势在于可更好地保证初中和高中教育资源的合理分配，初中可聘请更多的双科教师，高中主要聘请单科教师，这样就能保证良好的教学效果。从经济角度讲，双科教师制度可节约更多的经费支出。而这一制度的缺点主要是双科教师的职称和地位认定还不明确，尚缺社会合作伙伴参与与监督。

第六章 高等教育

贝宁的高等教育由贝宁高等教育与科学研究部负责管理和发展。20世纪70年代后，高等教育为贝宁培养了大批保证国家发展的精英人才。他们帮助贝宁在世界各国激烈竞争的环境中稳定地发展。但截至2001年，贝宁全国仅有一所大学，即贝宁国立大学。因此，贝宁高等教育的发展任重道远，提高教学质量和科研水平是其发展的重心。

第一节 高等教育的现状

相较于贝宁的基础教育，其高等教育起步晚，发展非常缓慢，受到的关注不足。贝宁的高等教育和研究机构均设在沿海发达城市，整体发展很不均衡。

一、高等教育的发展概况

（一）公立教育

贝宁高校招收的对象是高中会考成绩合格的学生，贝宁某些高中颁发一些特殊的证书，获得这些证书的学生也可以接受高等教育。选择公立高校的学生最多可同时修三个专业，如果学生选择公立高校中的私立教育[1]，那么该学生最多可同时修习包括私立教育在内的两个专业。根据不同的教学层次和专业，大学生毕业年龄从24—26岁不等。由于2001年之前贝宁仅有贝宁国立大学一所高校，导致该校录取学生的数量远远超过了它的接受能力，无论是资金还是物资都难以为继。1996—2000年，贝宁国立大学的学生总数从11 194人增加到17 738人，平均每年扩招1 300人。

贝宁国立大学是贝宁历史上第一所高等学府，在很长一段时间内也是唯一的高校。贝宁国立大学始创于1970年，最初被命名为达荷美大学，1975年改名为贝宁国立大学，2001年更名为阿波美-卡拉维大学。阿波美-卡拉维大学在贝宁国内地位较高，享有部分管理自治权，这种自治权使其可按照贝宁国内的发展目标和发展要求来进行组织管理。其组织管理机构主要包含两类：一类是教育教学主管部门，如各级学院、系部等；另一类是大学事务管理部门和后勤部门，如国家大学事务管理中心。大学校长由高等教育与科学研究部提名、贝宁部长会议任命，统领各管理部门。各院系的主管领导由教师投票选举产生，之后由政府正式任命。各学科专业的培养方案和教学大纲依据国家和企业的发展需要来确定。

阿波美-卡拉维大学主要有科学技术、社会科学、人文科学、农学、医学、管理学六大学科。和中等教育一样，学科重点也分为普通学术方向和

---

[1] 贝宁公立高校中建有一些私立学院，由私人提供教学资金。

职业教育方向。自 1990 年以来，80% 以上的学生均选择了普通学术方向。

阿波美-卡拉维大学不同学院或专业采用不同的学业评估方式。以基础研究为主导的学院，如科技学院、社会科学学院、人文科学学院、医学院、农学院，仍然采取传统的学业评估方式：期中考试、期末考试、家庭作业、实践作业等，研究生还需要提交硕士或博士论文。总成绩为 20 分，文科类学院学生的平均成绩需要达到 10 分才算合格，理工类学院则要求达到 12 分。另外倾向于职业培养的学院的学业评估方式主要为一系列平时作业和实习，以及硕士或博士论文等，和理工类学院一样，学生需要达到 12 分才算合格。

贝宁高等教育与科学研究部成立于 2001 年，专门负责高等教育的发展。在该部的领导下，贝宁高校迎来了蓬勃发展的时期。首先，帕拉库大学于 2001 年成立，成为继贝宁国立大学之后的第二个公立大学。截至 2021 年，贝宁共有四所公立大学，即阿波美-卡拉维大学，帕拉库大学，国家科技、工程和数学大学，以及国家农业大学。

（二）私立教育

20 世纪 90 年代，在很长一段时间内，贝宁的公立高校都占据主导地位。但受过去计划经济的影响，公立高校的教育无法满足贝宁多样发展的需求，因此，私立高校应运而生。贝宁共有八所私立大学，包括贝宁科技大学、科学和信息技术管理高等学校、高科技和管理高等学校、贝宁电信高等学校、贝宁国际综合理工大学、非洲技术和管理大学、非洲遗产高等学校、索努高等学院。贝宁的私立高校和公立高校一样，隶属于贝宁高等教育与科学研究部，同样采取本科—硕士—博士的三级高等教育体制。与公立高等教育更加关注科学研究略有不同，贝宁的私立高校更注重学生职业能力的培养。贝宁公立和私立高等教育机构关系非常密切，公立高校在高等教育发展方面发挥主导作用，为新兴私立高等院校提供指导。贝宁的高等教育本科阶段学制三年，每学期须修满 30 个学分，总学分为 180 个学分，硕士阶段需要在两学年之内修够 120 个学分。

二、公立高校

（一）阿波美–卡拉维大学

贝宁国立大学在 2001 年高等教育与科学研究部成立后正式改名为阿波美–卡拉维大学，进一步扩大了招生规模。面对国家经济和学校发展的双重压力，阿波美–卡拉维大学于 2011 年 12 月 30 日成立校长办公室，确立了新的发展前景：阿波美–卡拉维大学将成为引领贝宁国家发展、应对国家发展问题的公民型学术机构。

在更名之后，阿波美–卡拉维大学调整了学校的学科架构，将学校的教学机构分成两种类型，即四个专注于基础教育的传统学院和十八个倾向于职业教育的高等学院[1]。学校拥有十个博士生院以及若干隶属于各学院的实验室（见表6.1）。从其学科设置上，可以看出阿波美–卡拉维大学是一所具有一定水平的学科覆盖全面、本硕博教学层次完整的教学研究型综合性大学。

---

[1] 高等学院分布在阿波美–卡拉维、科托努、波多诺伏、维达、洛科萨和当格伯等主要城市。

表6.1 阿波美-卡拉维大学的机构设置

	学院	博士生院	实验室或研究中心
传统学院	人文科学学院	"空间、文化和发展"跨学科博士生院	城市与地区活力研究实验室
			语言与文化活力实验室
			贝宁口述传统研究实验室
			GBE 国际实验室
	科技学院	应用化学博士生院	有机化学和化学合成实验室
			海鲜制品处理和保鲜研究实验室
		数学和理论物理博士生院	理论化学和分子光谱学实验室
			数学和理论物理实验室
			辐射物理实验室
		数学和理论物理博士生院	生药学和精油实验室
			"水和环境"化学研究实验室
			应用流体力学系统模型实验室
			沉积学、水文学和环境实验室
			生物化学和分子生物实验室
			湿地研究实验室
			基因和生物技术实验室
			微生物和食品技术实验室
			生物和细胞生理学实验室
			植物学和植物生态学实验室
			生物、微生物学中的分子遗传类型研究实验室
			生物膜和分子信号实验室
	社会科学学院	联合国教科文组织人权与民主博士生院	联合国教科文组织人权与民主实验室
		经济管理博士生院	

续表

学院		博士生院	实验室或研究中心
高等学院	阿波美-卡拉维综合理工学院	工程科学博士生院	—
	数学和物理学院	材料、数学、物理博士生院	数学和数学物理研究实验室
			理论物理研究实验室
			科技教学研究实验室
			信息工程学和应用科学实验室
	国家青年体育运动学院	体育和人类发展博士生院	人文社会科学实验室
			体育运动和运动机能实验室
	医学院	生命科学博士生院	解剖学和器官形成学实验室
			寄生虫和真菌学实验室
			生物物理和细胞核医学实验室
			人类生物学实验室
			细菌学-病毒学实验室
			血液病学实验室
			妇产科研究中心
			内分泌和代谢疾病研究中心
			肝-胃部疾病研究中心
			医院保健学研究中心
			医疗影像学研究中心
			口腔科研究中心
			眼科学研究中心
			耳鼻喉科研究中心
			泌尿学研究中心
			普外科研究中心
			创伤-骨外科研究中心
			皮肤病研究中心

续表

学院		博士生院	实验室或研究中心
高等学院	医学院	生命科学博士生院	内科学研究中心
			神经学研究中心
			儿科和基因研究中心
			精神病学研究中心
			风湿病学研究中心
			急诊医学研究中心
			麻醉和抢救研究中心
			心脏研究中心
	农学院	农业科学博士生院	应用生态学实验室
			民族药理学和动物健康实验室
			水利和水控制实验室
			食品物理化学实验室
			水生生物学和水产养殖实验室
			植物学实验室
			林业科学实验室
			营养生理学试验室
			微生物和食品生物技术实验室
			家禽和动物园经济研究实验室
			畜牧学实验室

尽管阿波美-卡拉维大学历史悠久，教学质量上乘，但该大学面临的最大的问题就是学生人数增长过于迅猛。在学生人数最多的2014年，全校在册学生将近10万人，相当于5所一般规模高校学生的总和。贝宁高等教育领域和阿波美-卡拉维大学校方均已意识到无限扩招带来的问题，于是从2015年之后缩小招生规模，学生总数随后逐渐回落。女性接受高等教育

的机会增加，从 2014 年开始，阿波美-卡拉维大学女生比例逐年稳步递增。2002—2020 年阿波美-卡拉维大学学生人数变化见表 6.2。

表 6.2 2002—2020 年阿波美-卡拉维大学学生人数变化 [1]

年份	学生总人数	男生人数	女生人数	女生占比
2002	22 204	17 401	4 803	21.63%
2003	20 832	14 997	5 835	28.01%
2004	27 206	21 278	5 928	21.79%
2005	28 624	22 236	6 388	22.32%
2006	34 547	26 493	8 054	23.31%
2007	40 079	30 647	9 432	23.53%
2008	38 387	29 953	8 434	21.97%
2009	48 191	37 078	11 113	23.06%
2010	63 212	48 493	14 719	23.29%
2011	65 052	49 565	15 487	23.81%
2012	69 688	51 430	18 258	26.20%
2013	83 951	64 375	19 576	23.32%
2014	92 703	69 703	23 000	24.81%
2015	78 101	58 012	20 089	25.72%
2016	61 416	44 437	16 979	27.65%
2017	65 712	47 305	18 407	28.01%
2018	71 917	50 339	21 578	30.00%
2019	65 183	44 952	20 231	31.04%
2020	68 472	45 795	22 677	33.12%

[1] 资料来源于贝宁数据库官网。

贝宁一半以上获得高中毕业会考证书的学生都会申请阿波美-卡拉维大学，主要原因是该大学为公立大学，学费、注册费极低，甚至可以免费。学生还可以享受大学提供的交通、餐费补贴，因此生活成本大幅下降。另外，如果学生的高中毕业会考成绩达到11分（满分20分），就可以参加一系列社会文化活动，而这些活动或工作可能给学生带来部分收入。基于上述原因，阿波美-卡拉维大学学生总数逐年增加，人文科学学院人满为患。即使到了21世纪20年代，这个问题依然没有解决。《阿波美-卡拉维大学2020—2021年年鉴》显示，学习语言、文学、艺术专业的大学生占当年学生总数的19.3%，法律、政治、管理专业占17.3%，社会学、人口学专业占18.1%，经济类专业占17.1%，文科学生人数远远多于占比18.2%的科学技术类专业的理工科学生人数。[1]

大量扩招导致师生比例严重失调，具备教学资格证的大学教师人数无法与日益增长的学生数量相匹配，教学资源和基础设施，如教材、教室、资料中心、实验室、实验器材也严重不足。这就导致了在日常教学中，学生的课时被大幅压缩，教室内学生人数过多，照明、通风条件不足，学习环境恶劣。上述因素导致阿波美-卡拉维大学教学质量下降，期末考试及格率下降。

阿波美-卡拉维大学的校长任命方式几经变革。最初该大学依然延续原贝宁国立大学的部长会议任命制，2002—2006年产生了两任校长。从2006年起，校长产生方式进行了改革，改为大学共同体选举制。语言学家马克西姆·德克吕兹于2017年当选校长，成为共同体选举制的最后一任校长。2021年10月13日，随着化学教授菲力锡安·阿弗莱西被部长会议任命为新任校长，共同体选举制改革宣告结束。

校级领导层由一位校长和两位副校长构成。目前，除了校长菲力锡

---

[1] 资料来源于《阿波美-卡拉维大学2020—2021年年鉴》。

安·阿弗莱西外，还有负责国际交流、就业的副校长帕特里克·乌埃苏和负责学校科研工作的副校长阿里乌·萨伊度。另外，秘书处和财务会计处也会辅助校长和副校长开展工作。

为应对提升教学质量的迫切要求，阿波美-卡拉维大学建立了新型民主的学术管理体制：改善学校软硬件设施，提升创新型教学质量；建立一支高水平的学术、教师、行政管理团队；改善学生管理体制，更好地为学生服务；保证学校在地区和国际科研合作中的中心地位。

（二）帕拉库大学

贝宁政府于2001年9月18日颁布了第2001-365号政令，决定创建帕拉库大学，设立继阿波美-卡拉维大学之后贝宁第二所公立大学。这是集科学、技术、文化教学研究于一身的综合性大学，具有独立的法人资格和财政自主权。帕拉库大学的诞生，在一定程度上缓解了阿波美-卡拉维大学的招生压力。大学共有11个教学单位，包括5所专注于学术研究的学院、2所职业能力培养学院和4所博士生院。帕拉库大学提供完整的本、硕、博教育，学科领域包括法律、政治和国际关系、经济和管理、文学和人文社会科学（社会学-人类学、地理、语言）、医学、农学（农业经济、农业和水利）、工科，等等。

2001年10月19日颁布的第2001-91号政令的第二款详细说明了帕拉库大学的教育使命：培养适应国家经济、社会、文化发展需求的专门人才，促进基础和应用型科学研究的发展，为国家经济发展提供推动力。"科学是人类之光"为该校校训，与其教育使命相互呼应。为了实现上述教学使命，学校确立了如下教学目标：根据国家发展情况和特点，在全球化的背景下开展适应就业市场需求的教育教学工作；将教学、科研工作和生产活动联系起来；为满足国家对高水平人才和高级干部的需求，增强学生培养与职业发展要求的一致性，学校要保证教育教学机构与就业市场的密切合作；积极加强学校各教育、科研机构与国内外企业的合作，保证国家科学技术持续发展；在本校的教育教学机构内开展继续教育课程，帮助职场人员了解科学技术的最新发展，与时俱进。

由于帕拉库大学的教学单位远远少于阿波美-卡拉维大学，因此该大学的招生人数较阿波美-卡拉维大学为少，但是从表 6.3 也可以看出该校招生规模在逐年扩大，保持了稳定增长。

表 6.3 2013—2020 年帕拉库大学学生人数变化 [1]

年份	学生总人数	男生人数	女生人数	女生占比
2013	13 197	10 364	2 833	21.47%
2014	15 933	12 392	3 541	22.22%
2015	15 377	11 831	3 546	23.06%
2016	17 353	13 344	4 009	23.10%
2017	18 748	14 443	4 305	22.96%
2018	21 091	16 005	5 086	24.11%
2019	21 119	15 708	5 411	25.62%
2020	21 768	15 787	5 981	27.48%

（三）行业特色型大学

除了两所综合性大学之外，贝宁政府又根据国家发展需要专门设立了两所行业特色型大学。由于贝宁的现代化程度相对较低，所以国家的发展重心仍然在关系国计民生的第一产业和第二产业。这两所行业特色型大学

---
[1] 资料来源于贝宁数据库官网。

为国家农业大学和国家科技、工程和数学大学。

国家农业大学，也称为凯图农业大学，是根据贝宁政府2013年3月20日颁布的213-140号政令，在前总统亚伊的推动下成立的。亚伊在对亚洲国家进行国事访问期间，尤其是在参观了河内大学的植物生物技术实验室后，萌生了在贝宁创办一所专门的农业大学的想法。在阿波美-卡拉维大学两位农业教授克莱芒和高乃伊的推动下，2007年12月6日，贝宁部长会议做出筹建农业大学的决定。

在此后的6年间，阿波美-卡拉维大学和帕拉库大学的农业科学教授为新的农业大学的诞生做出了很大的贡献。2008年5月5—6日，两所大学的农学教授和国家农业研究院的研究员在贝宁的恩达里市汇聚一堂，开展建校可行性研究。2008年5月18—25日，让·克罗德·科迪亚教授率领代表团出访欧洲，参观了荷兰的瓦格宁根大学和比利时的让布鲁农学院后，更加明确了如何建立新的农业大学，并争取到这两所大学的技术支持。

2011年1月21日，贝宁部长会议最终在支持高等教育发展的框架下，颁布了2011-9号政令，批准成立国家农业大学筹备委员会。筹备委员会在凯图和萨凯泰成立了两个大学研究中心，这两个中心后来成为国家农业大学的主要校区。2012年7月18日，部长会议批准了筹备委员会提交的报告，确定国家农业大学于2012—2013学年开始招生。

正如国家农业大学的校训"科学、创新、专业"所示，该校的教育使命是保证农业方面的教学、科研与就业市场和农业发展需求相适应，刺激农业经济快速发展，并且培养一批具备科技革新能力的农业科学家和技术人员。

由于国家农业大学创办时间尚短，因此招生规模有限，除2020年以外，每年的招生人数都没有超过1 000人（见表6.4）。学校有凯图、萨凯泰、阿德若乌恩和伊蒂尼四个校区，属于规模小但专业性较强的大学。虽然招生人数少，但也在一定程度上缓解了两所综合性大学的招生和就业压力。该校由9所学院构成,专业更加细分,也更加注重理论与实践相结合,特别是注重职业教育人才培养,本科和硕士阶段都如此。另外,该校也提供了学术方向的培养,本、硕、博三个学科层次齐全,无论是职业型硕士、专业型硕士还是学术型硕士,都可以申请在本校的博士生院进行学术深造。

表6.4 2014—2020年国家农业大学学生人数变化[1]

年份	学生总人数	男生人数	女生人数	女生占比
2014	634	509	125	19.72%
2015	745	584	161	21.61%
2016	854	687	167	19.56%
2017	755	610	145	19.21%
2018	787	631	156	19.82%
2019	799	644	155	19.40%
2020	1 068	854	214	20.04%

国家科技、工程和数学大学是贝宁创建的第四所公立大学,隶属于高等教育与科学研究部,是一所拥有独立法人资格和行政财政自主权的学校。2016年10月13日,贝宁政府决定颁布2016-638号政令,宣布继阿波美-卡拉维大学、帕拉库大学、国家农业大学之后,成立第四所公立大学,主要发展自然科学、工程技术和应用数学等学科。

国家科技、工程和数学大学面向所有具有高中毕业会考证书或同等学力证书的高中毕业生招生,不分国籍、种族、性别、宗教和社会阶层,招生规模大于国立农业大学,但远远低于阿波美-卡拉维大学和帕拉库大学(见表6.5)。

---

[1] 资料来源于贝宁数据库官网。

表6.5 2017—2022年国家科技、工程和数学大学招生人数[1]

年份	学生总人数	男生人数	女生人数	女生占比
2017	3 656	3 089	567	15.51%
2018	4 581	3 902	679	14.82%
2019	4 540	3 900	640	14.10%
2020	4 876	4 163	713	14.62%

根据现行规章制度，国家科技、工程和数学大学有权授予学生高等教育各层次的学位和文凭，例如职业本科学位、工程学预备文凭、设计工程师文凭、应用科学硕士学位、工程学硕士学位、应用科学博士学位等。该校现有四个校区，分别位于阿波美、纳蒂廷古、达萨祖梅和洛科萨。

国家科技、工程和数学大学的校级领导层主要由校长、副校长、秘书长和学校会计组成，各学院的院长和副院长由校长任命。贝宁部长会议任命了该校新一任校长约阿基姆·吉蒙·格贝努教授，他于2021年10月15日就任，副校长科穆兰·阿利斯蒂德·乌恩干同时就任，两位校级领导都表示要提升学校在教学、科研、创新方面的活力，开展高校间的合作交流，率领学校迈进新时代。

三、私立高校

（一）贝宁科技大学

贝宁科技大学是西非地区一所重要的私立大学，位于贝宁的经济首都

---

[1] 资料来源于贝宁数据库官网。

科托努。该校始建于 1996 年，创办者弗雷德里克·多乌教授最初把学校命名为高等技术学院，2002 年 10 月 18 日贝宁政府及高等教育与科学研究部颁布的第 67 号决议把该学院更名为贝宁科技大学。

贝宁科技大学具备法人资格和独立的教育教学、科研、行政管理、财务管理自主权，是一所兼具科学研究、文化推广和职业培养性质的高等教育机构。校内共有 6 所学院（法学院、经济学院、管理学院、基础和应用科学学院、文学-艺术-社会科学学院和农学院）、5 所专科学校（企业管理高等专科学校、传播学高等专科学校、工业技术高等专科学校、应用信息技术高等专科学校和工程-矿产地质高等专科学校）和 1 个研究中心（撒哈拉以南非洲管理学基础与应用研究中心）。这些机构分布于科托努的两个校区和波多诺伏的一个校区，总占地面积为 15 公顷。

贝宁科技大学提供的教学项目多样，不仅有全日制教育和继续教育，还能对通过实践学习获取知识的学生进行认证和颁发文凭，在科技领域颁发 80 个专业的证书，分别是 28 个专业的大学专科文凭、13 个专业的本科和硕士文凭和 39 个专业的博士文凭。从 2007 年起，贝宁科技大学的 27 个专业文凭获得了非洲和马达加斯加高等教育委员会（简称非洲高教委）的承认。

贝宁科技大学的科研工作主要由撒哈拉以南非洲管理学基础与应用研究中心承担，该研究中心非常重视科研质量，致力于发展与国际科研机构的合作关系，研究方向包括文化传播、信息技术和技术转让。

贝宁科技大学从建立之日起就努力发展与国外大学（尤其是欧洲大学）的友好关系，建立国际交流合作网络，最早与法国普瓦捷大学开展校际交流。从 2009 年起，贝宁科技大学继续扩大国际合作，加入了非洲科技类大学联络网，与区域内其他非洲高校建立了良好的合作关系，如与科特迪瓦科技大学、多哥科技大学等学校签署了校际合作协议。另外，贝宁科技大学也是国际大学联合会的成员之一，与全球 150 多个国家的大学开展学术交流活动。

（二）科学和信息技术管理高等学校

为了西非的经济发展和满足西非大量高级管理和技术人才的需求，科学和信息技术管理高等学校创始人投入了大量时间、精力和财力，通过了多哥高教部、贝宁高教部和加蓬高教部的审核，获准了招生资格。学校分别于1994年在多哥，2005年在贝宁，2012年在加蓬建立校区，这也决定了它的跨国私立高等教育机构性质。由于该校在学生培养的理论研究和实践应用方面都具有较高水平，因此很多专业被非洲高教委审批通过，并获得招生权。在该校取得的文凭也得到了以上三国高等教育部和非洲高教委的承认。

学校的教育使命是为西非国家培养在会计、财务管理、商业贸易、信息技术、通信和电力等领域能力出众、朝气蓬勃、具有强烈的责任感的高级人才。经过十余年的教育教学实践，该校取得了较为丰硕的成果，学生就业率在西非地区名列前茅。该校在贝宁的校区主要培养金融学、会计学、市场营销、人力资源管理、信息通信技术等专业人才。

学校拥有现代化的基础设施和优美的校园环境，软硬件设施齐备，师资力量较为雄厚，教学材料齐全，图书资源丰富，拥有实体图书馆和电子图书馆。同时学校还搭建了在线教育平台，提供高质高效的远程教学。

为了应对全球化挑战，学校与包括法国滨海大学、阿尔图瓦大学、巴黎商学院、贝宁高等行政管理和法官学院在内的国内外高校建立了校际合作关系，一方面扩大自己在国内外的影响，另一方面获得更多目标高校对本校学历文凭的认可。为了实现理论学习与实践结合，更好地帮助学生进入职场，提高就业率，学校与部分大型信息技术公司和助学行动非政府组织签署了合作协议，使之成为学校的实习基地。

（三）非洲遗产高等学校

非洲遗产高等学校是一所具有专业特色的私立高校，在非洲文化遗产的保护和传播领域首屈一指，面向文化遗产领域的从业者开设本科层次的学历教育，预计之后会开设硕士教育。这是一所被非洲联盟承认的泛非区域高等教育机构。非洲遗产高等学校的日常运行和遗产保护活动得到了40多个国际合作伙伴的资助，包括20个非洲法语国家和6个非洲葡语和西语国家。

非洲遗产高等学校于1998年11月11日在贝宁的波多诺伏正式成立，但在此之前，学校已经以文化资产保护和修复国际研究中心的形式存在了12年，是贝宁第一个致力于文化遗产保护的机构，为非洲的博物馆挖掘了很多宝贵的文物。从1990年开始，该研究中心在非洲46个国家的61家博物馆进行了调查，发现大部分博物馆都面临着藏品不全、损坏、无人管理保护的窘境。

非洲遗产高等学校和阿波美-卡拉维大学、巴黎第一大学、意大利文化遗产保护与修复国际研究中心合作，开设博物馆、档案学、图书馆学等选修课。从2018—2019学年起，学校与阿波美-卡拉维大学合作，增设了文化遗产管理本科学位，联合招收全日制学生，具有高中毕业会考证书的考生可以申请入学，毕业后授予专业型本科文凭。由于这个本科专业的设立取得了巨大的成功，要求学校增设硕士教育的呼声越来越高。目前，学校正在筹备开设结合高精尖科研和实用硕士教育，以满足非洲地区国家对文化遗产保护的需求。

非洲遗产高等学校的职能并不局限于学历教育，它的目标是维护非洲遗产保护从业者的关系网络，推动实施关注遗产和文化价值保护的社会经济发展项目，面向公众提供文化遗产发掘的培训项目，推动非洲文化遗产保护书籍的编写、出版和推广工作。因此，该校一直坚持开展各类文化活动，开展遗产保护的学历教育或短期培训，为从业者提供咨询，面向公众进行宣传等。它所保护的遗产类型多样：博物馆藏品、图书和古籍资料、非物质文化遗产等。建校以来，700 多名来自 38 个国家的文化遗产保护专业人员参加了该校组织的培训或研讨会。该校还组织了 10 场展览、若干次国际会议、20 多次调研，出版了 60 多本报告、会议论文汇编。

非洲遗产高等学校没有接受任何国家或国际组织的直接资助，是极少数需要自筹经费以满足自身运转的学校。该校每年预算约 15 万欧元，所需资金的 66% 来自其组织的培训活动、研讨会和学历教育培训，其余来自学校基金会。

第二节 高等教育的特点

随着高等教育与科学研究部的建立，贝宁高等教育发展日益蓬勃。在政府部门的规划和指导下，贝宁高等教育受教育人数大幅提升，但教育资源分配仍然不均。

一、受教育人数大幅提升

贝宁青年一代相较于他们的父辈、祖辈更加渴望接受教育，这一点从每年高中毕业会考人数和通过率的大幅提升就能够看得出来。21 世纪之前，贝宁高中毕业会考仅有 10% 左右的学生通过，但是到 2016 年左右，高中会考通过率已经达到 30% 以上（见表 6.6）。[1]

---

[1] 资料来源于贝宁日报《贝宁 24 小时》。

表6.6 2012—2016年贝宁高中毕业会考情况

年份	高中毕业会考人数	通过率
2012	96 873	37.20%
2013	103 050	32.49%
2014	110 884	23.71%
2015	116 865	34.27%
2016	115 322	30.13%

大学生的入学率由每10 000人中大学生所占比例来表示，这个指标在近十年间基本保持稳定：从2011年的1 293人轻微上升到2013年1 350人，但在2015年又微降至1 220人。除了几大公立大学之外，贝宁建立了很多隶属于公立大学的高等教育中心，这些中心建立在不同城市，使得高等教育资源不再集中于少数地区。在中心学习的学生可以减免学费，这更有利于普通学生接受高等教育，因此2013年的入学率达到峰值，但是到2015年贝宁高教领域为了保证教学质量，对学生入学人数进行了控制。

二、教育资源分配不均

近年来，贝宁高中毕业会考通过率大幅提升，高等教育蓬勃发展的同时，也遭遇到了扩招过快、学生总数超过学校接受能力和人才培养无法满足就业市场需求的挑战。75%的高中毕业会考证书获得者都会要求进一步深造，学生人数逐年上涨（见表6.7）。他们偏爱公立大学，尤其是阿波美–卡拉维大学，大约50%的考生会申请这所大学。此外，贝宁的性别不平等现象从高等教育入学情况也可以看得出来，平均说来女生仅占学生总数的四分之一。

表 6.7　2010—2020 年贝宁公立高校入学学生人数变化 [1]

年份	学生总人数	男生人数	女生人数	女生占比
2010	63 212	48 493	14 719	23.29%
2011	65 052	49 565	15 487	23.81%
2012	69 688	51 430	18 258	26.20%
2013	97 148	74 739	22 409	23.07%
2014	109 270	82 604	26 666	24.40%
2015	94 223	70 427	23 796	25.25%
2016	79 623	58 468	21 155	26.57%
2017	88 871	65 447	23 424	26.36%
2018	98 404	70 877	27 527	27.95%
2019	91 641	65 204	26 437	28.85%
2020	96 184	66 599	29 585	30.76%

到 2021 年时，贝宁接受高等教育的学生总数超过 10 万人。[2] 师生比进一步降低，教学资源分配不均等问题，导致学校无法保证教学质量，大批学生在考试中不及格，无法修满毕业所需的学分，最终无法毕业。有鉴于此，贝宁高等教育界也在策划建立更多的公立综合性大学，分散阿波美–卡拉维大学的压力。

---

[1] 资料来源于贝宁数据库官网。
[2] 数据来源于贝宁日报《时事要闻》。

第三节 高等教育的挑战与对策

尽管贝宁的高等教育得到了政府的持续支持、大力投入,但还是遭遇到很多困难。

一、高等教育的挑战

(一)规章制度落实不到位

贝宁高等教育相关的规章制度在制定和执行方面存在明显不足。首先,已制定完成的规章制度操作性不强,缺乏依据高等教育发展战略而建立的行之有效的规划系统,政府补贴并未依据现有数据或发展战略发放。其次,贝宁高校和就业市场(工业企业或雇主)之间缺乏真正的协调机制,也缺少相关职业培训、终身教育法律法规框架,以及失业毕业生的再培训机制。[1] 最后,教学大纲不适应国家社会经济发展需求,太注重理论学习和学科知识的掌握,很少关注学生的实际工作能力,教育主管部门对培养方案和教学大纲的修订不够及时。

(二)教学质量较低

从教学质量角度审视贝宁的公立高校,可以发现以下几个特点:本科教育质量堪忧,本科阶段学生的升级率过低,[2] 学生转专业困难,缺乏专业

---

[1] 贝宁的大学毕业生失业率一直居高不下,在15—29岁这一年龄层的劳动者中,大学毕业生2011年的失业率为27.9%,2015年为25.3%。

[2] 2009年,贝宁大学生升级率为55.8%,2013年仅为42%。

选择指导；人文社会科学发展过于强盛，占主导地位，影响了自然科学的发展；学生在学习专业知识上过于依赖教师；由于专业设置与就业市场的匹配度不足，且大学生的留级率和辍学率也居高不下，造成公立高校培养效率低下；缺乏定期进行学科评估的机制和教学质量保证机制；教学资料不足，实验室设备陈旧，图书资料仅限于硕士、博士论文和老旧版本图书。

从人力资源的角度来看，贝宁的高等教育领域尚未形成培养青年高校教师的环境。贝宁还没有形成高水平的师资招聘机制，教师和研究人员从数量和质量上均显不足，导致高校师生比例严重失衡。[1]教学基础设施和教学设备不足，对青年教师的吸引力不足。尽管贝宁政府采取了增加教师的招聘政策，但是截至2015年，公立大学学生总数为95 318人，而所有专业和类型的教师全部算上，总数仅有1 271名，师生比达到1∶75，离高教体制要求的1∶25的师生比相去甚远。教师队伍的职称比例也不太平衡，教授不足教师总数的10%，2014年教授职称的教师共106名，副教授213名，助理教授370名。[2]

二、高等教育的发展对策

贝宁政府制定的高等教育发展目标主要是培养适应现代经济社会需求、能推动国家发展、能力出众的干部。为了实现这一发展目标，贝宁政府在以下方面进一步加强了建设。

---

[1] 2008年，贝宁全国有高校教师和科研人员911人，2014年增长到1 186人，但师生比却从2008年的1∶48下降到2014年的1∶92。

[2] 资料来源于贝宁报纸《时政要闻》。

（一）提升毕业生就业质量

贝宁政府的经济发展政策是倾向于发展私营经济，因为私营企业经济能力的增长有助于解决高校毕业生的就业问题。因此，1990年之后的贝宁政府创立了一系列专门机构。例如，国家就业团结基金负责设计和实施职业预备实习教程大纲，大纲的主要目标是帮助青年学生获得最初的职场经验。管理提升及协助中心实施的各种帮助措施有助于实习生学到更多的技术和方法，培养他们的管理能力。

为了解决高等教育与就业市场不匹配和高失业率的问题，贝宁政府强调高等教育要注重培养学生的职业技术能力，更加注重高校的科研成果转化及应用推广。贝宁政府优先发展能够促进就业、促进经济发展的学科和专业，引导学生报考这类专业，给毕业生提供尽可能多的就业机会，同时发展相关专业的继续教育和职业培训；加强贝宁公立大学的报考、就业指导，建立行之有效的学生分流、填报志愿和就业指导机制；建立更多的高等职业教育学院，鼓励行业特色型大学更加专注于提升能促进经济发展的学科和专业的发展和质量。

为了促进职业教育的发展，贝宁政府对教育体制进行了改革，强化了中等职业教育和高等教育的衔接，凡是通过技术类高中毕业会考的学生可以继续报考技术类高等学校。贝宁政府也向获得职业技师证书的学生提供深造机会，这些人既可以通过自己的职业技能独立创业，也可以进入高等专科学校接受更进一步的职业技术培训。

（二）加强教育管理能力

贝宁政府计划建立和实施一套集教育规划、信息管理和跟踪评估于一体的管理系统，目标是：改善高等教育与科学研究的司法管理框架，建立高等教育质量评估署，强化贝宁国家科研与创新协调机制，制定并执行针对特殊群体的权利责任标准；定期推出发表科研成果的学术期刊列表，并对已在推荐名单中的学术期刊进行定期评估；制定高等学校中行政、技术、服务人员的招聘计划和招聘规程，并为已聘任工作人员制定培训计划，实施定期培训制度；发展一套有效的公立与私立高校合作模式，在建立司法管理和规则框架和在实施评估高等教育质量、管理标准和原则的同时，加强私立高校的作用。

第七章 职业教育

贝宁的经济领域分为正式经济领域和非正式经济领域,大部分就业岗位来自非正式经济领域。贝宁的职业教育主要由正规中等职业学校、职业技术大学、职业培训中心和行业协会等机构负责,正规职业教育主要采用理论学习模式,而非正规职业教育主要采用学徒制。正规职业教育主管部门是中等教育与职业教育部、高等教育与科学研究部[1],非正规职业教育主要由文化、手工艺、扫盲和旅游部负责管理。

第一节 职业教育的现状

一、职业教育的发展概况

自 1990 年以来,贝宁政府对职业教育越来越关注,认定职业教育对国家社会经济发展具有战略性作用。贝宁的中等职业教育分成正规中等职业

---

[1] 因为高等职业教育主要涉及公立大学中的私立学院、行业特色型大学和私立高等教育机构,在第六章已有所论述,而且贝宁的职业教育主要为中等教育,培养技师和技术工人,所以本章涉及的正规职业教育主要指中等职业教育。

教育和非正规中等职业教育。正规中等职业教育主要培养学生学习职业技术，保证学生毕业后能够直接进入就业市场，也为未来一些学生进入高等职业教育打基础，主要分为六大领域：科技管理、工业科技、农业科技、医疗科技、家庭与社会经济、酒店餐饮管理。培养方式有三种：寄宿制、走读制和混合制[1]。如果学生希望由国家负担学习费用，则需参加中等教育与职业教育部下属的考试处举办的入学考试，如果学生通过注册制申请入学，在被录取后则需要自费。

工业科技方向的中等职业教育学制为6年，分为职业初中和职业高中，初中毕业成绩合格者获得职业能力证书，高中毕业成绩合格者获得工业技师文凭。科技管理方向学制同样为6年，初中毕业获得职业能力证书，高中毕业参加毕业会考，如果学生有普通初中毕业证书，也可以从高一转入科技管理方向的职业高中。农业科技方向学制8年，初中和高中各4年，初中毕业成绩合格者可获得热带农业学业证书，高中毕业成绩合格者可获得热带农业学业文凭。自2009年以来，前贝宁国家社会医学学院和贝宁国家护士学校进行了教学改革，医疗科技方向的中等职业教育也有所改变，取得初中毕业证书的学生可以进入职业高中的医疗科技方向学习，学习2年后成绩合格者可以获得护理助手文凭，学习3年后成绩合格者可获得B类社会护理师文凭。2010年后，贝宁国家级护士和助产士的教育则在高等教育阶段进行。

但是从实践层面来看，贝宁中等职业教育更倾向于招收初中毕业生。初中职业技术学校的学生仅具有小学毕业证书，年纪相对较轻，无论从知识储备还是心理方面都难以应对职业教育的严格要求，尤其是工业科技方向的学习，对学生的要求更高。职业初中阶段的留级率也较高，很多学生无法拿到职业能力证书，也无法升入职业高中。另外，职业高中学生在高

---

[1] 混合制指融合寄宿制和走读制的培养方式。

三的及格率也相对不高。

　　非正规中等职业教育主要采用学徒制培养模式。近些年，为了将更多的辍学青少年重新纳入教育体系，让他们学会一门手艺，使其能够适应日新月异的科技社会，贝宁政府鼓励行业学习中心和职业培训中心对学徒进行培训，并优先发展这两类机构。前者主要接收失学青少年，在生产劳动中学习手工艺技能，成绩合格者可获得手工艺资格证书；后者接收小学毕业生或者初中毕业生，签署学徒合同后跟随工匠师傅学习技能，成绩合格者可获得学徒制体系下的职业资格证书。这两类机构80%左右是私立机构，2004—2006年注册学徒人数上涨很快，2004年有908人，2005年迅速增加到1 370人，2006年更是上升到了2 541人。2020年，注册学生总人数增长到8 000人。从2014年开始，行业学习中心每名学生可以获得6万西非法郎的预算补贴，职业培训中心的学生可获得10万西非法郎的预算补贴。根据学生人数的增长情况，10年间每家机构每年需要招聘24位教师，教师工资总数从2010年的5 700万西非法郎增长到2020年的5.84亿西非法郎。[1]

二、职业教育的规模

　　自1990年以来，贝宁政府就强调中等职业教育在国家社会经济发展中的重要性，宣布中等职业教育是继小学教育之后政府第二个优先发展的教育领域。从2001年起，政府对中等职业教育进行改革，实施2001—2006年五年行动计划，调整教育主管部门的设置，专门成立了中等教育与职业教育部。《贝宁十年教育发展规划》对中等职业教育进行了专门的发展规划。以上这些政策和措施使得中等职业教育的地位得到极大提升。

---

　　[1] Ministère danois des Affaires étrangères, Agence Française de Développement. Évaluation à mi-parcours du plan décennal du développement du secteur de l'éducation du Bénin (PDDSE 2006-2015)[R]. Cotonou：DANIDA, 2012.

政府加大对职业教育投入的倾向可以从各教育阶段的成本数据中看出来：和学前教育、高等教育不同，中等职业教育的成本增长迅速，甚至远远高于小学教育。表7.1显示，贝宁中等职业教育的成本是最高的，也是贝宁政府投入最多的教育层次。

表7.1 2006年和2010年贝宁各层级单位教育成本变化[1]

教育阶段	经常账目资金 2006（万西非法郎）	2010（万西非法郎）	差距百分比	所占人均国内生产总值百分比 2006	2010
学前	8.06	5.11	-36.5	23.2	13.8
小学	4.54	4.98	9.7	13.1	13.5
普通初中	3.78	6.48	71.4	10.9	17.5
普通高中	11.07	13.05	17.9	31.9	35.3
职业技术初中	39.73	77.19	94.3	114.4	208.6
职业技术高中	43.38	51.39	18.5	124.9	138.9
高等教育	46.36	34.36	-25.9	133.5	92.9

贝宁人民对中等职业教育的热情没有贝宁政府高。中等职业技术教育的快速增长得益于私立职业技术学校学生人数的增加，私立职业初中学生总数年均增长率为7%，私立职业高中为16%。而公立中等职业学校处于衰退状态，初中、高中学生总数年均增长率相应为3.8%和4.3%。2003—2004学年和2008—2009学年，无论是公立还是私立中等职业学校，从学生总数的角度看，其发展都处在停滞甚至倒退状态。职业培训的发展主要依靠私立职业培训中心的发展：2006—2007学年和2010—2011学年，参加职业培训的学员人

---

[1] Ministère en charge de l'éducation. Plan décennal de développement du secteur de l'éducation actualisé, phase 2013-2015[R]. Cotonou : Ministère de l'Éducation, 2013.

数年均增长率为7.7%，私立培训中心学员人数每年以11.1%的速度增加，而公立培训中心的学员总数以每年2.3%的速度减少。因此，加强公立职业教育，使之标准化，适应当代技术发展变化，显得尤为重要。[1]

正规职业教育各专业的人数变化反映出专业的热门程度，进一步反映出国民经济的发展需求。近年来，学生选择的专业主要转向工业和农业领域。统计数据表明，2000—2001学年，33%的中等职业教育学生选择工业技术，这一数字在2006—2007学年增长到36%。学习农业技术的学生从2000—2001学年的14%增长到2006—2007学年的28%。相反，行政管理和医疗卫生专业的学生总数同期均有大幅下降，分别从33%下降到22%，19%下降到12%（见表7.2）。[2]

表7.2 2000—2001学年、2006—2007学年贝宁中等职业教育各专业学生人数占比 [3]

单位：%

专业	职业初中 2000—2001学年	职业初中 2006—2007学年	职业高中 2000—2001学年	职业高中 2006—2007学年	合计 2000—2001学年	合计 2006—2007学年
行政管理	15	4	44	30	33	22
工业技术	48	38	24	45	33	36
农业技术	18	28	12	27	14	28

---

[1] Ministère en charge de l'éducation. Plan décennal de développement du secteur de l'éducation actualisé, phase 2013-2015[R]. Cotonou : Ministère de l'Éducation, 2013.

[2] Banque internationale pour la reconstruction et le développement/Banque mondiale. Le système éducatif Béninois. Analyse sectorielle pour une politique éducative plus équilibrée et plus efficace[R]. Wanshington : Document de travail de la Banque Mondiale, 2009 : 26.

[3] Banque internationale pour la reconstruction et le développement/Banque mondiale. Le système éducatif Béninois. Analyse sectorielle pour une politique éducative plus équilibrée et plus efficace[R]. Wanshington : Document de travail de la Banque Mondiale, 2009 : 26. 职业高中2006—2007学年数据总和超出100%，笔者认为原始数据有误。

续表

专业	职业初中 2000—2001学年	职业初中 2006—2007学年	职业高中 2000—2001学年	职业高中 2006—2007学年	合计 2000—2001学年	合计 2006—2007学年
医疗卫生[1]	17	23	20	7	19	12
酒店餐饮	2	3	0	0	1	1
家政社会服务	0	4	0	1	0	2

2010年，贝宁中等职业学校学生总数为41 870人，2020年达到72 638人。[2] 公立职业教育机构和私立职业教育机构合作频繁。为了吸引更多的私立机构提供农业或工业技术教育，从2014年起，贝宁政府为部分私立职业教育机构学生提供相当于公立职业教育机构学生培养经费15%的补贴，这些补贴主要用于减少地域差异和性别不平等。再加上行政管理和教学经费的支出，中等职业教育领域获得的经费从2010年的56亿西非法郎增长到2020年的129亿西非法郎。[3]

第二节 职业教育的挑战与对策

贝宁政府从1998年12月起就采取了加强职业教育培训的政策，大力发展职业教育，以促进经济发展。例如，贝宁政府于1999年2月建立了继续教育与学徒培训发展基金，向企业和个人提供经济援助，用以提升非正式

---

[1] 医疗卫生专业学生人数减少，主要是因为从2002年起一些私立护士学校关闭，从2004年起公立护士学校（贝宁国家护士学校、国家医疗学院）也不再招生。

[2] Ministère en charge de l'éducation. Plan décennal de développement du secteur de l'éducation actualisé, phase 2013—2015[R]. Cotonou, 2013.

[3] 资料来源于全球伙伴关系网。

经济领域员工的工作能力。2007年，该基金资助了194个培训项目，10 865人得以受益，29家企业向基金提交了培训计划，其中三分之二的培训项目涉及非正式经济领域。这类培训对于那些没有机会在学校继续学业的人来说相当重要，可以帮助他们更新知识结构，提高工作能力，同时转换行业、更换职业。[1]

但是，贝宁的职业教育也面临着三大挑战，即人才培养与就业市场缺乏协调、教育质量低和公平性差、职业教育管理落后。针对这些挑战，贝宁做出了相应的对策。

一、人才培养与就业市场的协调

人才培养与就业市场需求相吻合，对每一个教育层级都非常关键。由于职业教育直接对接就业市场，人才培养与市场需求协调成为制定教育发展政策的最重要依据。世界银行的调查研究表明，2006年，贝宁25—34岁的中等职业学校毕业生中有17%处于失业状态，69%的中等职业学校毕业生处于高学历低就业状态。[2] 另外，贝宁政府为制定《贝宁十年教育发展规划》而做的调查表明，中等职业教育的人才培养与就业市场的现实情况脱节，中等职业教育机构很少会对就业市场急需的工种进行人才培养。

面对上述问题，贝宁政府采取了如下手段：建立一个运转良好的普通中等教育和中等职业教育的衔接机制，让更多的学生接受良好的职业教育，

---

[1] Banque internationale pour la reconstruction et le développement/Banque mondiale. Le système éducatif Béninois. Analyse sectorielle pour une politique éducative plus équilibrée et plus efficace[R]. Wanshington : Document de travail de la Banque Mondiale, 2009 : 25.

[2] Banque internationale pour la reconstruction et le développement/Banque mondiale. Le système éducatif Béninois. Analyse sectorielle pour une politique éducative plus équilibrée et plus efficace[R]. Wanshington : Document de travail de la Banque Mondiale, 2009 : 182.

这样既可以调节学生流向，又可以帮助贝宁年轻人更好地进入职场；建立包括所有中等职业教育合作伙伴的合作机制，尤其邀请私营经济领域的企业进入培养机制；从国家层面和地区层面分别评估就业市场的需求，为满足市场实际需求，增加中等职业教育专业设置，使其多样化。

与此同时，贝宁政府加大了对中等职业教育的宣传力度，建立了招生导向系统，公布可靠的数据，向公众说明职业出路、毕业生的发展方向等等，以此改变中等职业教育在家长和学生中间的负面形象，吸引更多学生。另外，《贝宁十年教育发展规划》计划在教育系统内部发展便于中等职业教育学生自由流动的转科制度，学生可以从一个专业转入另一个专业，也能有机会进入普通中学。然而，从改革成效看，改革具体措施实施不力。协调人才培养和就业市场的措施仅处于制定政策和准备文件阶段，没有进行实质性的行动。2009年，贝宁政府颁布了建立贝宁中等职业教育全国委员会的政令，这个委员会计划吸纳中等职业教育的所有相关参与者和合作伙伴，但是这个政令至今还没有执行。

出现改革措施完成度不高的结果，主要是因为管理模式落后、低效，项目资金不到位，或者资金使用分散。改革无法获得足够的资金支持其项目的实施，很多项目仅仅启动，后期无法推进，最终无法达到预期效果。

二、教育质量与教育公平

贝宁中等职业教育的教学质量总体上并不乐观。《贝宁十年教育发展规划》进展评估显示，中等职业教育面临两难局面：一方面，考试合格率一直较低，并未因实施教改措施而有大幅度提升；另一方面中职毕业生面临越来越大的就业困难，初次就业难且工作职位不稳定。某些专业的考试合格率接近100%，但另一些专业的合格率却在14%—54%的区间波动。

在此背景下，贝宁政府提出了四项战略措施来改善中等职业教育的质量：监督学生的学习过程，组织好各类考试，提升学生的学习效果；加强教师继续教育，建立完善的教学督导制度，改善师生比；通过引入新的教学方式、改善教学环境来提升教学质量；按照最新的能力教学法重新审阅、修订教学大纲，或制定新的教学大纲。

然而，从实际效果来看，贝宁中等职业教育的教学质量未见起色。2006年职业高中考试合格率约为72%，2009年考试合格率为52.93%。近几年参加职业技术资格证书考试的考生通过率虽然接近100%，但是参加学徒培训并报名参加考试的考生数量相当有限，可见在学徒培训过程中，学生的辍学率还是相当高的。[1]

公平问题一直以各种形式存在于贝宁社会之中，而教育公平问题一直是贝宁中职教育中的一个重要问题，贝宁政府需要重视在教育中最容易受到损害的群体，如女性群体和残障人群，增加他们进入就业市场的机会，提高他们在职场中的竞争力。

在《贝宁十年教育发展规划》中，贝宁政府继续实施促进女生入学的战略，在提高女生入学率的同时，也采取一些措施帮助女生更容易进入原本很少涉足的专业领域，或者为女生设置适合她们的职业技术专业。中等职业教育大纲为社会弱势群体（包括残疾儿童）设定了教育目标和教学项目。

但在实际操作中，这些推动教育公平的措施又最容易被放弃。到目前为止，几乎没有一项措施被彻底执行。为女生开设的职业资格证书项目也局限于较为传统的美容美发和裁缝等职业。另外，贝宁70%左右的劳动人口是农业人口，但是贝宁中等职业教育并没有完全把青年农业人口的专业培训工作纳入教育体系。贝宁的非正式农业技术培训发展很缓慢，大部分农业人口都是在实践中学习种植技术，很少掌握农业理论、技术革新、经济管理、资

---

[1] Ministère danois des Affaires étrangères, Agence Française de Développement. Évaluation à mi-parcours du plan décennal du développement du secteur de l'éducation du Bénin (PDDSE 2006-2015)[R]. Cotonou, 2012.

源利用方面的知识。而农业职业教育发展缓慢又直接导致农业生产力发展缓慢，农业附加值低。

三、职业教育管理

2001年，贝宁政府专门成立了职业教育部，该部主要负责管理正规中等职业教育（公立、私立职业教育机构）和非正规教育（学徒制）。中等职业教育获得比以前更多的关注度。2006年，职业教育部与高等教育与科学研究部合并，组建了高等教育与职业教育部。2008年，贝宁教育主管部门重组，成立了中等教育与职业教育部，但实际上到2011年职业教育主管单位才正式和中等教育部合并。

由于中等职业教育会涉及小学教育和高等教育，是贝宁教育发展中的重要一环，需要协调和管理的事务错综复杂，因此《贝宁十年教育发展规划》对中等职业教育的管理措施进一步加强。但是很多管理改革行动没有真正实施。贝宁政府用于中职教育的资金、预算有限，导致该教育层级缺乏合理的管理策略，缺乏实际的领导和监督机构，没有对教学持续收集数据，也缺乏对已有数据的系统处理。因此，政府很难对中等职业教育的内容和发展方向进行有效的监督和引导，更不用说与就业市场相协调。

尽管困难重重，贝宁政府试图从以下几方面加强中等职业教育：加强教育主管部门和经济机构及其他一切有关各方的合作和同盟关系，重启中等职业教育改革，建立一个符合各方利益的改革机制；动用现有的物质、人力、财力资源，建立有效的中等职业教育跟踪–评估机制，用可信的数据评估教学质量，通过数据判断教育机构提供的专业教育是否与就业市场相符；推动建立战略发展计划，严格按照问题的轻重缓急确立解决顺序，以避免有限的资源被分散使用；对不同的技术培训成本及其资助方式进行比较分析，建立起适合中等职业发展的投资方式；优先发展针对弱势群体的职业技术教学，特别关注残疾群体、女性群体的专业学习与就业市场的协调性，为他们提供就业机会；强化对年轻学生的专业引导和就业指导，建立帮助年轻人自主就业的辅助机制，同时建立起有效的转科制度，尤其是帮助学徒生转入正规教育体制；中等职业教育优先发展《减贫促发展战略》[1]中提到的经济领域及其需要的专业技术，并依据经济环境变化动态调整。

综上所述，贝宁政府一直在为中等职业教育的发展努力，但是仅政府一方无法协调中等职业教育发展过程中的各种矛盾，需要政府、正规职业教育机构、企业和国际合作组织各方协同一致，通力合作，寻求更有效的改革方式，逐渐摸索出一条行之有效的改革路径。

第三节 双元学徒制改革

在西非各国纷纷开展职业教育改革的背景下，贝宁双元学徒制改革兴起于20世纪80年代末到90年代初，是在国际援助机构的倡导下开展的。它体现了西非地区职业教育政策的转变，代表着西非地区职业教育体制改革的发展方向。

一、改革动因

贝宁双元学徒制改革有其必然性，是外部宏观经济转向、青年就业危

---

[1]《减贫促发展战略》是贝宁政府从2003年起实施的促进国家经济发展的系列改革政策，第一阶段为2003—2005年，建立贝宁与国外合作伙伴的合作纲领性框架。第二阶段为2007—2009年，把促进人力资源发展作为国家经济发展的基础，以深化教育体制改革，促进职业教育与就业市场需求的协调一致。第三阶段为2011—2015年，继续贯彻之前的政策。

机引起的客观需求和职业教育体系发展变化的双重作用的结果，两者同时为持续改革提供了推动力。

20世纪90年代，贝宁在国际货币基金组织和世界银行的帮助下进行了三次经济结构调整，推动经济市场化。但贝宁经济体制改革直接导致其正式经济部门缩减，贝宁经济呈现出以非正式经济部门为主导的发展趋势。尽管非正式经济部门可为失业人群和社会贫困阶层提供大量就业机会，但是其就业市场准入门槛低，竞争激烈，易于饱和，易使就业人员陷入"低技能—低生产效率—低收入"的恶性循环之中。解决这一问题的关键在于提升非正式经济部门的劳动生产率，而提升该领域现有从业人员的技能水平、培养该领域发展所需的劳动力就成为促进贝宁经济发展的重中之重。在这样的背景下，青年失业问题成为困扰贝宁政府的一大难题。贝宁人口年龄结构呈年轻化态势，因此青年劳动力市场面临巨大就业压力，青年失业率为中年失业率的两倍。青年缺乏劳动力市场所要求的就业技能，绝大多数青年就业集中在非正式经济领域，收入低下。因此贝宁政府需要探寻有效的职业教育模式，提升青年的就业技能。

在不断的发展变化过程中，贝宁职业教育主要形成正规职业教育和传统学徒制两种模式，但这两种模式各有利弊，都无法满足国家发展的需求。正规职业教育基础薄弱，培训内容陈旧，设施过时，受训人员缺乏实践机会，导致正规职业中学毕业生面临缺乏实践经验、所学技能与正式和非正式经济领域的要求脱节的困境。传统学徒制是贝宁贫困青年、农村青年及达不到正规教育入学要求的学生获得社会认可技能的唯一培训方式，有助于从业者传承和更新职业技能，学费相对低廉，也契合市场需求，就业率高，因此是贝宁发展最成熟的职业教育模式，居主导地位。学徒在实际生产环境中除了掌握市场所需技能外，还能习得经营管理、谈判技巧等多项技能，获得与同行交流的机会，打造个人关系网。学徒完成学业后通常可在所在实习单位就业、自主创业或通过家庭和社会关系网实现就业。但传统学徒制也存在体制不规范、培训质量不稳定等弊端。传统学徒制师徒之间的关系主要由口头或书面合同进行约束,相互之间的权利和义务无明确约定,如培训时长、内容、方式等,学徒仅以师傅个人或行业所使用的特殊准则作为完成学业的考核标准,缺乏相应的资格认证。传统学徒制培训质量不稳定,过于依赖市场和客户需求,学徒只能接触当前市场所需商品的某一生产环节,不了解整个生产过程,也不能精熟行业的所有技巧,培训效果取决于其实习单位所从事的工种、工作量、厂房设备、师傅的教学方式和技术水平。另外,由于师傅和学徒都缺乏理论知识基础,学徒难以理解实践操作背后的机理,自主创新能力差。

鉴于上述两种培养模式各自存在难以克服的弊端,贝宁政府于1993年正式实施双元学徒制改革,旨在建立一个与贝宁国情相适应、满足社会经济发展变化和可持续发展的职业教育体系。双元学徒制融合了传统学徒制与正规职业教育的优点,提升了国家职业教育质量,满足了国家经济转型期对技术工人的技术素质要求,也可以满足青年就业技能需求,缓解青年就业危机。

二、改革举措

双元学徒制改革主要采取了改组国家职业教育管理机构、组建职业继续培训与学徒制发展基金会、构筑双重国家资格认证体系等措施。

双元学徒制改革前,贝宁职业教育管理权分散在初等教育与中等教育部、高等教育与科学研究部、职业教育部等相关部委。改革开启之后,双元学徒制改革由职业教育与培训理事会专门负责。[1]2001年，在此基础上，该机构下设职业教育理事会和职业培训与技能发展理事会，前者负责管理正规职业教育机构，后者管理职业继续教育与传统学徒制培训。2006年，政府部门再次进行调整，把职业教育部改组为高等教育与职业教育部。2007年夏，成立中等教育与职业教育部，侧重管理中等职业教育事务与双元学徒制改革项目。

为了利用国外资金来推进双元学徒制改革，提高资金使用效率，贝宁政府于1998年成立了国家培训基金会来筹措和管理改革资金，为双元学徒制改革面向全国推广提供资金保障。各行业组织、职业培训中心等机构和技工师傅等培训人员，在基金会登记注册后可申请培训资助。该基金会提供专项经费，用以促进贝宁正式和非正式经济部门职业技能培训的发展。基金会的融资途径多样，主要有三大经费来源：政府税收、行业组织捐助和国际援助机构的资金援助。调配资金的方式通常分为两种：一是采取定向分配的方式，培训补贴分为学徒专项补贴、技师继续教育补贴和特困人群技能提升补贴三项；二是在项目和正规职业教育机构间进行分配，一般面向国际援助机构定向资助的项目或院校。

贝宁政府联合贝宁的行会组织重新确立了职业资格认证体系，建立了职业资格证书和职业技能资格证书两个标准化认证机制，这两个资格证书各有侧重，为双元学徒制的推广奠定了基础。职业资格证书对技术工人的教育水平要求较高，凡年满14岁、教育水平达到小学四年级以上的技师均可参加考试。2006年，高等教育与职业教育部第0012号法令提出具体的评估方式：理论成绩占30%，实践成绩占70%；过程评估和最终评估也要保持平衡，分别占60%和40%。过程评估以企业和培训机构填写的学徒日志

---

[1] 1998年，职业教育与培训理事会增设了三大职业教育管理机构：职业教育与培训部，负责管理正规职业教育机构；公共职业改革管理部下设的职业继续教育理事会，管理国家职业继续教育发展事务；工商企业管理部下设的就业与培训理事会，负责提升国民就业技能。

为基础，评估人员不定期考察学徒在企业和培训机构的表现，填写工作实践评估表和整体评估表。职业技能资格证书是为受教育程度有限的技工准备的，对其所掌握的技能给予国家认证。2005年，贝宁国民议会通过第117号国家法令，规定年满16岁、接受过技能培训且达到一定技能水平的技工均有资格申请职业技能资格证书。贝宁国家技工联盟为主要认证机构。双重资格认证规范了双元学徒制的教学体系，为改革指明了发展方向，使非正式教育的职业技术培训走上了正轨，也提高了企业技师与学徒参与改革的积极性。

双元学徒制改革采取了新型的以项目为核心的课程设置方法，把企业置于主导地位，由行业组织主导课程开发，课程设置和课程监管均以企业需求为首，国际援助机构和正规职业教育机构的代表也参与课程设置。改革整合了通识课、专业理论课与实践课，立足于具体岗位要求，把生产、管理、服务等实际内容作为课程核心，建立起与职业岗位具体业务密切联系的项目化课程体系。这一改革使得理论与实践课程相互补充、相互融合，既丰富了职业教育课程的内容，行业组织又可以根据当地市场来调整具体的课程设置，使其符合当地经济发展的需要。

为保证教育培训质量，行业组织和国际援助机构作为第三方力量参与了项目监管。行业组织对具体教学进行监督，国际援助机构采取定期评估的方式对项目运行进行评估。行业组织和国际援助机构是项目的主要资助者，因此也承担了监督的职责。评估结果将影响职业教育机构在业界的声誉，也能决定今后项目的承办权。除监督、评估之外，行业组织和国际援助机构还针对项目开展过程中的困难提供帮助。这种第三方监管机制在一定程度上保证了双元学徒制项目培训质量的稳定性。

三、改革经验

经过多年的发展，贝宁双元学徒制改革已走出一条突破职业教育发展困境的道路，实现政府、企业、职业教育机构多方共赢，为西非地区国家职业教育改革积累了宝贵的经验。

首先，贝宁双元学徒制改革的前提是政府肯定了传统学徒制在实践领域中的积极作用，融合正规职业技术教育体制在理论教学上的优势，消除传统学徒制企业技师的隐忧，吸引他们加入双元学徒制改革之中，实现职业教育体制改革的平稳过渡。

其次，贝宁双元学徒制改革充分利用国内外资源，开展多元合作，合作涉及四个层面。第一个层面是贝宁政府与国际援助机构的合作，通过国际合作引入新的教育理念，推动了对原有体制的改革。在国际援助机构的帮助下，贝宁政府改组了职业教育管理机构，并颁布了相关法令，建立了双元学徒制的改革基础。国际合作弥补了国内资金的不足，国际援助机构提供了很大一部分改革资金及后续的技工创业资金支持。第二个层面是政府与国内机构的合作。在双元学徒制改革过程中，政府与行业组织、雇主联盟、工会等社会团体进行多方面协商合作，如改革政策拟定、资格认证构建、课程设置、学徒技工选拔与考核等。贝宁政府在改革中兼顾各方利益，各个机构在改革过程中提供人力和物力支持，形成良好共赢的局面。第三个层面是国际援助机构和行会组织的合作，在合作过程中，国际合作机构没有直接介入，而是选择了具体的行会组织作为它在贝宁的"国内代理人"。这种介入方式保证了项目符合贝宁国内的要求，既把教育理念本土化，又减少了文化上的冲突，还可以使国际援助机构成为真正的引导者和监督者，保证了先进理念的落实。第四个层面是正规职业教育机构与企业之间的合作，两者之间采取了地区就近合作的方式，权责明确。从上述改革措施，我们可以看出校企合作是双元学徒制改革的灵魂，合作过程体现了以实践性为主导的理念。校企合作使双元学徒制项目的教学与地方经济发展共生共长，培养出的人才能满足地方经济发展的需求，是对原有职业教育体制的突破。

最后，在双元学徒制改革过程中形成了多元协商决策机制，提升了政策的科学化和民主化。其改革政策的制定经过了四大步骤：第一，政府部门在国际援助机构代表的协助下进行内部协商，形成政策草案；第二，行业组织牵头对市场技能需求进行调研，形成意见书，呈交政府审核；第三，政府组织了多方代表研讨会，与会代表由行业企业代表、正规职业教育机构、雇主联盟、大型工会代表等利益相关者组成，各方对政策进行讨论，最终达成共识；第四，政府以法令形式将决议制度化。这种多元协商决策机制把不同利益相关者的意见融入决策，通过决策平衡多元主体利益，充分反映各方需求，也契合市场需求。

贝宁双元学徒制改革的运作过程充分体现了管理、咨询、信息、决策的一体化，决策法制化、规范化使整个改革有法可依、有据可循。其创新之处在于运用公共教育政策来解决非正式经济领域的技能需求，采用统一有效的手段来解决多元结构化与非结构化的经济培训与技能发展问题，保证改革持续向前发展。

第八章 成人教育

贝宁的成人教育通常指扫盲教育，是非正式教育体制中一个重要的组成部分，也是正规学校基础教育的延伸。成人教育包括各教学层次的教学内容和教学方法，对于提高整个国家的人口素质非常重要。成年人通过职业技术学习，培养工艺技术能力，丰富知识，提升职业技术资格。失学、辍学人员通过成人教育重新规划发展道路，改变学习态度和学习行为，独立自主地参加国家社会、经济、文化发展活动。贝宁成人教育的教育对象为年龄 15 岁及以上的失学或辍学人群，这部分人群有其特殊性，无法归入学校教育体系，也不由教育部门负责。从 2001 年起，扫盲教育由文化、手工艺、扫盲和旅游部负责，该部门主要管理所有与成年人责任、义务、再教育相关的一切事务，包括制定扫盲政策、建设和管理扫盲中心。

第一节 成人教育的现状

成人教育属于基础教育的一部分，也是一种替代教育，原则上面向所有公民，不分种族、性别、宗教信仰、文化背景和社会阶层，无论其是否有教育基础，是否掌握读写能力，掌握何种语言能力，一律享有平等接受扫盲教育的权利。该教育分为两个阶段，第一阶段为初始扫盲教育，旨在提高学习者的基础读写能力，第二阶段为后扫盲教育，旨在提高学习者的职业、生存技能。

一、成人教育的发展概况

成人教育的目标是使文盲人群的知识和能力达到基础教育初级阶段的水平，即小学毕业水平，并且以职业教育为导向，给辍学、失学青年再次受教育的机会，通过双语（本民族语言 / 法语）学习和掌握基础的学科知识，接受职业教育启蒙。受过扫盲教育的失学青年，如果达到小学毕业水平，可以注册参加双元学徒制培训，成绩合格者可获得职业资格证书。培养和加强学习者的各项技能是扫盲教育中贯穿始终的要求。根据社会、文化、经济形势的发展需求，这种非正式教育融合了各种教学方式和不同类型的知识、能力获取方式，尤其注重培养学员的手工艺技能。

实际上，成人教育在贝宁教育领域具有非常重要的地位，其原因在于贝宁人口扫盲率极低，整个国家人力资源质量低下。贝宁 61.2% 的人口从未上过任何学，即使入学，大部分人也止步于小学教育。

成年人的扫盲教育主要在公立和私立扫盲中心进行。截至 2015 年，贝宁全国共有 2 553 家公立扫盲中心，另有一些由非政府组织和其他志愿组织管理的私立扫盲中心。凡自愿学习识字写字、掌握基础读写能力的成年人都可以报名进入扫盲中心学习，学习期限为 6 个月。学习内容主要包括社会经济、文化、卫生、健康、环境、公民权益等主题。[1]

虽然成人教育不具备强制性，但近年来扫盲中心的注册人数呈螺旋上升的趋势。扫盲教育的教学质量保持稳定，考试及格率稳中有升（见表 8.1）。城市

---

[1] Ministère en charge de l'éducation. Plan décennal de développement du secteur de l'éducation actualisé, phase 2013-2015[R]. Cotonou : Ministère de l'Éducation, 2013.

比农村更加重视人口素质的提升，成年男性比女性文化程度更高，15—24岁青年的扫盲率远远高于成年人总体情况（见表 8.2），即使如此，贝宁依然饱受地域发展不平衡、性别不平等之苦。此外，成人教育的财政经费占比不足整个教育经费的 1%。

表 8.1 2005—2015 年贝宁扫盲教育情况 [1]

年份	2005	2008	2011	2013	2015
扫盲中心数量（所）	1 115	1 627	1 206	2 110	2 553
每年注册人数（人）	25 272	42 494	37 796	50 075	60 591
每年毕业人数（人）	20 237	33 838	20 598	38 699	51 506
毕业率（%）	80.08	76.82	79.16	85.00	90.00
考试及格率（%）	89.35	89.05	91.67	95.00	97.00

表 8.2 2010 年贝宁扫盲率 [2]

单位：%

扫盲率	成年人扫盲率	15—24 岁青年扫盲率
全国	38.5	65.5
城市情况	57.9	78.2
农村情况	25.6	55.6
男性	49.9	74.0
女性	28.2	56.6

为了社会的稳定和经济的发展，贝宁政府比较重视成年人扫盲教育，师生

---

[1] Ministère en charge de l'éducation. Plan décennal de développement du secteur de l'éducation actualisé, phase 2013-2015[R]. Cotonou : Ministère de l'Éducation, 2013.

[2] Ministère en charge de l'éducation. Plan décennal de développement du secteur de l'éducation actualisé, phase 2013-2015[R]. Cotonou : Ministère de l'Éducation, 2013.

比除了2005—2007年略有恶化外（达到1∶36/38），常年保持在1∶25左右。

成人教育在很大程度上弥补了贝宁正式教育体制的不足。扫盲教育机构使得没有完成小学学业的失学或辍学青少年还有机会学习读写，提高自己的谋生能力，全国文盲人数也因此缓慢下降。2010—2020年，需要接受扫盲教育的人数每年大约上涨10%左右，2020年达到97 582人。2020年之后，由于贝宁各级教育的进步，扫盲人数逐步减少。成人教育的人均成本从2010年的13 715西非法郎增长到2020年的40 000西非法郎，总支出从5.2亿西非法郎上涨到39.0亿西非法郎，大部分支出用于建造扫盲中心和相关基础设施。[1]

二、与正式教育互为补充

除了弥补正式教育（即学校教育）体制的不足，成人教育对正式教育起到了监督、评估的作用，也是对正式教育的有效补充。成人的读写能力保持率是正式教育质量的一个重要评估指标。对学生来说接受小学教育最重要的目标是，掌握最基本的知识和技能，即便是在离开学校系统一定年限之后（尤其是6年后），依然保持良好的读写能力。西非地区国家使用读写能力保持率作为教育质量优劣的一个评判指标，人们读写能力保持得越好的国家，扫盲教育质量也越好。贝宁国家经济分析与统计局于2010年开展的家庭生活条件综合调查（以下简称综合调查）显示，贝宁绝大部分接受过正式教育的成年人都保持了良好的读写能力，正式教育很好地起到了普及基础知识的作用（见表8.3）。

---

[1] 资料来源于贝宁教育部（四个主管部门联合发行）的《贝宁十年教育发展规划》。

表 8.3 2010 年贝宁 22—44 岁成年人的读写情况 [1]

读写情况	曾接受过学校教育	未接受过学校教育	合计
会用法语读写的人数	487 353	44 663	532 016
不会用法语读写的人数	58 893	1 056 480	1 115 373
会用法语读写的人数比例	89.2%	4.1%	32.3%

从表 8.3 可以看出，绝大部分接受过正式教育的成年人还能保持识字状态，但是未上过学的人口中有 95.9% 完全不识字，这就说明了贝宁的小学教育在提高人口读写能力方面起到了重要作用。在受过正式教育的人口中，仍有 10.8% 的人未从学校教育中受益，其知识和阅读能力不足以使他们在成年阶段依然保持识字状态。从这点可以看出，正式教育是提高扫盲率的必要条件，但仅仅依靠正式教育还是不够的。很明显，成年人在校受教育年限与保持识字状态、具备读写能力的人数成正比。一般来讲，在校时间小于或等于三年的成年人中，仅有 50% 仍然具备读写能力，如果学历达到六年级，则会有 90% 以上的人依然具备读写能力。几乎所有上完八年级的人到成年之后依然具备读写能力。这项综合调查说明，随着时间的推移，早辍学的人很容易重新成为文盲，需要再接受成人教育。

扫盲教育机构和正式基础教育机构携手加强宣传力度，保证在校学习的青少年减少辍学，失学或辍学青少年能够进入扫盲培训机构进行扫盲继续教育。为了提高贝宁人口的扫盲率，提高学习者的在校保持率，扫盲机构和正式教育机构引入民族语言进行教学，实行法语-民族语言双语制，在小学教育阶段保证学生获取最基本读写能力。此外，扫盲教育机构成为正式教育的有力支撑力量，帮助失学、辍学人口提高读写和计算能力。

---

[1] Ministère en charge de l'éducation. Plan décennal de développement du secteur de l'éducation actualisé, phase 2013-2015[R]. Cotonou : Ministère de l'Éducation, 2013.

第二节 成人教育改革

贝宁政府近年来非常重视发展成人教育，从 2007 年 10 月起，贝宁政府就在《贝宁十年教育发展规划》框架的指导下开展试验，实施"在实践中学习"行动战略。为使 49 737 名文盲（其中 50% 以上为妇女）掌握基础知识，帮助他们解决日常生活问题，贝宁政府选择了 12 个私人参与方进行行动战略试验，旨在到 2015 年将 15—49 岁人口的文盲率从 63% 降低到 50%。这个行动战略使得贝宁建立起一个更加完善的教学机制，培养足够的扫盲培训师，更好地协调公立和私立扫盲机构的教学活动。

贝宁有关成人教育的政策均出现在各类教育发展规划中，其中比较重要的两个政策为《贝宁十年教育发展规划》中的《扫盲与民族语言推广计划》和《2018—2030 年教育规划》，对提高成人教育的教学质量、实用性和功能性提出了明确的要求。

一、推出《扫盲与民族语言推广计划》

《扫盲与民族语言推广计划》的其中一个重要方面是将 15 岁及以上的文盲纳入扫盲和再教育培训项目内。

贝宁政府的政策强调扫盲教育应注重实用性、功能性，其主要目的是使接受扫盲教育的人能够从中受益，自主生活，远离贫穷，依靠知识进行有收入的经济活动，通过掌握语言融入社会生活。为了达到上述教育目的、降低国家的文盲率，贝宁政府采取了诸如促进学生实践的教学策略、重新制定扫盲教学大纲等措施。

（一）实施实践教学策略

贝宁成人教育改变了以往只注重读写和简单算术的传统教学模式，实行实践教学策略，帮助学习者获得职业技能。这一策略始于 2011 年，第一阶段是由贝宁本土扫盲机构和 30 家非政府组织合作，在贝宁各地使用扫盲学习者本民族语言进行项目教学。该项目分为两个教学阶段，每个阶段又分为两个等级。扫盲和成人教育处负责协调、统筹、监督、评估扫盲中心的教学活动。经过教学评估后，这种实践教学策略及其相应的创新教学法向全国推广。

（二）重新制定扫盲教学大纲

贝宁政府重新规划扫盲教育的大纲，优先发展扫盲教育，更新教学工具。其他措施还包括借助国内和国际合作伙伴的力量，加大扫盲培训师的招聘力度，聘请有专业知识的兼职授课人员，同时也关注培训师的继续教育，加强他们的教学能力。

（三）开展民族语言教学试验

贝宁政府在教学中不再强调法语的教学语言地位，在教学中引入民族语言，也更加重视民族语言的教学，保证学生通过本民族语言学习基础知识。

贝宁在正式教育中引入了民族语言教学，实施效果良好，文化、手工艺、扫盲和旅游部随即在扫盲教学中也增加民族语言教学，一方面可以提高学习者的本民族语言读写能力，另一方面使用本民族语言学习法语可以加深对法语语法规则的理解，更有利于法语学习。近年来，贝宁实施了若干次使用民族语言教学的实验，取得了良好的效果。这些教学试验由贝宁国家民族语言教学指导委员会主持，已经在小学一、二年级实验了几轮，扫盲教育领域在此期间向学校正式教育靠拢，加强合作，也进行了类似的实验项目，扫盲培训师积累了很多经验，扫盲培训的教师、学生、管理者对新的培训大纲和教学模式提出了自己的意见。另外，贝宁教育部门制定了《扫盲教育与推动民族语言行动纲领》，将民族语言当作知识传播的媒介语言，提高民族语言的地位，旨在降低文盲率，促进贝宁人民的自主能力。对此，贝宁政府投入了一笔不菲的资金（见表8.4）。

表8.4 2013—2015年贝宁政府针对成人扫盲教育中民族语言的资金投入[1]

单位：万西非法郎

目标	资金投入			
	2013年	2014年	2015年	共计
保证贝宁所有15岁及以上的文盲平等地参与扫盲与成人教育项目	97 198.2	136 008.1	177 671.2	410 877.5
推动民族语言发展，提高民族语言地位	36 787.6	41 793.1	53 122.4	131 703.1
改善成人教育以及扫盲教育领域的管理和指导，推动民族语言发展	26 396.8	26 303.1	24 300.1	77 000

二、落实《2018—2030年教育规划》

贝宁《2018—2030年教育规划》（以下简称《规划》）对成人教育提出了新的要求：大力发展小学教育之后的各教育层级，其中也包括成人教育，来进一步降低贝宁15岁及以上人口的文盲率。《规划》要求贝宁的人口扫盲率要从2016年的11%提升到2021年的13.5%，到2025年达到15.5%，最终到

---

[1] Ministère en charge de l'éducation. Plan décennal de développement du secteur de l'éducation actualisé, phase 2013-2015[R]. Cotonou : Ministère de l'Éducation, 2013.

2030 年要达到 18%。同时,《规划》还要求到 2030 年,贝宁的整个教育系统要保证 15 岁及以上人口在实现扫盲、完成小学基础教育后,能够接受高质量的职业技能强化培训,保证他们具备独立生活能力,成功进入社会、跨入职场。为了实现这一目标,《规划》制定了如下发展目标。

教育部门计划翻新教学机构设施,改善教学环境,提高扫盲教育机构的接收能力。设计并发展适合扫盲教育和终身教育课程大纲的培训工具、教育教学材料等。设计具有创新性、能与正式教育衔接的教学大纲、教学项目;制定适用于成人教育培训中心的实践教学方法和干预方式的指导方针;改革成人教育的学生能力评估体系。

为了实施扫盲教育的实践教学战略,发展基于实践教学战略的速成教学方法,力求改善并提升私立扫盲教育机构的教学环境,在全国范围内提供特殊的实践教学项目,推动建立扫盲教育信息系统和资金监管机制,建立成人教育的资金协调系统。

要想实现以上发展目标,贝宁政府及各参与方必须投入巨大的资金予以支持。2015 年,贝宁政府在成人教育上投入了 2 230 亿西非法郎,《规划》预计到 2030 年将投入 25 040 亿西非法郎。《规划》还规定从 2019 年起,贝宁国内外合作机构每年提供学习者参加速成课程的培养费用约 2 200 万西非法郎,预计到 2030 年,这笔培养费用将达到 3.6 亿西非法郎。在提高扫盲学员入学率和保持率方面,《规划》特别要求非政府组织加大在扫盲教育和扫盲教师培养方面的参与力度,也要求各级地方媒体加大扫盲教育的宣传力度,尤其在扫盲教育的职业技术培养方面。

第九章 教师教育

无论是学前教育、基础教育还是高等教育，贝宁教育质量堪忧主要体现在留级率、辍学率居高不下，师生比不合理，学生毕业困难等方面。教育质量主要由师资、教育教学材料、教育基础设施等因素决定，而影响教育质量最重要的因素之一就是师资问题，这个问题可以从教师资格，教师的初始教育、继续教育等方面进行分析。

第一节 教师教育的现状

教师本身的受教育程度对学生的教育质量起到了很重要的作用。研究表明，教师接受 3 个月培训后对学生进行教学，学生的学习效果就会明显增强，具有高中毕业文凭的教师比没有该文凭的教师的教学成绩要好得多。

一、教师教育投入

正如前面几个章节提到的那样，贝宁各教育层级或多或少地遇到了师资紧缺的问题，教育质量不尽如人意。贝宁政府从 21 世纪初开始加大教师教育方面的投入，三个主要教育主管部门均增加了对师资培养的资金投入（见表9.1）。

表9.1 2010年和2015年贝宁教师教育公共支出[1]

部门或高校	2010年（亿西非法郎）	占比（%）	2015年（亿西非法郎）	占比（%）
学前教育与初等教育部	822 610	52.3	1 011 930	47.6
综合师范学校和国家教育培训与研究学院	13 230	0.8	26 030	1.2
中等教育与职业教育部	482 160	30.6	654 240	30.7
国民教育师资培训中心	—	—	2 300	0.1
高等教育与科学研究部	265 100	16.9	459 510	21.6
高等师范学校	—	—	9 110	0.4

从表9.1可以看出，贝宁教育主管部门在21世纪的第一个十年依然以小学教育和小学师资培养为主要发展方向，针对中等教育和高等教育的师资培训投入刚刚起步。小学和中等教育师资培训的投入主要集中在教师工资、教学资料和设备等方面，教育支出侧重于小学教师的师资培养（见表9.2）。

---

[1] 资料来源于全球伙伴关系网。

表9.2 2015年小学和中等教育的教师教育经费支出 [1]

单位：百万西非法郎

学校类型	工资支出		资产与服务	社会事务	合计
	教师工资	非教师工资			
综合师范学校	64.1	2.3	86.8	95.0	248.2
国家教育培训与研究学院和国民教育师资培训中心	33.9	—	1.2	—	35.1

近年来，具备教师资格的教师比例有所上升，小学阶段有45%—50%的教师已经具备教师资格，中学阶段具备教师资格的教师约占教师总数的13%—27%。[2] 尽管如此，具备教师资格的教师数量还是严重不足。另外，尽管女性教师在女童上学和提升女生在校保持率方面具有积极作用，但是女性教师占全体教师的比例依然很小。

二、"女童教育包"战略实施后的师资情况

在师资招聘和教师培训方面，"女童教学包"战略配合《贝宁十年教育规划》采取了一系列行动：其中320亿西非法郎的资金用于招聘新教师，1 350亿西非法郎用于提高现有教师待遇，另有约64亿西非法郎用于兴建6所地区级师范学校；在教师培训方面，投资了33亿西非法郎用于师范生教育。在2006—2008年，6 000名左右乡村教师接受了再培训，约3万名教师、地方政府官员、学生家长接受了关于性别平等、防治艾滋病、日常生活技

---

[1] 资料来源于全球伙伴关系网。

[2] Ministère en charge de l'éducation. Plan décennal de développement du secteur de l'éducation actualisé, phase 2013-2015[R]. Cotonou：Ministère de l'Éducation, 2013.

能的再教育。[1]

在上述行动的刺激下，公立学校的教师数量从2003—2004学年的21 450人上升到2006—2007学年的27 072人。师生比呈上升趋势，2003—2004学年为1∶55，2004—2005学年为1∶50，2005—2006学年为1∶47，2006—2007学年为1∶48；2006—2007学年的公立学校教师组成结构为42%的教师为国家编制教师，20%的教师为国家合同制教师，38%为乡村教师。[2]

2008年1月，贝宁颁布新教育政策，要求小学教师转变身份，将2007年前就业的所有乡村教师自动转为国家合同制教师，这样一来他们的工资全部由国家负担。这一政策极大地减轻了这些教师所属的乡镇和普通乡村家庭的负担。但是，随着这些教师自动成为国家合同制教师，贝宁小学教师的教育资格认证率大幅下降，从2004年的72.82%下降至2007年的51.31%。

三、小学教育教师培养现状

贝宁中等职业教育并没有包括师范类，并非因为师范专科教育不受重视，而是因为师范教育被专门独立出来，以加大师范生招生力度。近年来，贝宁学前教育和小学教育的教师缺口很大，6所综合师范学校全面招生，其接收能力已经达到最大值，这种情况下每年大约可以培养1 500名师范生。

贝宁小学教育的教师培训主要由各省市综合师范学校完成。综合师范学校大约从1987年起陆续创立，但由于1990年之后政府冻结了公务人员招聘，上述学校陆续停办。2006年3月，在波多诺伏、阿波美和朱古市各重

---

[1] Ministère de l'Enseignement Maternel et Primaire. Évaluation et actualisation du paquet éducatif essentiel (PEE) pour l'accélération de la scolarisation des filles au Bénin[R]. Cotonou, 2009.

[2] Ministère de l'Enseignement Maternel et Primaire. Évaluation et actualisation du paquet éducatif essentiel (PEE) pour l'accélération de la scolarisation des filles au Bénin[R]. Cotonou, 2009.

新开办了一所综合师范学校。报考综合师范学校的学生应具备初中毕业文凭，通过考试或者报名材料审核通过的方式录取，录取后接受为期一年的教学培训。从 2009 年起，培训时间延长到两年。培训结束后，学生可获得基础教学能力证书，[1] 具备五年教学经验后可获得教学能力证书。[2] 从 2008 学年春季学期开始，综合师范学校增加了幼儿教育专业，培养学前教育师资。另外三所综合师范学校于 2008—2009 学年重新开放，这三所学校的学制为两年，学生除了接受理论教育以外，还要到学校进行实习。在学业接近尾声时，学生要接受教学监察处的审核，还需要通过基础教学能力证书考试，最后参加公务员考试，考试合格者可成为教师。

贝宁政府已创办了若干个针对小学师范教育的项目，教师须完成这些项目才能获得教师资格，如学生行为纠正措施培训、推广启蒙活动培训等。另外，为使乡村小学教师转变编制身份后获得基础教学能力证书，政府开展了远程或面授培训。9 979 名乡村小学教师已经接受了为期三年的培训，在 2011 年 10 月进行的基础教学能力证书考试中，乡村小学教师的及格率为 80%，7 971 名教师获得教师资格；教师工资方面，2010—2020 年，国家编制教师工资总额上涨 10%，国家合同教师上涨 14%。[3]

小学教师继续教育以学区为单位定期开展，每个教学培训网由教学单位负责人、教学顾问、学区督学组成，培训网通过分析课堂真实情况，为提升小学教师教学能力提供了有力保障。通过听课，教学培训网的负责人确定十几个培训主题，并要求教师在一学年内培训完毕。每个主题培训会帮助小学教师解决他们工作中遇到的困难，帮助他们提升教学能力。截至 2013 年，已有 46 196 名小学教师接受了学生行为纠正措施培训，35 名小学督学进行了沉浸式实习。通过开展各类师资培训项目，贝宁 2010 年的小学

---

[1] 基础教学能力证书分为 C1、C2、C3 三个级别。

[2] 教学能力证书分为 B1、B2、B3 三个等级。

[3] Ministère en charge de l'éducation. Plan décennal de développement du secteur de l'éducation actualisé, phase 2013-2015[R]. Cotonou : Ministère de l'Éducation, 2013.

师生比达到了 1∶44.2，超过了原本制定的 1∶46.4 的目标。[1]

四、中等教育教师培养现状

中等教育的师资培养由高等教育机构负责。通常来讲，位于波多诺伏和纳迪丹谷的高等师范学校培养普通中等学校教师，而中等职业学校的教师由位于洛科萨的高等师范技术教育学校来培养。高等师范学校通过审核学生提供的申请材料（高考成绩或本科、硕士分数）来进行录取，选拔主要由高等师范学校教师委员会负责。如果被录取，希望获得中等学校教师能力文凭或技术学校职业能力文凭的学生将继续学习三年，国家将负担他们在高等师范学校就读期间的学费。相反，如果考生参加选拔失败，教师委员会会根据其申请材料决定是否录取其为自费生。师范生在开学后跟随教学顾问进行为期两周的实习，教学顾问是与师范生将来所教科目相同的教师。师范生在教学顾问的指导下准备教案，教案被批准后可分配到一个班级进行教学实习。教学顾问可以采取突袭的方式听课，以检验师范生是否能正常开展教学。师范生的理论课程通常在假期进行。在学业结束时，师范生首先要通过期末各项考试，然后督学对师范生学业进行检查，检查合格后宣布该师范生毕业。毕业后，师范生如参加国家公务员考试并成绩合格，则可以成为国家正式教师；如考试不合格，他们只能成为代课教师，或者在私立学校任教。

中学体育教师的培养由国家青年及体育学院承担（学制三年），在学业结束时，体育师范生可以考取体育辅助教师能力证书或体育教师能力证书。

在职教师的继续教育由国家教育培训与研究学院负责。该学院制定系

---

[1] Ministère en charge de l'éducation. Plan décennal de développement du secteur de l'éducation actualisé, phase 2013-2015[R]. Cotonou : Ministère de l'Éducation, 2013.

统的培训教程，并对希望参加培训的教师进行远程培训。另外，国民教育工作人员培训中心隶属于国家教育培训研究学院，也可以为教育机构的行政人员，如校长、学校会计、教育督学、教学顾问等提供培训。

具有各类教师资格证的中学教师，无论是在普通中等学校还是在中等职业学校任教，每周的课时数均为18小时，其中也包括相关教育活动课时，助理教师每周的课时数为20小时，也包括相关教育活动课时。如果教师工作时长超过规定时间，可以记为超课时，在工资之外发放奖金。

按照规定，教师招聘条件和工作条件对所有人员完全平等，招聘的基本条件、工资、升职和培训机会均等，不应存在歧视，在相同的工作条件之下，男性教师和女性教师同工同酬。

为了提升公立中等学校的教学质量，《贝宁十年教育发展规划》要求将师生比从1∶52.4升到2020年的1∶50。学校要减少代课教师的比例，在2010年代课教师教学时数占总时数的75%，到2020年要下降到30%。因此2010—2020年，贝宁每年平均需要雇佣727名教师，每年增加教师工资支出约16亿西非法郎。2010年，初中教师教育总支出为290亿西非法郎，到2020年增长到510亿西非法郎。[1]

第二节 教师教育的挑战与对策

一、教师教育的挑战

贝宁政府实施的转变教师身份政策，很大程度上缓解了贝宁小学教师

---

[1] Ministère en charge de l'éducation. Plan décennal de développement du secteur de l'éducation actualisé, phase 2013—2015[R]. Cotonou, 2013.

不足带来的教学压力，稳定了教师队伍，但是也引发了很多问题，尤其是大量乡村教师不具备教师资格，导致教师整体素质下降。

前文提到的"女童教育包"战略，是为了把学生保留在学校里，同时也为提高教学质量，向师生提供了三个层面的支持和帮助：第一个层面是为农村地区的学校提供更多的教学资料，进行教学资料管理的研究，向学校提出教学资料管理建议；第二、三个层面是为师生提供教学或生活便利，因为贝宁教师，尤其是乡村教师面临着很多实际困难。教师的困难主要集中在上下班过于艰辛，住房条件较差，通勤费过高，这些困难导致教师迟到或缺勤，疲劳也使教师的课堂教学效果较差。尤其是乡村地区，生活条件艰苦，缺乏生活必需品、饮用水和电灯、电视等，也缺少商店和娱乐设施，生活单调，导致年轻教师对乡村教育毫无兴趣。

教师教育的教学质量还有待提高。2011年贝宁对其教师教育进行了整体诊断，发现存在以下问题：教师和行政人员从人数到质量都不足以满足贝宁教育领域的需求；教师的职业发展前景不明，导致教师动力不足、倦怠明显；教师缺少改善教学质量所需的学习时间，师范生不具备良好的学习环境。

表9.3显示师范生在师范学习结束时的评估结果，无论是考取基础教学能力证书还是教学能力证书，教学语言听写等项目的合格率都极低：95.6%的参加基础教学能力证书考试的师范生和77.2%的参加教学能力证书考试的师范生在这项考试中成绩不理想；另外，近一半的基础教学能力证书师范生和七成以上的教学能力证书师范生也无法正确回答与听写相关的问题。但是除与教学语言相关的科目之外，平时成绩、答辩和教学实践的通过率相当高，接近100%。证书考试结果说明师范生不同科目的学习、教学水平差距很大，也说明毕业考试评估方式欠缺协调性和严密性。

表 9.3 2015 年综合师范学校毕业考试各项测试通过率[1]

单位：%

证书	听写	与听写相关的语言问题	普通教育学	平时成绩	答辩	应用教育	教学实践
教学能力证书	22.8	73.6	93.6	99.2	99.1	77.2	95.7
基础教学能力证书	4.4	49.7	65.9	99.9	99.8	63.5	96.3

毕业考试结果还明确表明，贝宁的小学教育师资培养还存在很大缺陷，在很大程度上陷入了恶性循环。师范生在进入教师岗位之前，在知识水平上有着极大的漏洞，在师资培养期间也没有有效的手段弥补这一缺陷，他们毕业时还不具备足够的知识水平和职业技能，因此在教学工作中没有足够的能力去批改学生作业，解决学生的学习难题。

二、教师教育的发展对策

（一）开展各类教师培训

贝宁的教师教育发展对策是在调查研究和整体诊断的基础上进行的，每一项改革措施都非常具有针对性。

贝宁教师教育的质量急需提高，贝宁政府对6—15岁的基础教育阶段的教学质量极其重视，专门制定了基础教育教师和教辅人员培训计划，其中包括：提高各级师范学校的入学学历门槛和毕业要求，设计一个适合新教育制度的教学大纲和课程体系，同时创造适合师资培训师自主参与教育教

---
[1] 资料来源于全球伙伴关系网。

学活动的环境；完善教学评估机制，建立健全过程性评估和终结性评估体系，能长期、有效地评估师范生和受训教师在学习期间学到的知识和技能；要在所有教师的教育和培训机构配备图书馆和实验室，完善教学资料和技术设备；在教师培训中引入数字化教学，增加信息技术的使用；在初中阶段采用双科教师制度，双科教师要在高等师范学校接受专门培训；在基础教育教学机构中建立教学组织网络，使教师间的交流更加密切；针对中等职业教育建立专门的教学培训项目，提升职业培训与学徒中心手工艺师傅的知识水平和教学水平；实施针对特殊教育教师的培训，提升聋哑儿童基础教育管理人员的职业技术水平，组织对聋哑和视障儿童教育教师培训，培训内容为盲文阅读和手语。

具体到乡村教育质量问题，为了提高已转变身份的乡村教师的教师资格获取率，贝宁国家教育培训与研究院组织了一个为期三年的师资培训。该培训以函授的形式进行，培训师通过邮件发放作业和练习，受培训的教师同样通过邮件交作业，每年每个省会在假期组织为期两周的现场培训，共三次。培训期结束后，学前教育与初等教育部考试处会组织考试并审核候选人材料，考试合格者可获得教育教学能力证书。对乡村教师的第一期现场培训已从2007年12月开始，两期共惠及10 140名公立小学和幼儿园教师。[1] 表9.4列出了不同批次、不同教育层级公立学校教师接受培训的人数。

---

[1] Ministère de l'Enseignement Maternel et Primaire. Évaluation et actualisation du paquet éducatif essentiel (PEE) pour l'accélération de la scolarisation des filles au Bénin[R]. Cotonou, 2009.

表9.4 2007—2008年贝宁乡村教师两期现场培训人数统计 [1]

单位：人

省份	第一期（2007年12月24日—2008年1月2日）小学教育	第二期（2008年3月21日—4月2日）学前教育	第二期（2008年3月21日—4月2日）小学教育	两期合计 小学教育	两期合计 学前教育+小学教育
阿塔科拉省和东加省	313	10	940	1 253	1 263
莫诺省和库福省	632	53	1 313	1 945	1 998
祖省和丘陵省	814	49	1 351	2 165	2 214
大西洋省和滨海省	737	53	790	1 527	1 580
博尔古省和阿黎博里省	471	40	811	1 282	1 322
韦梅省和高原省	1 078	28	657	1 735	1 763
合计	4 045	233	5 862	9 907	10 140

另外，在"女童教学包"战略框架下，联合国各级组织、多家国际组织与贝宁政府的技术、财务合作机构也对贝宁师资培训、教师待遇工作给予很大支持，采取了一系列实际行动提高师资质量（见表9.5）。

---

[1] Ministère de l'Enseignement Maternel et Primaire. Évaluation et actualisation du paquet éducatif essentiel (PEE) pour l'accélération de la scolarisation des filles au Bénin[R]. Cotonou, 2009.

表9.5 各类组织和机构在贝宁提高师资质量方面的行动 [1]

组织机构	行动
法国开发署	强化教师教学能力,招聘并分配教育技术专家
国际关怀组织贝宁分部	举办师资培训,为家长委员会提供培训,使这些教师或家长能够为学业有困难的学生提供课外辅导
贝宁教育活动委员会	举办师资培训
天主教救济会	强化教师教学能力
瑞士发展合作署	开展成年文盲的教育和扫盲
联合国儿童基金会	举行乡村教师培训,设计师资培训的战略、大纲和教程;培训师资培训师和督学,培训"儿童空间"辅导员;开展教师继续教育,奖励优秀教师
美国国际开发署	强化教师教学能力

针对2011年教师教育整体诊断中的问题,贝宁政府采用横向结合的方法,提出贝宁需建立教师和行政人员招聘、培训、职业发展和激发职业动力的战略性规划,规划主要内容如下:为了达到国家教育目标,每年评估师范生、在职教师和教学行政人员的进修需求;对教师的初始教育重新进行规划,对教学大纲进行修订,建立一个基于能力教学法的课程体系,实施更恰当的教学评估方式;强调师范生进行反思式教学实践,关注教师职业技能,尤其是知识的传授方式;引入大学教师参与综合师范学校的教学。

值得一提的是,在高等教育的教师教育方面,贝宁政府为了提高高校教师的资质,保障教育的质量和公平性,采取了以下手段:制定贝宁公立高校教师教学培训大纲,并实施教学培训;在公立高校中创立教研室,并使其高效运转;改进高校教师考核制度,要求强化公立高校中教学科研型教师的教

---

[1] Ministère de l'Enseignement Maternel et Primaire. Évaluation et actualisation du paquet éducatif essentiel (PEE) pour l'accélération de la scolarisation des filles au Bénin[R]. Cotonou : MEMP, 2009.

学能力；建设数字网络教学平台，并对高校教师进行线上教育培训；向学生和教师提供数字化教学学术资源，如网上图书馆、线上慕课、线上笔记、在线学习指导等。但是高校教师的成长不仅仅局限于教学方面，也需要在科学研究创新方面不断努力，取得进步。因此，贝宁高等教育机构和科研机构的管理和改革也提上了议事日程：管理机构将制定和实施一套融合教学科研计划、管理、信息沟通和跟踪评估的管理系统；制定教师和科研工作者发表论文的学术期刊目录；实施行政、技术和服务人员的培训和招聘计划，提升辅助、服务教师和科研人员的工作水平。

（二）加大对教师的激励力度

关于教师职业动力不足和职业倦怠问题，贝宁教育主管部门认为这并不仅仅是金钱和物质条件问题，应该全方位研究，通过坦诚、诚恳的对话进行商讨，采取有效措施，保证师范生和教师能够生活在稳定的社会环境中，拥有足够的学习和教学时间。对此，政府具体措施如下：强化国家教育委员会、教育指导委员会、教育协调委员会、教育规划技术秘书处等职能机构的作用；改善基础教育各级机构之间的沟通方式；积极发挥社会对话委员会的作用，预防危机事件的发生，要求该委员会增加开会的频次，定期召开会议，分析教师的诉求，在可能的情况下建立省级对话委员会帮助教师与政府或机构进行沟通，同时也向政府提出建议，帮助政府做出政策决策；重新审读社会对话委员会的管理文件和章程，使管理条例更有利于教育领域不同参与者之间的沟通和对话。

尽管薪资和物质问题不是引起教师职业倦怠的唯一原因，《2018—2030年教育规划》中依然提及，为了鼓励教师保持工作热情，2018—2030年，教师每年涨薪5%，教师工资总额会从2015年的658亿西非法郎上涨到2021年的799亿西非法郎，到2030年，将达到947亿西非法郎。师资培训师的工资总额会从 2015 年的 6.64 亿西非法郎上涨到 2030 年的 7.46 亿西非法郎。至于教学与运营费用，大约从 8.68 亿西非法郎增加到 9.60 亿西非法郎。由于上述提及的教师工资和教学经费支出上涨，《2018—2030 年教育规划》提出，师范生奖学金的支出应更加合理化，要适当减少。截至 2015 年，贝宁全国 6 所综合师范学校共培养在校师范生约 3 200 名，其中 74% 为奖学金获得者，贝宁政府要求逐渐降低奖学金获得者的比例，到 2030 年降到 50% 左右，师范生的培养津贴总额要从 2015 年的 9.50 亿西非法郎减少到 2030 年的 6.92 亿西非法郎。[1]

针对教师面临的生活困难，《贝宁十年教育发展规划》和"女童教育包"战略实施了以下行动和措施，为教师，尤其是合同制教师提供更好的福利待遇：在乡村落后地区，为教师提供廉租房，保证教师的住宿；如果一所学校从学区、省，甚至全国的角度上看，在学生入学，尤其是女童入学和教育支持方面取得了很好的成绩，该校教师会获得奖励，奖励可能是家用电器，如收音机或电视机，也可能是手机、家具或摩托车等。另外，在改善教师生活条件方面，贝宁政府要求在建设任何一个教学机构之前，要设计好各种便利设施，规划操场，预留自来水设施或打好水井，铺设电力网，安装洗手池等，提升师生的生活水准，尤其关注他们的健康、卫生及营养状况；为师生提供更好的体育、文化和娱乐场所，创造更好的文化生活条件。

建立良好的教师激励机制，对于提高贝宁整体教育质量具有重要意义。为教师提供良好的生活条件和适当的薪资报酬，可以避免教师因病、因生活困难而旷工或辞职，可以避免因教师待遇差给国家教育发展带来的不利影响。

---

[1] 资料来源于全球伙伴关系网。

第十章 教育政策与教育行政

教育政策是在一定历史背景下为实现教育基本任务、基本方针而制定的关于教育的行为准则，可以有效地解决教育问题，实现教育目标。教育政策具有导向作用、协调作用、控制作用和规范作用。随着时代的发展，贝宁的教育政策也随之变化发展。

教育行政是国家对教育公共事务的决策、组织、调控和管理活动，是国家和地方各级教育行政机关对各级各类教育事业的管理。[1] 贝宁教育行政的目的在于保障全体公民的教育权利，促进贝宁社会教育事业的发展。贝宁国家教育系统的行政组织最初是中央集中管理模式，后来逐渐实施教育管辖权力下放。

---

[1] 高家伟，教育行政法 [M]. 北京：北京大学出版社，2007：37.

第一节 教育政策

一、教育改革

被殖民时期,贝宁的教育政策法规由法国根据贝宁本土的社会经济发展需求制定,采用的是法属西非总督创办的殖民教育体系,这一体系一直延续到贝宁独立前。法国通过教育潜移默化地影响了贝宁社会经济文化等方方面面。1944年,法国在布拉柴维尔召开法属殖民地行政官员大会,强调进一步扩大海外殖民地教育覆盖面。第二次世界大战之后,为促进殖民地社会经济的发展,法国于1948年制定并公布了《海外殖民地现代化委员会教育报告》,指出殖民地教育应区域化发展,以匹配不同殖民地的需求。这一时期,贝宁的现代教育崭露头角,入学率在法属非洲殖民地国家中位居前列。1945年,贝宁入学率为3.3%,1950年上升至56%,[1] 在此期间,贝宁还培养了一批受过良好教育的国家行政人员。

1960年8月1日,贝宁前身达荷美共和国成立。在最初独立的12年内,贝宁仍旧采用法国的教育体制。1972年,克雷库政府拉开了教育改革的帷幕,本土化教育意识与理念随之觉醒。三年后,贝宁政府制定了一系列教育政策法规,鼓励建立新学校,让民族语言逐渐走入教育的日常。

20世纪70年代中期到80年代末,贝宁国内掀起社会主义浪潮,不仅影响了政治经济文化等方面,而且促进了贝宁教育体制的进一步改革。1974年,国家革命委员会制定一项教育改革计划,内容如下:整改国民教育体系以适应社会发展的需要;实现各地区之间教育机会的平等;放慢教育支出的增加速度,重新调整教育经费的分配;通过推行免费公立、世俗和义务教育,实

---

[1] 张宏明. 贝宁[M]. 北京:社会科学文献出版社,2004:287.

现教育机会的平等；注重实际技能的培训，使教育取得最大效益。

贝宁现行教育体制形成于贝宁共和国时期。20世纪80年代末，由于当时政府领导不力，贝宁的教育质量急剧下降，教育体制处在崩溃边缘。20世纪90年代，贝宁在国际货币基金组织和世界银行的援助下，积极推进国有企业私有化改革以及市场自由化，私立学校逐渐走入了人们的视野。1997年，非洲高校协会和世界银行联合起草报告论及非洲高等教育复兴的主题。[1] 此报告建议从以下几个方面对公立大学进行改革：设置校长任命模式；明确学校委员会和核心委员会的组织架构；核算财务账目和预算；调配生源和资源；规范人事管理和业绩考核；建设校图书馆；完善学生权益保障体系（包括住宿、交通、饮食和健康）；改善奖学金分配制度。[2] 但由于贝宁官方政府无法调节计划经济与自由市场之间的矛盾，高等教育改革也是阻碍重重。

自独立以来，贝宁政府一直坚定不移地大力支持公立学校的发展，同时也非常欢迎国内外企业家或者非政府组织来贝宁开办私立学校，逐渐形成了以公立教育为主、私立教育为辅和以职业技术为主、学徒制为辅的双轨制发展路径。与此同时，成人教育与教师教育也应运而生。

二、重要教育法令与规划

贝宁政府始终把教育列为国家重要发展领域，高度重视教育法令与规划的制定和发布，以更好地保障和推动教育发展。独立以来，贝宁制定的重要教育法令和规划有《2018—2030年教育规划》《贝宁十年教育发展规划》等。

---

[1] 奎德吉比. 日益私有化背景下的贝宁高等教育改革 [J]. 胡六月，译. 浙江树人大学学报，2013（13）：1.
[2] 奎德吉比. 日益私有化背景下的贝宁高等教育改革 [J]. 胡六月，译. 浙江树人大学学报，2013（13）：1.

2014年3月13日，贝宁政府颁布122/MESRS/DC/SGM/DRFM/DPP/SA号法令。为了提高高等教育的质量和公平性，该法令规定贝宁政府将增加在以下教育领域的投资：为教师提供资质培训和教学培训；改善大学基础设施和教育设施；为公私高校合作、创业合作和终身学习项目提供孵化平台等等。经过几年的努力，贝宁政府取得了以下成绩：在公立大学培训过程中推广教育技术；建立公私教育合作伙伴关系平台；增加学生专业实习的机会；设立联合培训研究项目等。

贝宁政府颁发的还有以下教育相关法令。1990年12月11日，贝宁颁布《宪法》，经过1990年2月国民议会的讨论，加强了教育在新的民主框架内的核心地位。2003年10月17日，贝宁政府颁布有关贝宁共和国国民教育的第2003-17号教育法令，废除了1975年以前的法令，规定教育是国家的第一优先事项。2005年10月6日，2005-33号法令发布，对之前的法令进行了修订；2016年7月20日，2016-427号法令颁布，规定中等教育与职业教育部的职权、组织和运作；2016年7月20日，2016-428号法令公布学前教育与初等教育部的职权、组织和运行；2016年12月21日，295/MEMP/DC/SGMlDEP/SAl049SGG16号文件公布小学教育司的职权、组织和运行；[1] 2016年12月21日，288/MEMP/DC/SGMlDIIP/SAI044SGG16号文件规定教育督查改革司的职权、组织和运行；2016年12月21日，297/MEMP/DC/SGMIDEMISAI050SGG16号文件，公布幼儿园教育司的职权、组织和运行条例；2016年12月，294/MEMP/DC/SGMlDEC/SAI051SGG16号法令发布学前教育与初等教育部考试司长等级、组织和运行条例；2017年10月27日，104/MESTFP/DC/SGMlDETFP/SAI090SGG17号法令公布职业技术教育司的职权、组织和运行条例；2017年10月27日，108/MESTFP/DC/SGMIDIPIQ/SAI089SGG17号法令发布教育改革和教学质量督查司的职权、组织和运行

---

[1] 资料来源于贝宁政府官网。

条例；2017 年 12 月 8 日，123/MESTFP/DC/SGMlDEC/SA/l01SGG17 号文件颁布中等教育与职业教育部考试司的职权、组织和运行条例；2016 年 9 月 21 日，362/MESTFP/MEMP/DC/SGMlIGPM/DESG/DETFPIDEP/DEM/SA 号法令制定贝宁共和国幼儿园、小学、普通中学、职业学校的 2016—2017 学年校历；2017 年 9 月 11 日，118 号法令制定贝宁共和国的幼儿园、小学、普通中学、职业学校中 2017—2018 学年校历；2018 年 1 月 17 日，004/MESTFP/DC/SGMlDESG/SAI088SGG18 号文件，公布普通中等教育司的职权、组织和运行条例。

第二节 教育行政

一、中央教育行政

（一）中央教育行政机构

贝宁的教育行政可以理解为三级管理体制。第一层级主要由教育部等中央国家机构组成，负责制定教育方面的国家政策。这一层级也包括一些教育部下属机构，如贝宁国立大学[1]和国家教育培训与研究学院等。根据 2001 年 5 月颁布的 2001-170 号法令，原教育部分为三个部级国家机构，一是初等及中等教育部，二是职业教育部，三是高等教育与科学研究部。教育部的这次重组，使得每个分部门都能在教育结构、组织和管理方面进行一定的革新。2009 年 6 月 12 日，2009-260 号法令对教育管理体制进行了再

---

[1] 即后来的阿波美-卡拉维大学。

次重组，国家级三个主要教育部门调整为学前教育与初等教育部[1]、中等教育与职业教育部[2]、高等教育与科学研究部。

需要指出的是，贝宁教育系统各级教学人员的管理归中央管辖，如招聘、部署、职业管理、薪酬制度等。学前教育与初等教育部负责设计、实施、监督和评估国家在儿童教育、初等教育和培训方面的总体政策。中等教育与职业教育部专门负责贝宁的职业教育管理及政策制定，于2003年通过《教育指导法》，建立起了相对完善的职业教育体系，该法还强调根据市场的需求制定中等和高等职业技术课程的人才培养方案。高等教育与科学研究部主要负责贝宁24所高等教育机构事务。此外，一部分非正式教育体制的工作或相关领域工作由其他部委管理：如扫盲教育、成人教育等由文化、手工艺、扫盲和旅游部负责；公立机构人员招聘和培训，尤其是师资招聘由劳动与公共事务部负责；卫生部下属的医疗信息与教育交流处通过三级管理体制由中央至地方向所有国民进行医疗服务和医学知识宣传教育。

贝宁政府在教育领域最关心的问题是如何做好教育体制内和体制外的协调工作。为此，政府成立了国家教育委员会，其主要职责是向公立教育机构提出管理建议和教育目标，为各级教育部提供执行国家教育法的具体措施建议。国家教育委员会由国家机构代表与教育、经济、社会、文化团体代表，以及由民主选举产生的教师和管理人员及学生代表组成。

（二）中央教育行政改革

1. 行政权力下放

目前，为了更好地满足贝宁人民对教育的需求，贝宁政府持续深化教

---

[1] 该部从2007—2008学年开始还负责扫盲和民族语言教学工作。
[2] 该部从2007—2008学年开始负责中等教育事务。

育权力下放与分散化发展，确保贝宁国家公共服务管理更加符合民意，更好地适应人民的需求，并提高公民对公共事务民主管理的参与度。

在学前教育、初等教育、中等教育和成人教育方面，1999年1月15日，贝宁共和国1997-29号法令第97条规定把建设和翻修学校基础设施的权力移交给符合条件的城市，如拥有托儿所和初等教育学校的城市，以及具有特殊地位的城市，如科托努。从理论上讲，贝宁政府计划把学校基础设施建设和维护方面的职权移交给市政当局，通过加强省长、市长、学区负责人、教学人员和学生家长之间的合作配合，更好地加强教育基础设施建设，促使学校的日常管理满足当地的实际需求。在学前教育与初等教育部设立权力下放与合作局。直到今日，学校基础设施的建设仍然高度集中在政府手里，包括外部融资的建设项目。

贝宁政府计划将部门政策地域化，改变公共投资的规划方式，并加速向市政当局交接技术和资源。2009年5月，国家地方财政委员会正式成立，此联合机构（政府和市政当局的代表）管理"权力下放支持基金"，该基金的长期目标是集中所有的资金，包括国内和国外的资金，已分配和未分配的资金。2010年，中央政府首次计划通过"权力下放支持基金"把国家预算中用于幼儿园和小学基础设施建设的资源分配到市政当局。在人力资源管理方面，各部人力资源局已将某些权力下放给各省厅，便于签署法令、行使归属权和制定法令。然而，各省局相应改革的力度仍然薄弱，没有与市政当局保持长期密切联系，各省局人力资源短缺是深化权力下放和分散化的主要障碍。

2. 教育经费调整

教育经费的数量主要依赖以下几个因素：国家总体的经济增长，国家的财政税收能力，国家为促进经济增长和减贫采取的预算策略。贝宁政府从 1990 年之后更加重视教育，教育经费全部由国家财政负担，其在国家年度财政预算中始终占有较大比重。从 1997 年以来用于教育的财政预算已经翻倍，2006 年对于 6—15 岁儿童的教育财政支出相当于国家总支出的 21%，而 2000 年时教育投入只占国家总支出的 17%。2013 年贝宁国家总支出的 22% 都投入在教育领域，约为国内生产总值的 5%，2014 年贝宁政府保证在 2014—2018 年，每年在教育上的投入达到国家预算支出的 27%，其中一半投入小学教育。[1]

与西非地区其他国家相比，贝宁在普通高中和职业高中的教育投入较少。2006 年用于高中教育的财政补贴只占教育总投入的 24%，而非洲其他国家对高中教育的平均投入达到了财政支出的 38%。贝宁中等职业教育的经费上涨，其单位成本相当于人均国内生产总值的 121%，但西非其他国家中等职业教育的单位成本已相当于人均国内生产总值的 129%。贝宁对高等教育阶段的教育投入在 1996—2006 年期间下降了一半以上。[2]

贝宁政府之所以减少了中等教育和高等教育的财政投入，主要是为了保证小学义务教育的实施，将大部分教育补贴都投入在小学阶段。2006 年，小学教育大约得到 53.6% 的教育经费。虽然贝宁政府对教育投入整体增加了预算投入，但是实际上每个学生获得的补贴并不一致，在教育体制内接受教育时间越长的学生，获得的资源越多。这也就解释了为什么只有 10% 的人获得了教育领域 48% 的公共资源，而女生通常只能得到 38% 的公共教育资源，男生则占据了 62% 的资源。学习时间较长的学生都出自富裕家庭，可见 57% 的公共教育资源被 20% 的最富裕家庭子弟占用，而最贫穷的 19%

---

[1] Banque internationale pour la reconstruction et le développement/Banque mondiale. Le système éducatif Béninois. Analyse sectorielle pour une politique éducative plus équilibrée et plus ecace[R]. Wanshington : Document de travail de la Banque Mondiale, 2009 : 65.

[2] Banque internationale pour la reconstruction et le développement/Banque mondiale. Le système éducatif Béninois. Analyse sectorielle pour une politique éducative plus équilibrée et plus ecace[R]. Wanshington : Document de travail de la Banque Mondiale, 2009 : 76.

的孩子只占了 5% 的教育资源。表 10.1 说明不同经济条件、不同地域、不同性别的贝宁青少年占用教育资源的情况。

表 10.1 2005—2006 学年贝宁各群体享受公共教育资源的比例 [1]

单位：%

群体	未入学	小学	初中	高中	大学	合计	人口占比
最贫穷人口	0	2	2	0	0	5	19
贫穷人口	0	3	4	1	0	8	20
中等收入人口	0	3	5	1	2	11	21
富裕人口	0	3	9	2	5	19	20
最富裕人口	0	3	13	7	35	57	20
乡村人口	0	8	15	3	5	32	63
城市人口	0	5	18	8	37	68	37
女生	0	6	13	4	15	38	49
男生	0	8	20	7	27	62	51

从表 10.1 中可以看出，贝宁的教育资源分配极其不均衡。举例来看，北部的阿黎博里省的儿童存在小学入学困难和毕业困难的问题，70% 的儿童难以入学，即使入学，也有 36% 的学生无法取得小学毕业文凭。初中教育的地域不平等更加明显，阿黎博里省只有 35% 的小学毕业生能够升入初一，而相对来讲，南部的莫诺省则有 80% 的小学毕业生可以升入初一。到了高中阶段，阿黎博里省只有 10% 的高中生能够正常毕业，而滨海省的高中毕业生比例则达到了 55%。[2]

---

[1] Banque internationale pour la reconstruction et le développement/Banque mondiale. Le système éducatif Béninois. Analyse sectorielle pour une politique éducative plus équilibrée et plus efficace [R]. Wanshington: Document de travail de la Banque Mondiale, 2009：76.

[2] Banque internationale pour la reconstruction et le développement/Banque mondiale. Le système éducatif Béninois. Analyse sectorielle pour une politique éducative plus équilibrée et plus ecace[R]. Wanshington：Document de travail de la Banque Mondiale, 2009：69.

贝宁教育经费经常捉襟见肘。从 2006 年起，贝宁各教育部委之间的预算经费重新进行了调整：小学阶段的预算由 2006 年占教育预算总额的 54.7% 下降到 2010 年的 49.4%，节省出来的经费用于中等教育；中等教育的经费从 2006 年的 19.8% 上涨到 27.8%，其中初中获得的教育经费增长较快，四年间从 12.7% 增长到 18.5%，缓解了这一层级的教育经费紧张；但是中等职业教育和高等教育的经费在四年间略有下降，分别从 4.8% 和 19.1% 下降到 3.7% 和 16.7%。从另一方面来看，贝宁的小学教育经费需追加到预算总额的至少 50%，才能够达到联合国全民教育计划建议的发展规模。[1]

另外，从 2010 年的统计结果来看（见表 10.2），贝宁的教育支出主要用于支付教师工资（64.6%），其他的支出大项还包括教学资料和服务、设备和基础设施、交通等。

表 10.2 2010 年贝宁教育支出

单位：百万西非法郎

学校与机构	薪资总数 教师	薪资总数 教辅人员	教学资料和服务	设备和基础设施	交通	奖学金 国内	奖学金 国外	合计
扫盲学校	0	0	219	60	265	0	0	544
学前机构	2 729	187	461	46	311	0	0	3 734
小学	56 504	3 880	9 541	952	6 445	0	0	77 322
综合师范学校	132	127	12	2	457	594	0	1 324
普通初中	21 562	4 128	1 489	761	217	0	0	28 157
普通高中	10 903	2 146	766	387	0	0	0	14 202

---

[1] Banque internationale pour la reconstruction et le développement/Banque mondiale. Le système éducatif Béninois. Analyse sectorielle pour une politique éducative plus équilibrée et plus ecace[R]. Wanshington : Document de travail de la Banque Mondiale, 2009 : 82.

续表

学校与机构	薪资总数 教师	薪资总数 教辅人员	教学资料和服务	设备和基础设施	交通	奖学金 国内	奖学金 国外	合计
初级技术学校	590	118	748	28	105	206	0	1 795
高级技术学校	1 376	298	1 771	67	249	27	0	3 788
职业培训学校	57	46	99	4	65	0	0	271
高等教育学校	7 919	2 727	2 302	132	5 261	7 435	734	26 510
合计	101 772	13 657	17 408	2 439	13 375	8 262	734	157 647

二、地方教育行政

贝宁的教育权力下放赋予了地方教育部门更多的责任和决策权，旨在通过提高政策透明度和社区参与度来改善教育成效。

学前教育与初等教育局隶属学前教育与初等教育部，负责省级托儿所和初等教育培训，制定儿童培养方案，在当地开展儿童文化活动等。中等教育与职业教育局隶属中等教育与职业教育部，负责在地方上宣传、执行国家教育政策，构成了教育管理体制的第二层级。教育局由督察领导，辅以一名或若干名教学顾问，教学顾问直接向教育局局长负责。教育局设在各省首府。这一层级的教育管理机构可被视为教育权力从中央下放到地方的标志。

例如，贝宁"经济首都"科托努市教育主管部门积极响应国家提高职业教育质量的号召，与中国宁波市合作成立办学机构，丰富职业院校境外联合办学发展模式，形成了多主体常态化沟通机制，对解决贝宁职业教育师资队伍薄弱的问题起到了至关重要的作用。

第三层级为以城市或专区为基础的学区管理部门，负责学区内的所有学校。各学校采取校长负责制，通常学校拥有教学委员会和卫生健康委员会两个管理机构，负责规划和监督教学活动，加强疾病预防控制，维护、建设校园卫生设施，落实学生保健工作。另外，无论是公立机构还是私立机构，无论是小学还是中学，都设有家长委员会，在学校的管理和运转中也起到重要的作用，例如，配合学校的教育教学管理开展助学活动，对包括食堂伙食、住宿等与学生利益相关的事务进行监督，广泛收集家长对学校的意见和建议并及时反馈。

第十一章 中贝教育交流

第一节 交流历史

中国与非洲是世界文明的两大发源地，两种文明交流的历史源远流长。早期交流主要是经济交流。早在西汉，张骞率使团出使西域，打通了连通中西方的"丝绸之路"，使团在西行途中到达过黎轩（今亚历山大城），这是中非交流的开始。以"丝绸之路"为基础，中非联系日益紧密。后来，随着海上"丝绸之路"的开辟，中非交流更加频繁，虽然此时还没有出现过教育方面的交流，但双方通过贸易往来彼此增进了文化了解，为日后更广泛的交流奠定了基础。

1949年之前，中非交往主要集中于商贸方面，很少涉及政治和文教。中国的丝绸、瓷器、冶炼技术等传入非洲大陆，而非洲的制糖和玻璃技术也传入中国，在这互通有无的过程中促进了中非文化之间的交往。

20世纪50年代，中国开始与非洲国家建交，1955年，29个亚洲和非洲国家参加了著名的万隆会议，旨在促进亚非经济和文化的交流合作。在会上，中国提出了和平共处五项原则，得到了与会各国的一致同意，中非之间翻开了友好往来的篇章。从1960年9月时任几内亚总统赛古·杜尔访问中国开始，到1991年9月，先后有48个非洲国家的国家元首、政府首脑对中国进行170多次访问。目前，已有53个非洲国家同中国建交，中非在政治、经贸、文化教育等各个层面开展了广泛而深入的交流。尤其是在教育方面，随着中非交流合作的日益密切，教育交流与合作不断深化，呈现由浅入深、由点到面的特点，从人员交流沟通，到项目、学校合作，再到全方位的教育合作，中非文化沟通增进了民心相通。中贝教育的交流合作，以我国恢复联合国合法席位（1971年）、中非合作论坛开幕（2000年）以及十八届三中全会召开（2013年）为重要节点，可以分为以下四个阶段。

一、萌芽阶段

1949—1971年为中贝交流合作的萌芽阶段。双方开启了教育方面的交流与合作，增进文化联系和相互了解。这一阶段交流合作的规模较小、形式单一，主要是互派留学生、教师和教育代表团。

由于贝宁独立时间较晚，1964年才与中国建交，两国才有了交流。独立之初的贝宁，由于法国人的撤离而存在很多技术空白。我国此时开展了对贝宁的援建，除了援建水坝、公路、通信设施、棕榈油生产厂等基础设施和工业设施外，还援助建设了一些学校。

二、发展阶段

1971年10月25日，第二十六届联合国大会决定恢复中华人民共和国在联合国合法席位和一切合法权利，标志着中国人民从此重新走上联合国舞台。在中国改革开放后，中非交往不断扩大，文化教育领域蓬勃发展。

（一）留学生数量和派遣教师数量持续增加

随着越来越多的非洲国家同中国建交，这一时期非洲对华派遣留学生的国家和人数大幅增长，并出现了自费留学生。数据显示，20世纪80年代，有43个非洲国家向中国派遣了留学生，人数达到2 000余人。20世纪90年代，有50个非洲国家向中国派遣留学生，人数达到5 000人以上，其中约有1 500多名自费留学生。来华留学生分布在中国100多所高校中，所学专业涉及医学、化学、农业、机械工程、计算机等，很多人获得了学士学位。这一时期，非洲国家向中国派遣教育交流代表团的数量也在增加，1980—1999年，非洲共派遣67个教师代表团赴我国交流。

不仅如此，这一时期中国对非留学生数量也逐渐增加。1991年，我国开始实施公费出国留学改革，国家教委留学生司在天津召开会议，确定以北京大学、清华大学、南京大学和东南大学等25个单位作为国家公派出国留学的改革试点单位，这些单位的国家公派出国留学人选不再经过国家教委组织的专家评审程序，改由各单位根据事业发展的需要和人才培养规划自行确定。[1] 此外，我国对非派遣教师的数量有所增长。在这一阶段，我国向非洲国家派出代表团近百个，派遣教师数量也从20世纪70年代的115人次增加到20世纪90年代的238人次。

1972年，贝宁与中国复交，在这之后两国关系发展顺利，联系增多，两国关系也不断加深。中贝两国也通过互派留学生和教师的方式开展教育领域合作。1996—2002年，中国共援助贝宁3名教师，虽然数量不多，但依然对贝宁的教育发展发挥很大作用。

---

[1]《中国教育年鉴》编辑部. 中国教育年鉴（1993）[M]. 北京：人民教育出版社，1994: 290-291.

（二）举办短期培训班，为非洲国家建设提供急需的人才

进入 20 世纪 80 年代，中非教育交流与合作范围逐渐扩大，我国开始举办短期培训班，为非洲国家建设培养紧缺的专业人才，弥补了非洲众多国家因基础设施薄弱、教育资源稀缺而无法培养本国紧缺的人才的短板。在此期间，贝宁也同非洲其他国家一道，与中国开展短期教育培训合作。1998 年，我国首次建立短期培训班，对来自贝宁、加蓬、几内亚等 11 个国家的 25 人进行职业教育方面的短期培训，其学员有企业职员、教师、公务员等。短期培训班具有时间短、课程实、效率高的特点，满足了非洲国家经济社会发展的迫切需求，帮助非洲国家培养急需人才，为非洲经济社会发展贡献了力量。[1]

（三）建立中国文化中心，为中非文化交流提供平台

早在 20 世纪 60 年代起，一些非洲国家在中国教师和留学生的帮助下在学校中开始开设中文教学课程，促进双方文化交流。随着 1978 年中国改革开放，越来越多的非洲学校特别是大学开始开设中文课程，从 20 世纪 60 年代到 90 年代，贝宁、苏丹、塞内加尔等国大学或中学开设了中文课程，少数大学开设了中文专业。但由于大学开设的中文教学分散、规模较小，影响力还不足。随着中非教育合作的发展，我国开始在非洲建设中国文化中心，最早也是最具代表性的是毛里求斯和贝宁两个国家的中国文化中心。

贝宁中国文化中心由时任总统克雷库批准建设，占地 4 000 多平方米，于 1988 年 9 月正式对外开放。时任中国对外文化交流学会副会长吕志先专程赴贝宁参加开幕仪式，并受到克雷库总统亲切接见。克雷库总统在会见

---

[1] 齐平. 中非教育交流与合作的历史进程与发展研究（1949—2006）[D]. 金华浙江师范大学，2013：31-32.

时对此予以高度评价：中国文化中心是中贝合作和第三世界合作的典范。其新颖美观的建筑，体现了中国的建筑风格，提高了中国文化的威望，建筑本身说明了中国悠久、丰富的文化。[1]

中国文化中心作为中国文化海外传播的枢纽，具有提供文化活动、信息服务、教学培训和思想交流四大功能。中国文化中心成立伊始就有十分响亮的品牌，不仅开设舞蹈、武术、中文等课程，还开设中医药、绘画等短期培训，这些课程和培训都受到当地学员的热烈欢迎和积极参与。2021年6月29日，2021年部省合作项目——安徽王河舒席非遗技艺知识线上培训班在贝宁中国文化中心举行，贝宁参训人员潜心学习中国竹编制品技术。"欢乐春节"活动已成为贝宁中国文化中心的主打品牌。曾任贝宁文化部部长的杰农坦在众多公开场合多次表示，如果没有贝宁中国文化中心，中贝文化交流是无法想象的。同样曾任贝宁文化部部长的阿宾博拉也表示，贝宁中国文化中心是贝宁一道亮丽的东方文化风景线。

三、扩大阶段

2000年是中非历史上极为重要的一年。为应对经济全球化挑战，谋求共同发展，在中非双方共同倡议下，第一届中非合作论坛北京部长级会议于2000年10月10—12日在北京召开，来自45个非洲国家的外交部部长、对外合作或经济事务部部长以及部分国际机构和地区组织的代表出席了会议。中非双方决定在21世纪建立和发展长期稳定、平等互利的新型伙伴关系，建立中非合作论坛机制，自此中非关系迈向新台阶。中贝关系随着中非合作论坛的举办而不断深化，在这个时期呈现出许多新的特点。

---

[1] 张宏明. 贝宁[M]. 北京：社会科学文献出版社，2004：322.

（一）设立孔子学院，讲述中国故事

改革开放后，随着中国经济的快速发展，对外经济活动日益活跃，综合国力显著增强，世界各国看到了中国快速发展的态势，也意识到中国对世界发展的重要性，于是在全球范围内产生了大量中文人才需求，孔子学院应运而生。

贝宁的孔子学院成立相对较晚，2009年3月25日，重庆交通大学与贝宁最高学府阿波美-卡拉维大学共同成立阿波美-卡拉维大学孔子学院。该学院开设中文学习班、中文学历教育班、中文教师高级培训班、商务中文培训班，建立孔子课堂，组织中文夏令营，开展各种有关中文学习和中国文化的推广活动。每年，贝宁会定期举行汉语水平考试（HSK）和汉语水平口语考试（HSKK）。这两项考试为检验非洲学生中文文化水平提供了量化标准。

孔子学院是中非文化交流迈向新阶段的重要标志，增进了中非双方的相互了解。以贝宁的阿波美-卡拉维大学孔子学院为例，该学院成立之初只有100名学员，经过10年的发展，到2019年，已经累计培养了30 000名学员。阿波美-卡拉维大学孔子学院与贝宁中国文化中心协作，共举办文化活动160余项，共有4万人次参加，已成为中贝文化交流的重要标志。[1]

（二）举办专业研修班，提升人才培养水平

随着中非交流深入和世界经济蓬勃发展，中国文化及中文短期培训班已经不能满足非洲高端人才的需求，举办对非专业研修班提上日程。自2000年开始，我国有关部门、高校面向非洲国家开设教育管理、医学、计

---

[1] 数据来源于环球网。

算机、职业教育等专业课程。贝宁作为中国合作伙伴，积极派遣人员参加培训。例如，2000年，北京大学面向贝宁、几内亚和毛里求斯等国开设普通教育管理干部研修班。2001年，中国农业大学和西南大学面向贝宁、布隆迪、摩洛哥等十余个国家开设农产品加工研修班。2002年，东北师范大学面向贝宁、毛里塔尼亚、卢旺达、尼日利亚等二十余个国家开设教育行政官员研修班。2003年，浙江师范大学面向贝宁、喀麦隆、马里、刚果等国家开设非洲高等教育管理研修班。2004年，天津中医学院面向贝宁、加蓬、乍得、突尼斯等国开设药用植物高级研究与培训班。通过专业研修班，非洲国家的公务员、医生、教师等群体能够获得更多先进知识和中国的发展经验，成为非洲自身教育发展的重要人才。

四、深化阶段

在构建中非命运共同体和"一带一路"倡议下，中非教育合作与交流开启了新篇章。2016年7月，中国教育部出台《推进共建"一带一路"教育行动》(以下简称《行动》)，推动构建"一带一路"教育共同体，中国对外教育合作进入新时期。《行动》紧扣"一带一路"倡议总体规划做出教育定位，重点推进政策沟通、设施联通、贸易畅通、资金融通、民心相通。

在对非教育合作方面，中国坚持秉承平等互利、应其所需、量力而行、注重实效、双边为主、兼顾多边原则，紧紧围绕着人才培育需求和文化互通的目标，根据"共通理念、共享资源、共建平台"的愿景，推动双方在教育领域交流互鉴，为推动双边经济社会发展提供智力支撑。

中国对贝宁基础教育设施建设援助在这一时期不断推进，2014年10月1日，中国政府援助建成的贝宁职业技术学校的交接仪式在贝宁卡拉维市隆重举行。时任贝宁总统亚伊表示，真诚感谢中国政府和人民为贝宁援建的第一所高标准、高质量、配套设施齐全、涵盖多种技术专业的现代化职业技术学校。2019年11月27日，由中国商务部主办，宁波职业技术学院承办的2019年贝宁职业技术教育海外培训班开班仪式在贝宁举行。这是中国政府首次在贝宁举办职业教育援外培训班，本次培训班为期21天，共有45名学员参加，开设中国国情、计算机静态网页设计、计算机网络等课程。2017年2月10日，由贝宁政府和中国驻贝宁大使馆共同资助，中国新兴集团援建的贝宁友谊学校工程举行交接仪式，在贝宁大地上再添一所优质学校。[1]

第二节 现状、模式和原则

一、合作现状

中贝之间教育合作目前正处于全面深化期。双方在留学生往来、基础设施援建、孔子学院开办等方面进一步发展。学生资助方面，中国2019年起设立了"一带一路"奖学金，获奖学生由贝宁高等教育与科学研究部根据贝宁政府优先发展领域从全国4所公立院校的十余个重点专业选拔，至今共有92名优秀学子获奖。在派遣留学生方面，每年贝宁会派遣数十位留学生到中国各大高校留学进修。在援建基础设施方面，2014年，中国援建阿卡萨多中贝友谊技术中学。2020年10月2日，中国交付援建的波沃公立小学中贝友谊教室。孔子学院方面，2021年5月27日，贝宁帕拉库大学开设孔子课堂，至此，中国已在贝宁建立一所孔子学院、两个孔子课堂和二十余个中文教学点，"中文之花"在贝宁绽放。[2]

---

[1] 资料来源于中华人民共和国商务部官网。
[2] 资料来源于中华人民共和国外交部官网。

二、合作模式

从中非合作的形式以及中贝两国合作领域来看，中贝两国目前的教育合作模式可以概括为联动发展型合作模式。

（一）人才培养联动

人才培养联动指的是中国对贝宁人才的培养具有国内外联动的特点。

在中国国内，很多高校开设了对非的留学合作，广泛招收贝宁留学生来学校进修。例如，重庆交通大学开设了对贝宁阿波美-卡拉维大学的留学项目，通过招收贝宁来华留学生进修中国大学课程，提高他们的专业水平。2020年6月12日，重庆交通大学贝宁研究中心和贝宁阿波美-卡拉维大学孔子学院联合主办了"中贝人文交流与合作发展"云端国际学术研讨会。除此之外，中国很多高校在商务部的主导下开设短期培训班、专业培训班等，开展对贝宁各行业管理人员的培训，同时带领他们进行实地参观，近距离感受中国发展的成就，感受中国文化。例如，2021年8月16日，由中国文化和旅游部主办，中央文化和旅游管理干部学院承办的"非洲法语国家旅游业可持续发展研修班"在线开班，与来自贝宁的官员、学者和专家对旅游业开展了深入的学习和探讨。

在贝宁，中国通过派遣教师和留学生，下沉到各贝宁城市的学校，帮助开展教育培训，提升本地教育水平。这种国内外联动的模式，可以有效地为贝宁培养大量人才。

（二）文化内容联动

在中国国内的教育内容主要侧重对技能的提升，如来华留学生的学位攻读、技能学习、实地参观等。在贝宁则主要是传播中华文化。当地人通过贝宁中国文化中心和孔子学院可以与中国驻贝人员交流，体验中国文化活动，领略中华文化魅力，增进民心相通。不仅如此，阿波美-卡拉维大学还开设了中文及中文相关专业，培养懂中文、懂中国的人才，助力两国经贸往来。2021年4月，中贝青年线上对话"青年在行动——南南合作促进可持续发展社会创新与性别平等"活动通过线上、线下方式分别在中国和贝宁两地举行，中贝两国各50名青年参加，旨在赋能中国和贝宁青年拓展国家视野，与不同背景的青年和专家进行直接沟通交流，从而增加对全球事务的认知，成为负责任的国际公民。[1]

（三）软硬件援助联动

中国对贝宁的教育援助既有软件共享，例如，通过留学服务、派遣教师、举办文化活动等，也有硬件的援助，如教育基础设施建设、教育物资援助。教育资源的共享可以有效改善贝宁教育薄弱的短板，为贝宁的快速发展培养更多人才，也可以让贝宁更深入地了解中国。而对贝宁的教育硬件援助可以有效改善贝宁的教育环境，帮助贝宁夯实教育基础。

三、合作原则

中国和贝宁的教育交流合作以"一带一路"倡议下中非教育合作的大原则为背景，中贝教育交流与合作原则可以概括为以下几点。

---

[1] 资料来源于中国驻贝宁大使馆官网。

（一）以人为本，交流互鉴

贝宁政府致力于发展国家工业化和摆脱贫困，而工业化发展迫切需要大量人才。中国作为新兴的发展中国家，愿帮助与中国同样处于发展阶段的非洲国家共同发展。本着以人为本的原则，中国通过建设培训基地、培训中心及对口接收高校等方式，接收贝宁留学生和教师来华深造。同时，让贝宁留学生和教师深入了解中国历史文化，感悟中国快速发展的经验，让留学生和教师回国后为推动贝宁的快速发展做出贡献。不仅如此，中国还通过教育援助计划，帮助贝宁建设中小学和职业技能学院、援助教育物资和派遣教师帮助贝宁教育事业发展，让中国教师能够深入了解贝宁，真心帮助与中国有着类似经历的发展中国家。这些帮助没有任何附加条件，不附带任何意识形态的传播，有的仅仅是对非洲国家的无私帮助，帮助非洲国家发扬其优秀的传统文化和价值观，并协助其实现现代化。

（二）政府引导，各方共建

在中贝约半个世纪的平等交往中，双方政府作为长期统筹规划的主导力量发挥着至关重要的作用。尤其是在中国发布《推进共建"一带一路"教育行动》后，两国在政府层面的交流合作全面深化，有效地激发了社会各方力量助力构建中贝教育共同体。在双方政府的推动下，中贝各级政府、教育部门、学校、科研机构、企业等通力合作，形成中贝教育合作共建的合力。

在双方政府的努力下，社会各方优势得以有效整合，各方内在活力充分激发，大家积极履行一带一路"共商、共建、共享"的承诺，促进人员、财务、资源、信息高效协作，建立符合中贝人民与世界人民所期盼的长久合作关系。

(三) 和谐包容，互利共赢

2013年，中国国务委员兼外长王毅把"亲、诚、惠、容"作为我国周边外交的基本原则。合则两利，唯有和谐包容，才能互利共赢。贝宁作为中国在非洲重要的合作伙伴，双方本着和谐包容的原则，在各领域开展深度务实合作。虽然两国文化背景不同，政治制度不同，社会环境不同，但两国的民心相通，友谊长存，在中贝命运共同体的构建过程中，实现共同发展。

第三节 案例与思考

一、中文教学源起

贝宁的中文传播和教学可以分为以下三个阶段。

(一) 第一阶段 (1988—1996年)

贝宁中国文化中心成立于1988年9月27日，位于科托努市中心，它是在中国政府和贝宁政府的支持推动下在非洲大陆建立的第一个中国文化中心。[1] 文化中心于1992年开始开展中文教育，为贝宁人民提供了了解中国文化的机会。该中心拥有一个露天剧院，一个多功能大厅，一个能容纳25人的教室，还有一个图书馆，藏书多倾向于介绍中国和其他亚洲地区。除了良好的基础设施，贝宁中国文化中心还经常组织各种各样的文化活动，

---

[1] 徐亮. 贝宁中国文化中心汉语教学分析和未来发展模式探讨 [J]. 贵州师范学院学报，2010 (2)：62-65.

如中国戏剧表演、音乐会、艺术品展览等，丰富多彩的文化艺术教育活动有力地促进了中贝文化交流。

（二）第二阶段（1996—2009年）

1996年，贝宁的高等教育开始引入中文教学。贝宁阿波美-卡拉维大学文学、艺术和人文学院（FLASH）开设中文教学。接受中文培训的学生是那些在FLASH中注册并选择中文作为第二语言的学员。随着中贝之间的经济贸易、文化交流等越来越紧密，学习中文的重要性日益凸显，贝宁创建的中文课堂加速了中文教学的传播，对促进双方深入了解、友好往来具有不可忽视的推动作用。

（三）第三阶段（2009年至今）

2009年，阿波美-卡拉维大学孔子学院正式成立，标志着贝宁中文教学进入新的发展阶段。作为贝宁国内知名院校，阿波美-卡拉维大学是贝宁首个开设中文专业课程的学校。孔子学院成立以来，不仅在中国文化教学方面贡献突出，还为了满足人才培养的需要，开设了商务中文班和工程中文班等课程。此外，阿波美-卡拉维大学孔子学院还经常组织中国传统节日活动、中国风音乐节、中国文化讲座等，极大地丰富了文化教学资源，为中国文化的有效传播打开了新局面。

二、阿波美-卡拉维大学孔子学院中文教学情况

与非洲地区其他孔子学院相比，阿波美-卡拉维大学孔子学院成立时

间晚，教学情况也在不断改善中。起初只有一个培训班，学生也只是被中国文化吸引的少数学生。随着中国文化的深入传播和中国的国际影响力逐步提升，越来越多的贝宁人开始对中国感兴趣，一股"中文热"席卷四方。2013年11月25日，阿波美-卡拉维大学首次在孔子学院设中文本科专业，标志着贝宁的中文教育更加专业化、系统化和科学化。

（一）课程设置

由于缺乏经验，初设的培训班课程欠缺系统性和灵活性，仅能实现第二外语层次的中文教学。学生大多出自对中文的兴趣与热爱而来学习。教学目的仅是让学习者具备有效转化信息的语言沟通能力，并能准确表达情感和观点。所以中文课堂以教材学习为基础，通过掌握课文、词汇、注解和练习，培养学生中文听说读写基本技能和一定的中文交际能力。学生把中文作为第二外语，在浓厚兴趣的驱使下，不断提高中文水平，深入了解中国文化。

2013年，阿波美-卡拉维大学孔子学院设立了四年学制的中文专业，设有基础课和专业课两种形式。基础课包括中文综合课、中文阅读、中文口语、中文听力。专业课分成三类，即专项技能课、中文知识课、文化知识课。教师在课程中穿插听、说、读、写、译五种技能训练，从而达到正规化、专业化培养学生中文运用能力的目的。

除了基础中文，学生们也会学习更有针对性的专门用途中文。阿波美-卡拉维大学为贝宁外交部、公安部、海关等部门的公务人员开设了中文实用班。孔子学院实行"一院多点"的办学模式，开设了4个教学点，除了在大学里开设中文学分制选修课，还在社区与贝宁中国文化中心合作，开办了成人中文教学点。[1]多元化的课程设置既满足了市场对中文人才的需求，也符合当下的文化交融趋势，达到了良好的教学效果，有力地推动了中文海外传播的良性发展。

（二）学生情况

贝宁的阿波美-卡拉维大学孔子学院学生按照所选课程类型的不同，分为本科生和培训班生。2016年，除了中文专业外，还开设了一门新专业——中文师范专业，为学生的就业发展提供更明晰的方向。

多年来，随着中贝关系逐步深入，中文学习者越来越多。因此培训班的学习者不仅有在校学生，还有各行各业对中国感兴趣的人，包括政府官员、商人、工程师等。培训班中文教学属于非全日制教学，因此学员拥有更多的自我管理空间，可以选择适合他们工作时间的课程。

学生们对于中文学习拥有较强的主观能动性，而且校园营造了良好的语言学习氛围，这些都极大地促进了中文教育事业的整体发展。在贝宁国内经济稳步发展的背景下，与中国经济往来日益密切，很多有中文专长的学生有机会到中国外贸公司任职，这是贝宁学生学习中文的外驱动力之一。

（三）师资情况

贝宁的中文教育一直都存在师资缺乏的问题。到目前为止，该校总共有18位中文教师，分别为8位中国籍和10位贝宁籍教师。在现有的8位中国教师中，有5名为志愿者，3名为专职教师，其中一位教师担任中文系的副主任。[2]包括贝宁在内，非洲共有24个国家开始了中文教育，从事教学

---

[1] 李红秀. 孔子学院在非洲汉语教学的发展研究 [J]. 教育与职业，2012（30）：3.
[2] 李芳. 贝宁汉语教学现状调查分析及对策研究 [D]. 成都：四川师范大学，2018.

的教师大多来自中国，对推动和发展非洲中文教育起到了关键作用。[1]

非洲对中文教师的需求越来越大。目前教师虽然可以熟练使用中文，但是对语言教学法的理论知识掌握不足。还有一些教师队伍由志愿者构成，他们中大部分人是对外汉语专业或语言相关专业的本科生或研究生，语言知识扎实，但是缺乏基本教学经验。总体来说，中文教师的综合素质较高，但教学理论与教学经验不足的情况不容忽视。

三、中文教学存在的问题

随着贝宁孔子学院的发展，中文教学在不断进步，但也面临一些其他非洲国家的孔子学院遇到的同样问题，这对中文教学和文化传播提出了更高的要求。

（一）教学基础设施较差

非洲各孔子学院几乎都面临着教学空间不足、教学资源匮乏的现实问题。阿波美-卡拉维大学是贝宁第一个成立孔子学院的大学，同样面临着基础设施匮乏的问题。

阿波美-卡拉维大学是依靠国外资金建立起来的，科技学院和学生宿舍是加拿大援建的，阿拉伯大楼是利比亚援建的，至今还没有单独的孔子学院大楼。孔子学院在成立之初只有一间能容纳20人的学生宿舍作为教室，上课时很多学生就只能站在走廊听课，经过这几年的努力和中国的支持，目前学校已新建4间能容纳40人的教室供中文教学使用，多媒体设备也增

---

[1] 白小欢. 贝宁汉语教学现状调查 [D]. 西安：陕西师范大学，2017.

至 3 台，基本上能解决学生上课的问题。但随着学习中文人数的增长，硬件条件亟待提高。[1]

贝宁中国文化中心的情况与阿波美–卡拉维大学孔子学院的情况相似，仅有 1 间可容纳 24 人的小教室、1 套多媒体设备、1 个多功能厅。这样的硬件条件无法同时进行两个班次的教学，而且遇到大型文化活动时这些设备只能给大型活动用，影响中文教学工作。总的来看，增加中文教学专用教室、多媒体设备、语音室和多功能厅是解决贝宁中文教学硬件设施不足的首要措施。[2]

（二）课程安排不合理

当前贝宁的中文课程设置针对语言技能训练的比重相对较小，从长远看，不利于学生利用第二外语进行交流实践。虽然注重中文语言基础教育能实现日常沟通，但这种单方面的灌输式教育并不能取得良好的教育效果。一年级学生大多为零基础，经过一年的学习可达到初级水平。但大二就开设大量文学课，这对于对中文理解尚停留在表层的学习者来说未免有些操之过急。这样的课程设置难免脱离实际，不能使学生真正掌握语言学习的精髓。这种重理论轻实践、重文学轻技能的教育现象在贝宁的高校中文教学中非常普遍，这也是值得教育工作者深思的问题。

大多数学生对语言的"听"和"说"有着较高要求，尤其是在语言学习的初期，快速掌握一两句外语的成就感，是维持语言学习兴趣的关键。阿波美–卡拉维大学的低年级中文专业学生普遍反映口语课程相对较少，即便有也基本上是照本宣科，练习朗读，做最简单的课本对话，这使得近一半的学生觉得自己口语技能差。如果学校一味偏重传统的教学方式，不从学生的实际需求出发，必定会磨灭学生学习中文的兴趣。

---

[1] 李芳. 贝宁汉语教学现状调查分析及对策研究 [D]. 成都：四川师范大学，2018.
[2] AKAYI F T. 贝宁汉语教学现状调查分析及对策研究 [D]. 成都：四川师范大学，2018：25-26.

（三）师资力量薄弱

语言教学既是知识传授的过程，更是心理互动的过程。在学习中，学生的主观能动性固然重要，但教师能快速带领学生入门则更为关键。但是说中文和教中文是完全不同的，中文教学需要更专业、更富经验的人才。

当下，贝宁的中文老师来源主要有两处，一是中国公派的志愿者教师，二是贝宁本土的教师来华学习几年后回国做中文教师。前者流动性非常大，基本上一年更换一批次，教学队伍的不稳定极易造成教学进度和质量无法保障，进而影响中文教学发展。后者虽然在中国学习过一段时间，但有一部分人因长期不用中文，导致中文语言能力严重退化，非常不利于学生了解地道的中文和中国文化。而且阿波美-卡拉维大学本土师资队伍流动率也比较大，主要原因是高校对中文教师的职业规划安排不够科学，致使很多教师把教学当作个人事业发展的过渡期，若有更好的就业机会则放弃教学工作。没有固定的教师队伍是中文教学效果提升不明显的重要原因之一。

由于贝宁国内中文教学开始时间较短，加之国家经济相对落后，导致贝宁的中文学生对教师数量的要求与实际中文教师人数之间差距较大。2017年9月，贝宁中国文化中心有2名中文教师，均为中国派去的志愿者；阿波美-卡拉维大学孔子学院共有18名中文教师，其中10名为贝宁本土教师，8名为中国派去的志愿者。与师资数量形成对比的是贝宁现在有3 000余名中文学习者。[1]

---

[1] 李芳. 贝宁汉语教学现状调查分析及对策研究 [D]. 成都：四川师范大学，2018.

四、对中文教学的思考与建议

（一）改善硬件设施

为了保证中文教学的质量，需要投入资金对教室进行扩建和整修。如何获取资金是中文教育建设者面临的现实问题。

一方面，政府可以加大支持力度。从阿波美-卡拉维大学孔子学院学习中文的学生来看，大部分学生是来自政府部门的年轻官员。这表明贝宁当地政府部门还是很重视中文学习的。如果能让更多的政府官员参与到中文学习中来，不仅能扩大生源，还会使政府注意到中文教学硬件不足的现象，从而为改善教学硬件设施提供资金支持。

另一方面，学校可以加强与企业之间的合作。贝宁需要增建教室，购买教学设备。解决这些问题仅靠政府投入是不够的，还要有社会力量的支持。与企业搭建良好的合作平台，既可以解决资金不足的问题，还有利于帮助企业树立优质品牌形象，扩大社会影响力，实现双赢。

（二）完善课程设置

由于贝宁国内环境和中文教学开展较晚等多方面条件的限制，当前贝宁的中文课程重理论轻实践，不能满足语言学习者的实际需求，课程设置问题亟待解决。

语言技能类课程在全部课程中的比重应提高，更加关注学生实际语言运用能力的提升。学生普遍表示希望通过学习中文找到一份好工作，这对中文的实际应用提出了更高的要求。学校应该增设商务中文、中文口笔译等相关课程，这样既能满足学习者的就业需求，又能切实提高中文学习效果，助力中文教学的长足发展。

学校应增加中国文化课程，通过开设中文俱乐部培养学习者对中国文化和中华艺术的兴趣。由此，适当增大中文俱乐部的规模，能够多元化满足学习者的需求，调动学习中文的积极性，也符合中文国际推广的要求。

（三）增强师资力量

第一，加大贝宁本土中文教师培养力度。针对全球中文教育的紧迫现实，要增加孔子学院的内涵建设，这其中就包括本土教师的培养。贝宁籍汉语教师才是当地汉语教师队伍的核心力量，毕竟他们比中国籍教师更容易跟学生沟通交流，同时也更加知晓当地的教育政策。因此只有强大的本土教师力量崛起，才能长期稳定地保证教育质量。中国政府制定的外国本土中文教师培训计划已经较完善，校方可借助这一平台大力培养教师。一方面，升级更新当地中文教师的教学水平，另一方面，可以学习中国高校中文教学模式。

第二，增加中国籍教师数量。非洲中文教师队伍以中国公派教师为主，他们在当地推进中文教学，为中国文化的传播起到不可或缺的积极作用。但目前贝宁的中文教师数量依然不能满足教学需求，校方应该向中国政府相关部门申请更多的中文教师或志愿者，或者聘请中国大学中文专家来到贝宁孔子学院对中文教师进行短期培训。需要指出的是，最好请懂法语的中文专业教师前来开展教学，这样便于双方教师的沟通合作，在主辅并行的模式下进行教育工作。

结 语

贝宁是西非最不发达的国家之一，历史上曾经长期遭受殖民统治，在国家政治、经济、文化等方面，特别是在教育方面深受殖民者的影响。独立后，贝宁开始走上自主发展的道路，逐渐形成一套符合本国国情、具有民族文化特征、兼具欧洲特色的教育体系。教育兴则国家兴，教育强则国家强。贝宁历届领导人十分重视国家教育体系建设，不断完善教育制度，加大政府投入。贝宁独立后多次开展教育体制改革，修订教学大纲，改进教学方法，逐步建立了学前教育、基础教育、高等教育、职业教育和成人教育等多层次教育体系。短短十几年内，贝宁毛入学率由不足50%增长到96%，文盲人口比重下降到50%左右。[1] 不过，由于被殖民历史太久、发展基础薄弱、国内政治环境不稳定等因素，贝宁的教育发展面临很大的困难和挑战。例如，教学和教育管理人才不足、教育评价体系有效性低、教育质量保障体系薄弱、财政支持能力不足等。对此，贝宁政府尝试通过调整入学政策、增加中央政府专项拨款、向联合国等国际组织申请援助、积极开展国际教育合作等措施推动本国教育发展。这些做法虽然有助于缓解国内教育困境，但短期内无法彻底改变现状。贝宁教育领域面临的问题并非个例，在世界上很多不发达国家以不同程度存在。因此，总结贝宁教育领域的经验和教训可以帮助我们更好地了解世界，特别是非洲教育发展格局，

---

[1] 梁宏. 贝宁双元学徒制改革实践研究[D]. 金华：浙江师范大学，2007：21-22.

为中国教育国际化合作提供参考与帮助。

贝宁是中非合作论坛成员，很早就与中国开展多领域合作。随着"一带一路"倡议的实施，教育互联互通成为中国对外教育合作的目标，中贝在教育领域的合作也日益紧密。自2012年以来，中国为贝宁等许多非洲国家进行了包括提供教育教学设备、建设教学场所、开展职业技能培训、教师互助帮扶等一系列的教育援助。来自中国的无私援助帮助贝宁解决了教育发展中的实际困难，也赢得了贝宁人民的赞誉。2014年10月1日，由中国援建的贝宁职业技术学校成为贝宁第一所高标准、高质量，配套设施齐全，涵盖多种技术专业的现代化职业技术学校。[1] 2017年2月10日，在贝宁总统和中国驻贝宁大使馆共同资助下，中国援建的贝宁友谊学校工程完工，在贝宁大地上再添一所优质学校。2021年6月16日，贝宁阿波美-卡拉维大学孔子学院和贝宁中国文化中心联合承办的第20届"汉语桥"世界大学生中文比赛贝宁赛区网络决赛成功举办，点燃了贝宁学生了解中国文化的热情。[2] 中贝两国在教育领域开展了广泛合作，激发了在学前教育、基础教育、文化产业等领域的巨大发展空间，两国教育部门可以继续探索更多教育层次和领域的合作交流。

我国在积极推进教育合作的过程中，应该对贝宁的政策变化、政治环境等课题进行充分的调研和分析，把握好世界格局变化带来的机遇与挑战。两国在教育合作中坚持相互尊重，开放包容，共商、共建、共享，一定能够取得造福两国人民的累累硕果。

---

[1] 资料来源于中华人民共和国外交部官网。

[2] 资料来源于中国驻贝宁大使馆官网。

参考文献

一、中文文献

《中国教育年鉴》编辑部. 中国教育年鉴（1993）[M]. 北京：人民教育出版社，1994.

本书编写组. 习近平总书记教育重要论述讲义 [M]. 北京：高等教育出版社，2020.

冯增俊，陈时见，项贤明. 当代比较教育学 [M]. 2 版. 北京：人民教育出版社，2015.

高家伟. 教育行政法 [M]. 北京：北京大学出版社，2007.

顾明远. 顾明远教育演讲录 [M]. 北京：人民教育出版社，2014.

顾晓燕，游滔. 加蓬文化教育研究 [M]. 北京：外语教学与研究出版社，2022.

国家信息中心"一带一路"大数据中心. "一带一路"大数据报告（2017）[M]. 北京：商务印书馆，2017.

贺国庆，朱文富，等. 外国职业教育通史 [M]. 北京：人民教育出版社，2014.

克莱因. 20 世纪非洲文学 [M]. 李永彩，译. 北京：北京语言学院出版社，1991.

李洪峰，崔璨. 塞内加尔文化教育研究 [M]. 北京：外语教学与研究出版社，2021.

李佳宇，万秀兰. 肯尼亚文化教育研究 [M]. 北京：外语教学与研究出版社，2022.

刘捷. 教育的追问与求索 [M]. 北京：人民出版社，2021.

刘捷. 专业化：挑战 21 世纪的教师 [M]. 北京：教育科学出版社，2002.

刘进，张志强，孔繁盛. "一带一路"高等教育研究（2019）：国际化展望 [M]. 北京：北京理工大学出版社，2020.

卢晓中. 比较教育学 [M]. 北京：人民教育出版社，2020.

陆有铨. 教育的哲思与审视 [M]. 北京：人民教育出版社，2016.

吕书群，吴琼. 走进贝宁 [M]. 银川：宁夏人民出版社，2003.

尼基福罗娃. 非洲现代文学：上册 [M]. 刘宗次，赵陵生，译. 北京：外国文学出版社，1980.

漆亿，唐娟，沈林. 贝宁汉语教学研究 [M]. 成都：四川大学出版社，2021.

秦惠民，王名扬. 高等教育与家庭流动 [M]. 北京：科学出版社，2019.

秦惠民. 教育法治与大学治理 [M]. 北京：人民出版社，2021.

任钟印. 东西方教育的罩思 [M]. 北京：人民教育出版社，2017.

孙有中. 跨文化研究论丛 [M]. 北京：外语教学与研究出版社，2019.

滕大春. 教育史研究与教育规律探索 [M]. 北京：人民教育出版社，2019.

王承绪，顾明远. 比较教育 [M]. 5 版. 北京：人民教育出版社，2015.

王定华，秦惠民. 北外教育评论：第 2 辑 [M]. 北京：外语教学与研究出版社，2021.

王定华，杨丹. 人类命运的回响——中国共产党外语教育 100 年 [M]. 北京：外语教学与研究出版社，2021.

王定华. 教育路上行与思 [M]. 北京：人民出版社，2020.

王定华. 美国高等教育：观察与研究 [M]. 2 版. 北京：人民教育出版社，

2021.

王定华. 美国基础教育：观察与研究 [M]. 2 版. 北京：人民教育出版社，2021.

王定华. 新时代高品质学校建设方略 [M]. 长春：东北师范大学出版社，2019.

王定华. 中国基础教育：观察与研究 [M]. 北京：人民教育出版社，2021.

王定华. 中国教师教育：观察与研究 [M]. 北京：人民教育出版社，2020.

王飞. 贝宁印象 [M]. 北京：中国旅游出版社，2015.

王吉会，车迪. 刚果（布）文化教育研究 [M]. 北京：外语教学与研究出版社，2021.

王晶，刘冰洁. 摩洛哥文化教育研究 [M]. 北京：外语教学与研究出版社，2021.

王名扬. 美国公立研究型大学内部质量改进的实证研究 [M]. 北京：中国社会科学出版社，2020.

吴旻雁，黄超. 埃及文化教育研究 [M]. 北京：外语教学与研究出版社，2022.

吴式颖，李明德. 外国教育史教程 [M]. 3 版. 北京：人民教育出版社，2015.

习近平. 论坚持推动构建人类命运共同体 [M]. 北京：中央文献出版社，2018.

习近平. 习近平谈"一带一路" [M]. 北京：中央文献出版社，2018.

谢维和. 我的教育觉悟 [M]. 北京：人民教育出版社，2016.

徐倩，李慧芳. 坦桑尼亚文化教育研究 [M]. 北京：外语教学与研究出版社，2021.

杨汉清. 比较教育学 [M]. 3 版. 北京：人民教育出版社，2015.

苑大勇. 国际高等教育协同创新与人才培养比较研究 [M]. 北京：知识产权

出版社，2020.

张方方，李丛. 安哥拉文化教育研究 [M]. 北京：外语教学与研究出版社，2021.

张宏明. 贝宁 [M]. 北京：社会科学文献出版社，2004.

张笑一，Edmund Chang. 埃塞俄比亚文化教育研究 [M]. 北京：外语教学与研究出版社，2022.

郑通涛，方环海，陈荣岚. "一带一路"视角下的教育发展研究 [M]. 广州：世界图书出版广东有限公司，2017.

朱睿智，杨傲然. 莫桑比克文化教育研究 [M]. 北京：外语教学与研究出版社，2021.

二、外文文献

ADRIEN H. La littérature béninoise de langue francaise[M]. Paris : Karthala, 1984.

CORNEVIN R. La République populaire du Bénin : des origines Dahoméennes à nos jours[M]. Paris : Édition G. P. Maisonneuve et Larose, 1981.

DIOFFO A M. L'Éducation en Afrique. Nouvelle édition à partir du texte de 1964 sous la direction de Frédéric Caille[M]. Chicoutimi, Québec : Les Éditions science et bien commun, 2019.

Gouvernement général de l'Afrique Occidentale Française. Le Dahomey, exposition coloniale de 1931[M]. Paris : Société d'Éditions géographiques, maritimes et coloniales, 1931.

PHILIPPE D, Le Bénin[M]. Paris : Karthala, 1998.

ROBERT C. La République populaire du Bénin : des origines Dahoméennes à nos jours[M]. Paris : Édition G. P. Maisonneuve et Larose, 1981.